Mathe ist Trumpf

Materialien zum kompetenzorientierten Mathematikunterricht

aus dem Projekt **PIK AS**

erarbeitet von
den Mitarbeiterinnen
und Mitarbeitern
des Projekts

Mathe ist Trumpf
Materialien zum kompetenzorientierten
Mathematikunterricht aus dem Projekt **PIK AS**

Redaktion:	Dorothee Landwehr
Illustration:	Sabine Rothmund, PIK AS-Team
Umschlaggestaltung:	Arthur Buliz
Layout und technische Umsetzung:	zweiband.media, Berlin

Bildquellenverzeichnis
S. 7: Ministerium für Schule und Weiterbildung des Landes Nordrhein-Westfalen (MSW NRW)
S. 7: Deutsche Telekom Stiftung
S. 101: akg-images

Bitte zitieren Sie aus diesem Band wie folgt:
PIK AS-Team (2012): Mathe ist Trumpf – Materialien zum kompetenzorientierten Mathematikunterricht aus dem Projekt PIK AS. Berlin: Cornelsen.

www.cornelsen.de

Die Links zu externen Webseiten Dritter, die in diesem Lehrwerk angegeben sind, wurden vor Drucklegung sorgfältig auf ihre Aktualität geprüft. Der Verlag übernimmt keine Gewähr für die Aktualität und den Inhalt dieser Seiten oder solcher, die mit ihnen verlinkt sind.

1. Auflage, 2. Druck 2013

© 2012 Cornelsen Schulverlage GmbH, Berlin

Das Werk und seine Teile sind urheberrechtlich geschützt.
Jede Nutzung in anderen als den gesetzlich zugelassenen Fällen bedarf der vorherigen schriftlichen Einwilligung des Verlages.
Hinweis zu den §§ 46, 52a UrhG: Weder das Werk noch seine Teile dürfen ohne eine solche Einwilligung eingescannt und in ein Netzwerk eingestellt oder sonst öffentlich zugänglich gemacht werden.
Dies gilt auch für Intranets von Schulen und sonstigen Bildungseinrichtungen.

Druck: DBM Druckhaus Berlin-Mitte GmbH

ISBN 978-3-06-083439-6

 Inhalt gedruckt auf säurefreiem Papier aus nachhaltiger Forstwirtschaft.

Inhaltsverzeichnis

Autoren 5
Vorwort 6
Mathe – mehr als Rechnen 8

Informationen zum Projekt

Projektüberblick 21
Das Teilprojekt PIK 22
Das Teilprojekt AS 24
Die PIK-Website 26
Das PIK-Fortbildungsmaterial 28
Das PIK-Unterrichtsmaterial 30
Die PIK-Materialien für die Elternarbeit 31
Das PIK-Informationsmaterial 32
Die PIK-Informationen für Eltern 33
Das PIK-Plakat 34

Haus 1: Entdecker-Päckchen

Basisinfos 36
Unterrichtsmaterial 40
    Einheit 2 40
    Einheit 3 49
    Einheit 4 76

Haus 2: Additionen mit Reihenfolgezahlen

Basisinfos 82
Unterrichtsmaterial 86

Haus 3: 1+1 richtig üben

Basisinfos 102
Unterrichtsmaterial 104

Haus 4: Orientierung an der Hundertertafel

Basisinfos 117
Unterrichtsmaterial 119

Haus 5: Rechnen auf eigenen Wegen

Basisinfos 154
Unterrichtsmaterial 160
    Einheit 1 160
    Einheit 2 167
    Einheit 3 182
    Einheit 4 190
    Einheit 5 194

Haus 6: Arithmetikunterricht in der Schuleingangsphase

Basisinfos 200
Unterrichtsmaterial 203
   Gleich geht vor 203
   Zahlenquartett 211

Haus 7: Dinosaurier

Basisinfos 227
Unterrichtsmaterial 229

Haus 7: Inter-Netzzo

Basisinfos 245
Unterrichtsmaterial 255

Haus 8: Mathe-Konferenzen

Basisinfos 272
Unterrichtsmaterial 274

Haus 9: Mathebriefe

Basisinfos 284
Unterrichtsmaterial 288

Haus 10: Rückmeldungen geben

Basisinfos 305
Unterrichtsmaterial 307
   Mündliche Rückmeldungen 307
   Schriftliche Rückmeldungen 316

Autoren PIK

Christoph Selter — Nina Drechsler — Judith Ernst — Stefanie Gatzka — Annika Halbe

Insa Hubben — Tobias Huhmann — Janina Klammt — Angela Knappstein — Katharina Kuhnke

Maren Laferi — Andreas Marx — Martin Reinold — Christoph Rodatz — Maren Steinbach

Beate Sundermann — Lilo Verboom — Jan Wessel — Anne Westermann

Autoren AS

Martin Bonsen — Wilfried Bos — Carola Hübner — Olivia Mitas

„Mathe ist Trumpf"

„Die Mathematik ist eine wunderbare Lehrerin für die Kunst, die Gedanken zu ordnen, Unsinn zu beseitigen und Klarheit zu schaffen."

So beschreibt der französische Naturwissenschaftler, Schriftsteller und Dichter Jean-Henri Fabre seine Faszination der mathematischen Welt. Ein Stück dieser Freude, die „Gedanken zu ordnen" und „Klarheit zu schaffen" steckt auch im Projekt „PIK AS".

An der Technischen Universität Dortmund startete dieses Projekt im Februar 2009. Mit Unterstützung der Deutsche Telekom Stiftung und des Ministeriums für Schule und Weiterbildung in NRW, erarbeitet eine Projektgruppe aus Lehrkräften, Mathematikdidaktikern und Erziehungswissenschaftlern Materialien, die an zwölf Kooperationsschulen erprobt und weiterentwickelt werden und allen Grundschulen in NRW zur Verfügung stehen.

Diese Materialien unterstützen die Lehrkräfte dabei, die Vorgaben der neuen Lehrpläne für das Fach Mathematik praktisch umzusetzen. Zentrale Leitideen sind dabei das entdeckende Lernen, das beziehungsreiche Üben, der Einsatz ergiebiger Aufgaben, die Vernetzung verschiedener Darstellungsformen und eine Anwendungs- und Strukturorientierung.

Dieser Ansatz erfordert den Wandel von einem Unterricht, der primär das Ausführen von Rechentechniken vermittelt, hin zu einem Unterricht, der das selbstständige Denken und das aktive mathematische Tätigsein anregt. Nicht das Nachvollziehen von Lösungen, sondern das selbstentdeckende Lernen mit herausfordernden Aufgaben steht im Mittelpunkt.

Neben der Vermittlung mathematischer Kompetenzen steht bei PIK AS auch die Schulentwicklung im Fokus. Das Modell zeigt, dass guter Unterricht vor allem dann gelingt, wenn Schulleitungen ihre Kollegien beim fachlichen Austausch und professioneller Kooperation unterstützen und begleiten.

PIK AS ist aber nicht nur ein Erfolgsmodell für die Verknüpfung von Mathematikdidaktik und Schulentwicklung, sondern auch beispielhaft für eine gelungene Public-Private Partnership. Land, Hochschule und Stiftung haben ihre jeweiligen Stärken gebündelt, um einen völlig neuen Ansatz für die Implementierung von Lehrplänen zu erproben. Das große Interesse der NRW-Bezirksregierungen, der Schulämter und weiterer Bundesländer an den Ergebnissen zeigt, dass PIK AS bundesweit als Wegweiser für gelingende Unterrichtsentwicklung an Grundschulen dienen kann.

Mit diesem Reader verbinden wir auch den Wunsch, dass immer mehr Lehrkräfte und Kinder sich für die Mathematik, diese „wunderbare Lehrerin", begeistern. Die vielfältigen Unterrichts- und Fortbildungsmaterialien von PIK AS mögen breiten Einfluss auf die Arbeit der Kollegien vor Ort finden.

Sylvia Löhrmann
Ministerin für Schule und Weiterbildung
des Landes Nordrhein-Westfalen

Dr. Klaus Kinkel
Vorsitzender Deutsche Telekom Stiftung
Bundesminister a. D.

Prozessbezogene und inhaltsbezogene Kompetenzen

Wie die bundesweiten Bildungsstandards der Kultusministerkonferenz (KMK 2005) geht auch der Mathematiklehrplan für die Grundschule in NRW (2008) davon aus, dass Mathematiklernen mehr umfasst als die Aneignung von *Kenntnissen,* wie beispielsweise die auswendige Verfügbarkeit der Resultate der Einmaleinsaufgaben, und von Fertigkeiten, wie etwa die geläufige Beherrschung des Normalverfahrens der schriftlichen Addition. Im Mathematikunterricht sind neben solchen inhaltsbezogenen immer auch prozessbezogene Kompetenzen wie Argumentieren oder Darstellen zu entwickeln.

Nicht zuletzt die internationalen Vergleichsuntersuchungen wie PISA oder IGLU haben gezeigt, dass in Deutschland die Schulung der prozessbezogenen Kompetenzen – keineswegs nur in der Grundschule, aber dort eben auch – in der Vergangenheit nicht die erforderliche Beachtung gefunden hat. Deren stärkere Berücksichtigung darf aber nun andererseits nicht zu einer Vernachlässigung der inhaltsbezogenen Kompetenzen führen. Wo möglich und sinnvoll, sollten beide Kompetenzbereiche integriert angesprochen werden – dies auch, weil Unterrichtszeit knapp und kostbar ist. Im Lehrplan Mathematik Grundschule für NRW heißt es demzufolge (S. 56):

Grundlegende mathematische Bildung zeigt sich in fachbezogenen Kompetenzen, d. h. durch das Zusammenspiel von Kompetenzen, die sich primär auf Prozesse beziehen (prozessbezogene Kompetenzen), und solchen, die sich primär auf Inhalte beziehen (inhaltsbezogene Kompetenzen). Sie entwickeln sich bei der aktiven Auseinandersetzung von Schülerinnen und Schülern mit mathematischen Situationen.

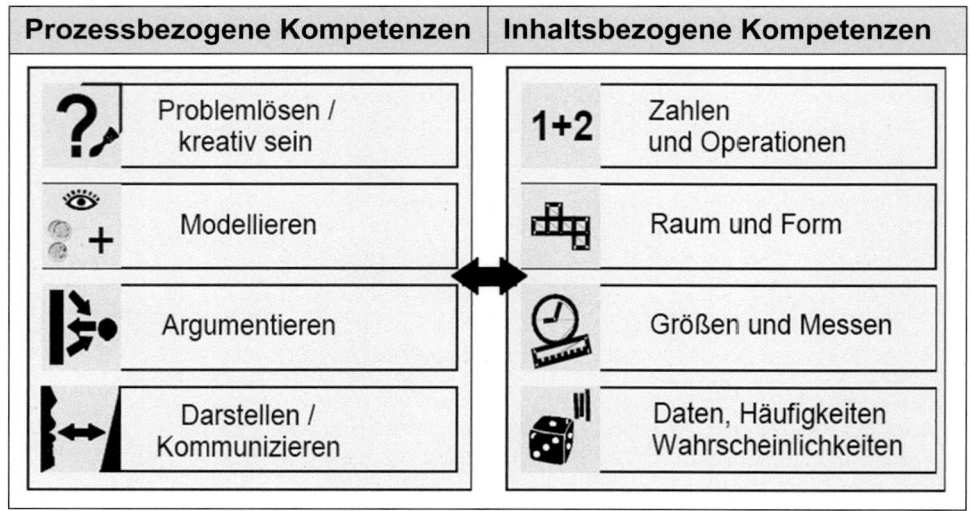

Die prozess- und inhaltsbezogenen Kompetenzen im Lehrplan Mathematik Grundschule für NRW 2008

Wie eine solche integrierte Förderung prozess- und inhaltsbezogener Kompetenzen möglich ist, soll im Folgenden anhand von vier Unterrichtsbeispielen dargestellt werden, anhand derer auch Aussagen des Lehrplans zu Kompetenzerwartungen in beiden Bereichen illustriert werden. Denn das ist die entscheidende Neuerung im Vergleich zur Erprobungsfassung von 2003: Es wird nicht nur beschrieben, welche inhaltsbezogenen Kompetenzen die Schülerinnen und Schüler erwerben sollen, sondern entsprechende Aussagen werden auch für den Bereich der prozessbezogenen Kompetenzen formuliert.

Der Aufbau der folgenden vier Kapitel ist gleich. Für die vier Inhaltsbereiche – *Zahlen und Operationen, Raum und Form, Größen und Messen* sowie *Daten, Häufigkeiten und Wahrscheinlichkeiten* – wird jeweils ein Unterrichtsbeispiel vorgestellt, und es wird verdeutlicht, welche der vier prozessbezogenen Kompetenzbereiche *in besonderer Weise* angesprochen werden.

1. Zahlengitter mit Zielzahl 20
Inhaltsbezogene Kompetenz: Zahlen und Operationen
Prozessbezogene Kompetenzen: Problemlösen/kreativ sein, Argumentieren

2. Zeichnen regelmäßiger Vielecke
Inhaltsbezogene Kompetenz: Raum und Form
Prozessbezogene Kompetenzen: Problemlösen/kreativ sein, Argumentieren

3. Über Textaufgaben nachdenken
Inhaltsbezogene Kompetenz: Größen und Messen
Prozessbezogene Kompetenzen: Modellieren, Darstellen/Kommunizieren

4. Daten aus der Zeitung
Inhaltsbezogene Kompetenz: Daten, Häufigkeiten und Wahrscheinlichkeiten
Prozessbezogene Kompetenzen: Modellieren, Argumentieren

Ausgewählte Unterrichtsbeispiele, bei denen beide Kompetenzbereiche integriert angesprochen werden

Nach einer Kurzübersicht über den Hintergrund des beschriebenen Unterrichtsbeispiels werden überblicksweise und illustrierend Einblicke in durchgeführten Unterricht gegeben. Abschließend wird ausgeführt, welche inhaltsbezogenen und welche prozessbezogenen Kompetenzen angesprochen werden. In den Formulierungen ist dabei das aus Platzgründen weggelassene „Die Schülerinnen und Schüler" stets mitzudenken. Aus dem gleichen Grund sind Abkürzungen für die Kompetenzbereiche verwendet worden: PL beispielsweise steht für „Problemlösen" oder RF für „Raum und Form". Im Einzelfall wären in der tabellarischen Auflistung sicherlich auch andere Zuordnungen denkbar gewesen. Die in den einzelnen Kapiteln angedeuteten Unterrichtsbeispiele sollten aber auch nicht als unmittelbar umzusetzende Vorgaben, sondern als Orientierungsangebote verstanden werden, die an die unterschiedlichen Gegebenheiten der eigenen Lerngruppe anzupassen sind.

Es wurden bewusst Unterrichtsbeispiele aus dem dritten oder vierten Schuljahr gewählt, um die Zielperspektive anzudeuten („Das sollen die Kinder bis zum Ende des vierten Schuljahres lernen können."). Selbstverständlich entwickeln sich Kompetenzen nur langfristig. Die integrierte Förderung prozess- und inhaltsbezogener Kompetenzen *von Anfang an* ist daher unverzichtbar.

1. Zahlengitter mit Zielzahl 20

Kurzbeschreibung

Den Zahlengittern liegt folgende Aufgabenvorschrift zugrunde:
Zunächst wird die sog. Startzahl (hier: 0) in das linke obere Feld eingetragen. Dann schreibt man fortlaufend in die benachbarten Felder die um die linke bzw. um die obere Pluszahl vermehrte Zahl. Die rechte untere Zahl heißt Zielzahl, die mittlere Mittelzahl und die anderen Randzahlen. Die Verwendung zweier gleicher Pluszahlen (+4; +4) ist ebenso möglich wie die der 0 (vgl. Selter 2004).

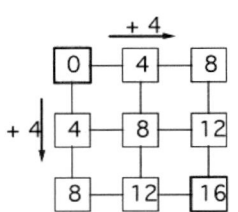

Angesprochene Kompetenzen

Inhaltsbezogene Kompetenz
Zahlen und Operationen

Prozessbezogene Kompetenzen
Problemlösen/ kreativ sein, Argumentieren

Umsetzung im Unterricht

In einem dritten Schuljahr wurden eingangs an einem Beispiel (+2; +5) an der Tafel die Aufgabenvorschrift sowie die oben genannten Begriffe eingeführt. Zwei Schüler haben dies daraufhin bei weiteren Beispielen angewendet. An den Beispielen sollte deutlich werden, dass auch zwei gleiche Pluszahlen möglich waren und dass durch ein Pluszahl-Paar (+2; +5) sowie sein „Tauschpaar" (+5; +2) zwei verschiedene Zahlengitter gebildet wurden. Dann wurde die Aufgabe gestellt, möglichst viele Pluszahl-Paare zu finden, die zur Zielzahl 20 führen. Einige Kinder äußerten erste Vermutungen, von denen die am häufigsten genannte (+5; +5) zur Verdeutlichung der Aufgabenstellung festgehalten wurde. Die Kinder erhielten ein Arbeitsblatt, auf dem sie alle gefundenen Möglichkeiten notieren sollten, und wurden dazu angeregt, die Pluszahl-Paare in eine Tabelle einzutragen. Zudem wurden sie gebeten, in einem Forscherbericht festzuhalten, wie sie vor-

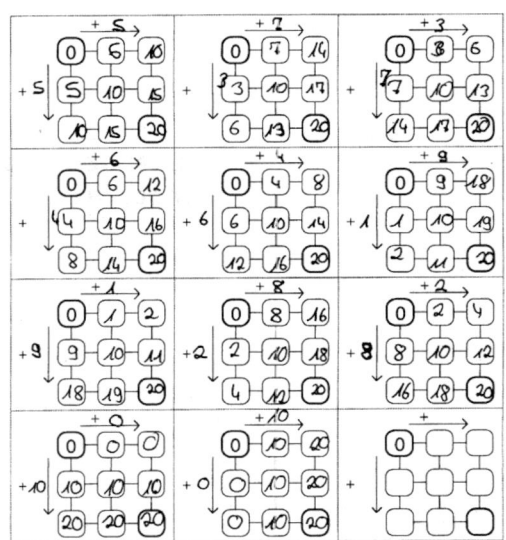

gingen und was ihnen auffiel. Des Weiteren wurde gesagt, dass für die Schüler, die das Arbeitsblatt mit der Zielzahl 20 bearbeitet hätten, ein eben solches für die Zielzahl 22 zur Verfügung steht und dass der Arbeitsphase eine Sammlungs- und Reflexionsphase folgen würde. Zum Abschluss wurde durch das geordnete Anhängen aller elf Zahlengitter das Nachdenken über deren Gemeinsamkeiten und Unterschiede angeregt. Zur Zeitersparnis waren die elf Möglichkeiten bereits während der Arbeitsphase von zwei Schülern auf vorbereiteten Zahlengittern notiert worden, die an der Tafel mit Hilfe von Haftstreifen flexibel umgeordnet werden konnten. Die Kinder begründeten, warum sie alle Möglichkeiten gefunden hatten und lasen aus ihren Forscherberichten vor, wie sie vorgegangen waren und was ihnen aufgefallen war. Da die einzelnen Kinder natürlich unterschiedlich weit fortgeschritten waren, schloss sich eine Stunde an, in der sie individuell die Gelegenheit erhielten, die Aufgabenstellungen auf weitere Zielzahlen zu übertragen.

Dem „allgemeinen" 3·3-Gitter kann man die Auffälligkeiten entnehmen, die die Kinder speziell für die Zielzahl 20 formuliert haben:

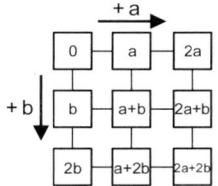

Zählt man zum Beispiel die Zahlen in den Diagonalen zusammen, so erhält man stets 3a + 3b. Oder man sieht an der Bauart der rechten oberen (2a) und der linken unteren (2b) Randzahl sowie der Zielzahl (2a + 2b), dass hier nur gerade Zahlen auftreten können.

Am darauffolgenden Tag stand die Aufgabenstellung im Vordergrund, bestimmte Zielzahlen (30 bzw. 33) in einem 4·4-Zahlengitter zu erreichen. Dabei ergibt sich als Zielzahl nicht 2a + 2b, sondern 3a + 3b. Also können nur Vielfache von 3 als Zielzahlen auftreten. Abschließend wurden einige Auffälligkeiten des 4·4-Gitters besprochen. Interessant ist beispielsweise, dass die Anzahl der Pluszahlen-Paare für eine bestimmte Zielzahl um eins größer als die Summe der beiden Zahlen eines Pluszahlen-Paares ist. Dies gilt im Übrigen bei quadratischen Gittern beliebiger Größe. Es gibt vielfältige weitere Aufgabenvariationen und somit Einsatzmöglichkeiten für das 3·3-Gitter, die ab dem 2. Schuljahr anwendbar sind. Zum Beispiel können sowohl Aufgaben mit unterschiedlichen Kombinationen gegebener und gesuchter Zahlen gestellt werden, wie auch Forscheraufgaben, bei denen die Besonderheiten des Gitters erforscht werden sollen.

Kompetenzerwartungen

Prozessbezogene Kompetenzen	Inhaltsbezogene Kompetenzen
• probieren zunehmend systematisch und zielorientiert und nutzen die Einsicht in Zusammenhänge zur Problemlösung (PL: lösen) • übertragen Vorgehensweisen auf ähnliche Sachverhalte (PL: übertragen) • stellen Vermutungen über mathematische Zusammenhänge oder Auffälligkeiten an (ARG: vermuten) • erklären Beziehungen und Gesetzmäßigkeiten an Beispielen und vollziehen Begründungen anderer nach (ARG: begründen)	• geben die Zahlensätze des kleinen Einspluseins automatisiert wieder und leiten deren Umkehrungen sicher ab (ZO: schnelles Kopfrechnen) • lösen Additions- und Subtraktionsaufgaben im Zahlenraum bis 100 unter Ausnutzung von Rechengesetzen und Zerlegungsstrategien mündlich oder halbschriftlich (ZO: Zahlenrechnen)

Die angeführten inhaltsbezogenen Kompetenzerwartungen entsprechen denen des zweiten Schuljahres. Diese sind in den allgemeiner formulierten Kompetenzerwartungen für das vierte Schuljahr enthalten.

Weitere Informationen und Unterrichtsbeispiele
PIK AS-Website
Haus 7 – Unterrichtsmaterial – Umkehrzahlen, Rechenquadrate mit Ohren, Streichquadrate
  pikas.tu-dortmund.de/115, pikas.tu-dortmund.de/116, pikas.tu-dortmund.de/117
Kira-Website
Material – Mathe mehr als Ausrechnen – Zahlengitter
  kira.tu-dortmund.de/114

2. Zeichnen regelmäßiger Vielecke

Kurzbeschreibung

Aufgrund ihrer Bauart üben regelmäßige Vielecke einen gewissen Reiz aus. Ein regelmäßiges Sechseck beispielsweise hat sechs Ecken, sechs gleich lange Seiten und sechs gleich große Innenwinkel. Die Ästhetik der Formen gilt es im Unterricht zu nutzen, wenn die Schüler das Zeichnen mit Hilfsmitteln üben und dabei grundlegende Erfahrungen zu regelmäßigen Vielecken sammeln, die im weiterführenden Unterricht vertieft und in Fächer verbindenden Kontexten (Rezeption von Werken der bildenden Kunst) ausgeweitet werden.

Angesprochene Kompetenzen

Inhaltsbezogene Kompetenz
Raum und Form

Prozessbezogene Kompetenzen
Problemlösen/ kreativ sein, Argumentieren

Umsetzung im Unterricht

Da das Zeichnen regelmäßiger Figuren durchaus anspruchsvoll ist, kam im Unterricht eines dritten Schuljahres eine Schablone zum Einsatz (vgl. Wittmann & Müller 2005). Diese erhielten die Kinder zunächst zum freien Experimentieren. Vereinzelt entstanden kleine Kunstwerke wie dieses Bild von Felix, der einen Laster mit Kran zeichnete.

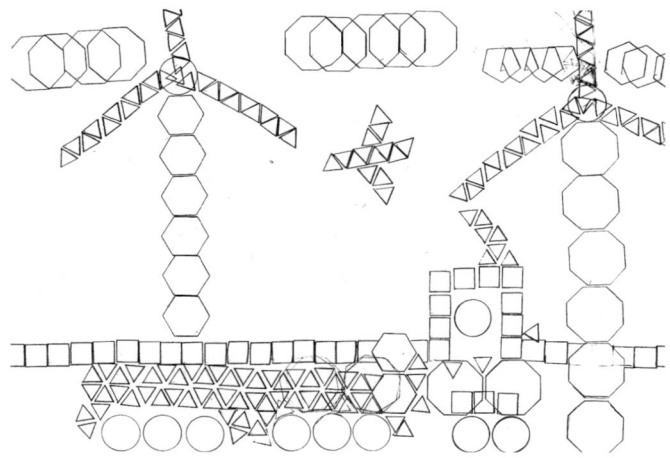

Die einzelnen Bilder wurden dann von den Kindern im Rahmen eines „Museumsrundgangs" angeschaut, bevor gemeinsam darüber gesprochen wurde, was beim genauen Zeichnen beachtet werden muss: exaktes Anlegen und gutes Festhalten der Schablone.

Außerdem wurde thematisiert, welche Figuren die Schablone enthält (Dreieck, Viereck, Fünfeck, Sechseck, Achteck und Kreis) und dass alle Seiten gleich lang sind (1,5 cm), was es ermöglicht, verschiedene Vielecke „Seite an Seite" zu zeichnen. Es schlossen sich Aktivitäten an, bei denen die Schüler vorgegebene Parkette nachzeichneten bzw. fortsetzten und auch selbst Parkettierungen erfanden. Tino beispielsweise parkettierte mit Hilfe von Achteck und Quadrat.

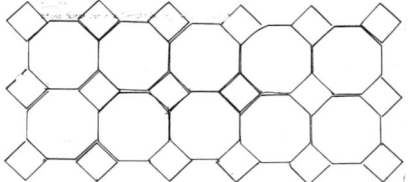

Durch die stetige Übung des Zeichnens mithilfe der Schablone wurden die Schülerarbeiten im Laufe der Unterrichtsstunden zunehmend sauberer und genauer.

Ein weiterer Auftrag lautete: „Wähle eine Form aus. Kannst du mit ihr ein Muster ohne Löcher zeichnen? Probiere es mit allen Formen aus. Mit welchen Formen kannst du ein Muster ohne Löcher zeichnen?"

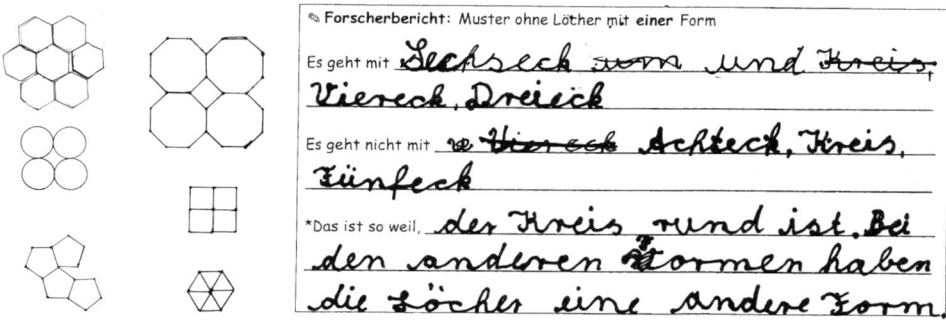

Im Forscherbericht von Anna wird deutlich, dass sie herausgefunden hat, mit welchen der zur Verfügung stehenden Figuren die Ebene lückenlos parkettiert werden kann und mit welchen nicht. Außerdem beschreibt sie, dass bei Kreis, Achteck und Fünfeck nicht zu füllende Löcher entstehen. Weiterhin zeichneten die Kinder „Bänder" aus regelmäßigen Vielecken, also solche Figuren, bei denen in der Regel zwei unterschiedliche Vielecke wiederholt Seite an Seite aneinander gesetzt werden.

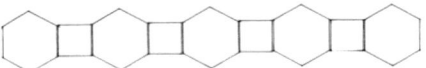 

Kompetenzerwartungen

Prozessbezogene Kompetenzen	Inhaltsbezogene Kompetenzen
• erfinden Aufgaben und Fragestellungen (z. B. durch Variation und Fortsetzung von gegebenen Aufgaben) (PL: variieren und erfinden) • stellen Vermutungen über mathematische Zusammenhänge und Auffälligkeiten an (ARG: vermuten) • erklären Beziehungen und Gesetzmäßigkeiten an Beispielen und vollziehen Begründungen anderer nach (ARG: begründen)	• untersuchen weitere ebene Figuren, benennen sie und verwenden Fachbegriffe wie „senkrecht, waagerecht, parallel, rechter Winkel" zu deren Beschreibung (RF: Ebene Figuren) • setzen Muster fort (z. B. Bandornamente, Parkettierungen), beschreiben sie und erfinden eigene Muster (RF: Ebene Figuren) • zeichnen Linien, ebene Figuren und Muster aus freier Hand und mit Hilfsmitteln wie Lineal, Schablone, Gitterpapier (RF: Zeichnen)

Weitere Informationen und Unterrichtsbeispiele
PIK AS-Website
Haus 7 – Unterrichtsmaterial – SOMA-Würfel, Würfelnetze, Inter-Netzzo (s. S. 245 ff.)
  pikas.tu-dortmund.de/118, pikas.tu-dortmund.de/119, pikas.tu-dortmund.de/148
Haus 8 – Unterrichtsmaterial – Expertenarbeit
  pikas.tu-dortmund.de/013

3. Über Textaufgaben nachdenken

Kurzbeschreibung

Kinder reagieren häufig auf die sog. Kapitänsaufgaben („Auf einem Schiff sind 26 Schafe und 10 Ziegen. Wie alt ist der Kapitän?"), indem sie die Antwort „36 Jahre alt" geben – zumindest dann, wenn sich im Unterricht keine Kultur des kritischen Hinterfragens von gegebenen und auch von selbst ermittelten Daten etabliert hat. Die Forschung hat gezeigt, dass die Kinder im Kontext Unterricht zur o. a. Antwort neigen, während sie in außerschulischen Kontexten oder aber auch bei einer veränderten Unterrichtskultur durchaus „vernünftigere" Verhaltensweisen zeigen. Insofern gilt es, im Unterricht das Nachdenken der Kinder über Textaufgaben anzuregen.

Angesprochene Kompetenzen

Inhaltsbezogene Kompetenz
Größen und Messen

Prozessbezogene Kompetenzen
Modellieren, Darstellen/ Kommunizieren

Umsetzung im Unterricht

Zunächst wurden den Kindern Textaufgaben unterschiedlicher Komplexität und verschiedenen Schwierigkeitsgrades zur Bearbeitung vorgelegt, in denen die Lehrerinnen und Lehrer der Schule stets eine gewisse Rolle spielten. Nachdem sie diese Aufgaben individuell gelöst hatten, wurden sie gebeten anzugeben, ob es für sie eine leichte oder eine schwere Textaufgabe war und ihre diesbezügliche Entscheidung zu begründen. Die Kinder kamen nun in Rechenkonferenzen zusammen und verglichen sowohl ihre Lösungen als auch ihre Einschätzungen des Schwierigkeitsgrads der Aufgaben. Im Plenum wurden anschließend ausgewählte Aufgabenstellungen und die gewählten Lösungswege besprochen. Hierbei wurden gemeinsam Kriterien entwickelt, die zur Entscheidung herangezogen werden konnten, ob es sich um eine leichte oder eine schwierige Aufgabe handelte, wie zum Beispiel Textlänge, Zahlengröße, Verständlichkeit, Anzahl der Rechenschritte usw. Es wurde vereinbart, dass zukünftig mindestens eines dieser Kriterien beachtet werden musste. Die Schüler wurden auch gebeten, selbst einfache und schwierige Textaufgaben zu erfinden, wie zum Beispiel: „Du hast 50 € und willst dir eine CD für 10,95 € und ein Buch für 13,99 € kaufen. Reicht das Geld?" So wurden die Kinder erneut dazu angeregt, darüber nachzudenken, was eine Aufgabe zu einer leichten bzw. zu einer schwierigen macht. Die Aufgaben wurden dann von anderen Kindern gelöst, und erneut wurden einige von ihnen in der Klasse vorgestellt, gemeinsam bearbeitet und in Bezug auf den Schwierigkeitsgrad bewertet. Außerdem wurden Strategien zur Lösung der Aufgaben besprochen. Aus den verschiedenen selbst erfundenen Textaufgaben stellte die Lehrerin ein Arbeitsblatt zusammen. Jedes Kind durfte hierzu eine Aufgabe auswählen, was erneute Reflexion anregte. Dieses Arbeitsblatt wurde im Verlauf der kommenden Stunden von den Kindern gelöst, wobei die Erfinderkinder, ggf. mit Unterstützung durch die Lehrerin, schwierigere Aufgaben als den weiterführenden Anforderungen zugehörig gekennzeichnet hatten. Diese Sternchen-Aufgaben mussten also nicht von allen Kindern bearbeitet werden. Der Name jedes Kindes wurde der jeweiligen Aufgabe vorangestellt. Im Anschluss gingen die Kinder – in dafür eigens reservierten Zeitfenstern – zu dem Aufgaben-Erfinderkind, um von diesem die Korrektheit der Lösung überprüfen zu lassen. Die Experten nutzten Smileys zur Bewertung (☺, 😐, ☹). Es ergaben sich interessante Diskussionen zwischen den Kindern über die Richtigkeit der Lösungen, die Unterschiedlichkeit der Lösungswege sowie den Schwierigkeitsgrad der Aufgaben. Das Arbeitsblatt enthielt den

Hinweis: Wenn du nicht weißt, wie du weiter machen sollst, schaue auf unsere Liste mit Tipps und Tricks zum Lösen von Sachaufgaben. Hierzu hing ein großes Plakat an der Seitentafel, auf dem Tipps und Tricks zum Lösen von Textaufgaben eingetragen worden waren. Es entstand, weil am Ende nahezu jeder Stunde einige Zeit für die gemeinsame Reflexion der Arbeit an den Textaufgaben reserviert worden war. Dieses Plakat wurde nicht nur bei der Arbeit an den Aufgaben verwendet, sondern auch für die gemeinsame Diskussion und das Nachdenken sowohl in kleineren Gruppen als auch im Unterrichtsgespräch. Die Kinder trugen die Punkte zudem in ihre eigene Liste ein, die sie als oberstes Blatt in ihre Mathe-Mappe eingeheftet hatten. Außerdem trugen die Kinder die für sie persönlich bedeutsamen Tipps und Tricks in ihr Lernwegebuch ein (vgl. Sundermann & Selter 2006, S. 62 ff.). Einige der Tipps und Tricks aus Linas Lernwegebuch mögen als Illustration genügen:

1. *Zuerst muss man die Aufgabe genau durchlesen und gucken, ob alle Zahlen wichtig sind.*
2. *Manchmal muss man sich die Frage selbst überlegen.*
3. *Du musst dir gut überlegen, ob die Aufgabe logisch ist. Manche Aufgaben sind nicht lösbar.*
4. *Manchmal ist es schlau, eine Zeichnung zu machen.*

Kompetenzerwartungen

Prozessbezogene Kompetenzen	Inhaltsbezogene Kompetenzen
• entnehmen Sachsituationen und Sachaufgaben Informationen und unterscheiden dabei zwischen relevanten und nicht relevanten Informationen (MOD: erfassen) • übersetzen Problemstellungen aus Sachsituationen in ein mathematisches Modell und lösen sie mithilfe des Modells (z. B. Gleichung, Tabelle, Zeichnung) (MOD: lösen) • beziehen ihr Ergebnis wieder auf die Sachsituation und prüfen es auf Plausibilität (MOD: validieren) • bearbeiten komplexere Aufgabenstellungen gemeinsam, treffen dabei Verabredungen und setzen eigene und fremde Standpunkte in Beziehung (DAR: kooperieren und kommunizieren)	• rechnen mit Größen (auch mit Dezimalzahlen) (GM: Größen) • formulieren zu realen oder simulierten Situationen (auch zu projektorientierten Problemkontexten) und zu Sachaufgaben mathematische Fragen und Aufgabenstellungen und lösen sie (GM: Sachsituationen)

Weitere Informationen und Unterrichtsbeispiele
PIK AS-Website
Haus 7 – Unterrichtsmaterial – Preisangebote „Beim Friseur", Sachrechenprobleme, Authentische Schnappschüsse, Dinosaurier (s. S. 227 ff.)
pikas.tu-dortmund.de/121, pikas.tu-dortmund.de/122, pikas.tu-dortmund.de/123, pikas.tu-dortmund/131
Kira-Website
Material – Geometrie und Sachrechnen – Kapitänsaufgaben
kira.tu-dortmund.de/120

4. Daten aus der Zeitung

Kurzbeschreibung
Eine Möglichkeit, insbesondere Prozesse des Modellierens anzuregen, besteht in der Auseinandersetzung mit Texten, die sowohl zum Lesen als auch zum Rechnen „verlocken" – z. B. Gebrauchstexte wie Rezepte, Prospekte, Kassenzettel, Fernsehprogramme, Sachtexte, Lexika, Witze oder auch Zeitungsartikel.

Umsetzung im Unterricht
Im Rahmen einer „Zeitungsmathematik" sind vielfältige Aktivitäten denkbar, so etwa auch Aufgaben des Typs: „Kann das denn stimmen?".
Bei diesem Aufgabenformat soll die Frage *begründet* beantwortet werden, ob ein vorgegebenes Ergebnis den Tatsachen entsprechen kann. Hier wird die für den Alltag sicherlich zentrale Kompetenz angesprochen, Zahlenangaben durch eine grobe Schätzrechnung auf ihre Plausibilität zu überprüfen, ohne das genaue Resultat ermitteln zu müssen. Um den Wahrheitsgehalt aufzudecken, mussten die Kinder dem vorliegenden Text (vgl. van den Heuvel-Panhuizen 2001, S. 196) die relevanten Informationen entnehmen und andere Daten vernachlässigen, zum Beispiel die Information, dass es neun Schulen in Gevelsberg gibt. Dann war ein mathematisches Modell zu bilden, das im vorliegenden Beispiel darin bestand, die Zahl der Schüler und die Zahl der Klassen durch eine Division zueinander in Beziehung zu setzen und dabei geeignete Überschlagswerte zu verwenden (4000:50). Nach zwei fehlgeschlagenen Anläufen kam Nico zu dem numerisch korrekten Ergebnis „80". Diese Lösung musste er dann noch auf die Ausgangssituation beziehen („Es gibt keine Klasse, in der 80 Kinder sind.").

Angesprochene Kompetenzen

Inhaltsbezogene Kompetenz
Daten, Häufigkeiten und Wahrscheinlichkeiten

Prozessbezogene Kompetenzen
Modellieren, Argumentieren

In einem weiteren Beispiel, bei dem die Kinder dazu angeregt wurden, über „Zahlen aus der Zeitung" unter der Leitfrage „Fahren Frauen schlechter?" nachzudenken, wurde behauptet, dass vier von zehn Frauen im letzten Jahr bei der Führerscheinprüfung durchgefallen waren, während sechs von zehn Männern bestanden.

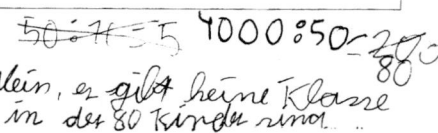

Tim antwortete, beide wären gleich gut gewesen. Er begründete seine Antwort, indem er angab „10 F =" (10 Frauen) und dahinter „4x" schrieb, was „4 Personen durchgefallen" heißen sollte. Hinter die „6" machte er ein Häkchen, was bedeuten sollte, dass sechs Personen bestanden hätten. Dann notierte er analog „10 M =" und gab dort ebenfalls die Anzahl der bestandenen bzw. nicht bestandenen Prüfungen an. Seine Darstellung wurde dann in der Klasse auf allgemeine Verständlichkeit hin ebenso diskutiert, wie andere Schülerantworten, etwa …

– Nein. Frauen fahren nicht schlechter, weil 10 – 4 = 6 Frauen haben bestanden. Und 6 Männer haben bestanden, weil 4 Frauen sind durchgefallen.
– Nein, weil 4 Männer und 4 Frauen haben nicht bestanden.
– Es hängt davon ab, wie viel die Frauen in den Fahrstunden lernen.
– Das weiß man nie so genau, weil jeder Mensch unterschiedlich gut fahren kann.

Kompetenzerwartungen

Prozessbezogene Kompetenzen	Inhaltsbezogene Kompetenzen
• entnehmen Sachsituationen und Sachaufgaben Informationen und unterscheiden dabei zwischen relevanten und nicht relevanten Informationen (MOD: erfassen) • übersetzen Problemstellungen aus Sachsituationen in ein mathematisches Modell und lösen sie mithilfe des Modells (z. B. Gleichung, Tabelle, Zeichnung) (MOD: lösen) • beziehen ihr Ergebnis wieder auf die Sachsituation und prüfen es auf Plausibilität (MOD: validieren) • testen Vermutungen anhand von Beispielen und hinterfragen, ob ihre Vermutungen, Lösungen, Aussagen etc. zutreffend sind (ARG: überprüfen)	• entnehmen Kalendern, Diagrammen und Tabellen Daten und ziehen sie zur Beantwortung von mathematikhaltigen Fragen heran (DHW: Daten und Häufigkeiten)

Weitere Informationen und Unterrichtsbeispiele
PIK AS-Website
Haus 7 – Unterrichtsmaterial – Unsere Schule in Zahlen, Glücksspiele: Glücksräder, Würfel
pikas.tu-dortmund.de/125, pikas.tu-dortmund.de/149
Kira-Website
Material – Geometrie und Sachrechnen – Zeitungsmathematik
kira.tu-dortmund.de/126

Schlussbemerkungen

Wie Walther, Selter & Neubrand (2008) darstellen, sind die in den bundesweiten Bildungsstandards und im neuen Grundschullehrplan Mathematik formulierten Kompetenzen und Kompetenzerwartungen keine „Erfindungen" des 21. Jahrhunderts.

Bei den inhaltsbezogenen Kompetenzen ist vieles von dem wieder zu finden, auf das kompetente Lehrerinnen in ihrem Unterricht ohnehin Wert legen. Allerdings bekommt dieser Bereich eine neue Qualität, wenn man Mathematik nicht als fertiges Regelsystem, sondern als „Wissenschaft von den Mustern" (Wittmann 2003; Wittmann & Müller 2008) versteht. Neu ist allerdings die große Bedeutung, die der Entwicklung der prozessbezogenen Kompetenzen in Verbindung mit substanziellen mathematischen Inhalten im Unterricht beigemessen wird. Diese Akzentverschiebung gründet sich auf eine bereits mehrere Jahrzehnte dauernde Entwicklung in der Mathematikdidaktik – sowohl auf nationaler wie auf internationaler Ebene – und wurde dabei wesentlich durch die Arbeit von Heinrich Winter beeinflusst, beginnend mit der Schrift Winters über allgemeine, inhaltsübergreifende Lernziele des Mathematikunterrichts (vgl. Winter 1975). Im Jahr 1985 erschien unter der wissenschaftlichen Begleitung Winters die Vorgängerfassung dieses Lehrplans.

Sie baute auf den von ihm formulierten allgemeinen Lernzielen auf und formulierte mit dem Begriffspaar Strukturorientierung-Anwendungsorientierung eine allgemein anerkannte Bildungsperspektive. Der 85er-Lehrplan war wegweisend für viele spätere Lehrpläne in anderen Bundesländern, nicht zuletzt aufgrund der Einforderung der allgemeinen Lernziele kreativ sein, argumentieren und mathematisieren, und hat auch – bei allen Neuerungen – den vorliegenden Lehrplan wesentlich beeinflusst. Die Entwicklung prozessbezogener Kompetenzen, die durch die Bildungsstandards und den neuen Lehrplan also nachhaltig betont wird, ist eine *systematisch* zu verfolgende, *langfristige* Aufgabe des Mathematikunterrichts, die durch regelmäßige, eigene Aktivitäten der Kinder beständig geschult wird. Fünf Punkte, die in diesem Zusammenhang wichtig erscheinen, sollen abschließend erläutert werden (vgl. Walther, Selter & Neubrand 2008, S. 37 ff.).

- *Ergiebige Aufgaben:* Unabdingbar für die Entwicklung prozessbezogener Kompetenzen ist die Verwendung ergiebiger Aufgaben. Es gilt, nach dem bewährten Grundsatz „multum, non multa" zu verfahren: Lieber *wenige gute* Unterrichtsbeispiele bzw. Lernkontexte ausführlich und über die verschiedenen Schuljahre hinweg mit unterschiedlichen Fragestellungen immer wieder zu behandeln als *viele isolierte* Aufgaben abarbeiten zu lassen. Ergiebige Aufgaben sind Aufgaben, bei denen sowohl die inhaltsbezogenen als auch die prozessbezogenen Kompetenzen – auf unterschiedlichen Leistungsniveaus und mit unterschiedlich ausgeprägten Interessensgraden – angesprochen werden.
- *Eine Kultur des Erforschens, Entdeckens und Erklärens:* Offensichtlich ist, dass dieses umso besser gelingt, je mehr das Entdecken, Erforschen und Erklären und dabei insbesondere auch *der soziale Austausch* zwischen Lehrerin und Kindern sowie auch zwischen den Kindern untereinander zu einem natürlichen Bestandteil des Unterrichts geworden ist (vgl. Verboom 2004). Besonderer Beachtung bedürfen dabei etwa die schlüssige und verständliche Einführung der Aufgabenstellung bzw. der Aufgabenvorschrift anhand wirklich exemplarischer

Beispiele mit sinnvoll ausgewähltem Zahlenmaterial, das Schaffen von Zieltransparenz für die Kinder, die Etablierung von Ritualen wie Mathekonferenzen bzw. gleichermaßen offenen wie zielorientierten Unterrichtsgesprächen, der geregelte Austausch über beispielsweise (Vor- und Nachteile bestimmter) Sprech- und Schreibweisen oder die Einräumung von angemessen viel Zeit, damit die Kinder die Fragestellungen anhand hinreichend vieler selbst erarbeiteter Beispiele sowie durch das Nachdenken über deren Gemeinsamkeiten und Unterschiede wirklich durchdringen können.

- *Maßnahmen der Individualisierung:* Man sollte nicht davon ausgehen, dass jede ergiebige Aufgabe alle Kinder automatisch „aus der Sache heraus" anspricht und kontinuierlich motiviert, sich damit zielorientiert und trotz ggf. auftauchender Schwierigkeiten auseinanderzusetzen. Das bedeutet keineswegs, dass solche Aufgaben nur etwas für die leistungsstärkeren Kinder sind. Kinder sind unterschiedlich – diese Erkenntnis gilt nicht nur für die inhaltsbezogenen, sondern auch für die prozessbezogenen Kompetenzen. So sind es nicht selten schwächere Kinder, die nicht genau wissen, wie sie vorgehen sollen. Daher kann es hilfreich sein, durchgängig und für die Kinder transparent zwischen Grundanforderungen und weiterführenden Anforderungen zu unterscheiden.

- *Kleine Erfolge sehen:* Hilfreich ist zudem eine positiv-optimistische Grundeinstellung gegenüber dem Denken und Lernen der Kinder. Denn deren sinnvolle Vorgehensweisen, viel versprechende Denkansätze und erstaunliche Arbeitsergebnisse werden oft nicht erkannt, weil die Lehrperson das Vorgehen der Kinder und deren Äußerungen nicht sensibel genug beobachtet (bzw. dieses in der Hektik des Alltags nur schwerlich kann) und sie zudem unfertiges oder ihr nicht auf Anhieb verständliches Denken als fehlerhaft oder defizitär ansieht. Es zahlt sich für Erwachsene wie für Kinder aus, wenn Erstere auch die kleinen Erfolge und Fortschritte der Lernenden in der Auseinandersetzung mit prozessbezogenen Aufgaben sehen und anerkennen, statt von ihnen mit Blick auf Idealzielsetzungen zu schnell zu viel zu verlangen.

- *Offene Formen der Leistungsfeststellung:* Damit sich die prozessbezogenen Kompetenzen in der Unterrichtspraxis durchsetzen können, ist es erforderlich, sie auch im Rahmen von Leistungsfeststellungen angemessen zu berücksichtigen (vgl. Sundermann & Selter 2006). Ähnlich wie im Deutschunterricht das Beurteilen der Texte von Kindern in der Regel aufwändiger ist als die bloße Beurteilung der Fertigkeiten im Rechtschreiben, ist die Beurteilung von Aufgaben(-teilen), die die prozessbezogenen Kompetenzen ansprechen, häufig nicht so unkompliziert wie die reine Bewertung des (End-)Resultats. Aber Ersteres ist erforderlich und ausgehend von einem Kriterienkatalog auch leistbar, wobei man sich der unvermeidlichen Subjektivität der eigenen Wahrnehmungen durchaus bewusst, aber mit positiver Einstellung um individuelle Gerechtigkeit bemüht sein sollte. Die typischen Klassenarbeitsaufgaben und Testitems haben hier im Gegensatz zur Reichhaltigkeit ergiebiger Aufgaben in der Regel nur eine recht begrenzte Aussagekraft.

Zu guter Letzt: Bei aller Wichtigkeit der in diesem Beitrag explizit erläuterten inhalts- und prozessbezogenen Kompetenzen: Der Erfolg von Unterricht wird auch daran festgemacht, inwieweit es gelingt, die fachbezogene

Lernfreude und Leistungsbereitschaft der Kinder zu erhalten und auszubauen. Die Entwicklung von Einstellungen und Haltungen gilt als unverzichtbarer Bestandteil mathematischer Bildung, wie es auch an zentraler Stelle im Lehrplan eingefordert wird:

Lernprozesse und *Lerngelegenheiten* im Unterricht sind so zu gestalten, dass sich eine nachhaltige positive *Haltung* und *Einstellung* zum Fach entwickeln kann. Diese ist für den erfolgreichen und nachhaltigen Erwerb von fachbezogenen Kompetenzen unabdingbar. Nur so können sich
- Interesse und Neugier an mathematikhaltigen Phänomenen *("Entdeckerhaltung")*,
- Motivation, Ausdauer und Konzentration im Prozess des mathematischen Arbeitens,
- ein konstruktiver Umgang mit Fehlern und Schwierigkeiten,
- Selbstvertrauen in die eigenen mathematischen Kompetenzen und
- Einsicht in den Nutzen des Gelernten für die Bewältigung von mathematikhaltigen Problemen und Lebenssituationen nachhaltig entwickeln (MSW 2008, S. 55 f.).

Literaturhinweise

HEUVEL-PANHUIZEN, Marja van den (2001): Estimation. In: Dies. (Hg.): Children Learn Mathematics. Utrecht: Freudenthal Institute, S. 173–201.
KMK – Kultusministerkonferenz (2005): Bildungsstandards im Fach Mathematik für den Primarbereich. Neuwied: Wolters-Kluwer & Luchterhand.
MSW – Ministerium für Schule und Weiterbildung des Landes Nordrhein-Westfalen (2008): Lehrplan Mathematik Grundschule. Frechen: Ritterbach-Verlag.
SELTER, Christoph (2004): Mehr als Kenntnisse und Fertigkeiten. Erforschen, entdecken und erklären im Mathematikunterricht der Grundschule. Beschreibung des Moduls 2 für das Projekt Sinus-Transfer Grundschule (www.sinus-grundschule.de/).
SUNDERMANN, Beate/SELTER, Christoph (2006): Beurteilen und Fördern im Mathematikunterricht. Berlin: Cornelsen Scriptor.
VERBOOM, Lilo (Hg., 2004): Üben und entdecken, (Themenheft). In: Die Grundschulzeitschrift, H. 177, S. 6–11.
WALTHER, Gerd/SELTER, Christoph/NEUBRAND, Johanna (2008): Die Bildungsstandards Mathematik. In: Walther, Gerd u. a. (Hg.): Bildungsstandards für die Grundschule: Mathematik konkret. Berlin: Cornelsen Scriptor, S. 15–39.
WINTER, Heinrich (1975): Allgemeine Lernziele im Mathematikunterricht? In: Zentralblatt für Didaktik der Mathematik, H. 4, S. 106–116.
WITTMANN, Erich Ch. (2003): Was ist Mathematik und welche Bedeutung hat das wohlverstandene Fach auch für den Mathematikunterricht in der Grundschule? In: Baum, Monika/Wielpütz, Hans (Hg.): Mathematik in der Grundschule. Seelze: Kallmeyer, S. 18–46.
WITTMANN, Erich Ch. & Gerhard N. Müller (2005): Das Zahlenbuch 3. Leipzig: Klett.
WITTMANN, Erich Ch. & Gerhard N. Müller (2008): Muster und Strukturen als fachliches Grundkonzept. In: Walther, Gerd u. a. (Hg.): Bildungsstandards für die Grundschule: Mathematik konkret. Berlin: Cornelsen Scriptor, S. 40–63.

Weitere Infos

PIK AS-Website
Haus 1 – Unterrichtsmaterial
pikas.tu-dortmund.de/092
Kira-Website
Material – Mathe mehr als Ausrechnen
kira.tu-dortmund.de/127

Projektüberblick

Der zum Schuljahr 2008/09 für die Grundschule in Nordrhein-Westfalen neu eingeführte Mathematiklehrplan bietet eine entscheidende Neuerung: Es werden neben inhaltsbezogenen ganz explizit auch prozessbezogene Kompetenzerwartungen angeführt. Diese Aufwertung der prozessbezogenen Kompetenzen fordert den Wandel von einem Unterricht, der primär das Ausführen von Rechentechniken vermittelt, hin zu einem Unterricht, der das selbstständige Denken und das aktive mathematische Tätigsein anregt.

Hier sind gerade für das Fach Mathematik Unterstützungsmaßnahmen erforderlich, die über die Publikation von exemplarischen Aufgabenbeispielen hinausgehen. Um die Umsetzung des neuen Lehrplans in der Praxis zu unterstützen, wurde das interdisziplinäre Projekt *„PIK AS – Mathematikunterricht weiter entwickeln"* ins Leben gerufen. Maßgeblich gefördert wird das Projekt von der Deutsche Telekom Stiftung und dem Ministerium für Schule und Weiterbildung des Landes Nordrhein-Westfalen. PIK AS besteht aus zwei eng miteinander verzahnten Teilprojekten: dem Projekt PIK (Prozessbezogene und Inhaltsbezogene Kompetenzen) mit mathematikdidaktischem Schwerpunkt und dem Projekt AS (Anregung von fachbezogener Schulentwicklung) mit dem Schwerpunkt in Fragen der Schulentwicklung.

Primäre Zielsetzung des mathematikdidaktischen Teilprojekts PIK ist die Bereitstellung von Unterstützungsleistungen und die Entwicklung von Unterstützungsmaterialien auf den folgenden Ebenen:

1. Entwicklung von Fortbildungsmaterialien, die von Mitgliedern der Kompetenzteams, den Fachleiterinnen und anderen Multiplikatoren bei ihrer Aus- und Fortbildungstätigkeit genutzt werden können.
2. Durchführung von Workshops mit Multiplikatoren, um das entwickelte Fortbildungsmaterial vorzustellen und um sich über Schwerpunkte und Probleme der Fortbildungsarbeit auszutauschen.
3. Entwicklung und Erprobung von Unterrichtsmaterialien auf der Grundlage des neuen Lehrplans.
4. Zusammenarbeit mit den Kooperationsschulen; hier werden die entwickelten Unterrichtsmaterialien erprobt und der Mathematikunterricht unter Perspektive des neuen Lehrplans in der Praxis weiterentwickelt.
5. Erstellung von Informationsmaterial mit dem Ziel, Eltern und allen Interessierten die Entwicklung des Mathematikunterrichts und die Zielsetzungen des neuen Lehrplans zu verdeutlichen.

Zielsetzungen des Teilprojekts PIK

Die Umsetzung neuer Lehrpläne stellt für Schulen eine Herausforderung dar, die sich gleichzeitig als Schulentwicklung verstehen lässt. Das Teilprojekt AS unterstützt Schulleitungen hier in ihrer Funktion als „Türöffner". In regelmäßigen Abständen werden die Schulleitungen der Projektschulen zu einem Schulentwicklungs-Workshop eingeladen. Im Rahmen dieser Veranstaltungen erhalten sie Informationen über die Rolle und Bedeutung der Schulleitung in der Unterrichtsentwicklung sowie praxisnahe Ideen, beispielsweise zum Aufbau professioneller Lerngemeinschaften.

Zielsetzungen des Teilprojekts AS

Alle im Rahmen des Projektes PIK AS entwickelten Materialien stehen auf der Website zum Lesen bzw. zum kostenfreien Download zur Verfügung.

www.pikas.tu-dortmund.de

Das Teilprojekt PIK

Im Teilprojekt PIK wurden Materialien zur Information aller am Lehr-Lernprozess beteiligten Personen sowie für die Gestaltung von Lehrerfortbildungen und für die (Weiter-)Entwicklung des (eigenen) Unterrichts entwickelt. Diese wurden durch Multiplikatorentagungen, durch den jährlich stattfindenden PIK AS-LehrerInnentag sowie durch die umfangreiche Internetseite distribuiert. Zu fünf übergeordneten Themen wurden Fortbildungs-, Unterrichts- und Informationsmaterialien erstellt, erprobt und weiterentwickelt. Im Folgenden ist aufgeführt, welche Leitideen bei der Zusammenstellung der Materialien verfolgt wurden:

Fortbildungs-, Unterrichts- und Informationsmaterial

– **Mathematische Bildung**
Im Mathematikunterricht der Grundschule sollen die Schülerinnen und Schüler mehr lernen als nur rechnen. In den Häusern 1 und 2 wird thematisiert, dass mathematische Bildung sowohl durch horizontale Vernetzung zwischen inhalts- und prozessbezogenen Kompetenzen als auch durch langfristigen Kompetenzaufbau über die Schulzeit hinweg entsteht (vertikale Vernetzung).

– **Ausgleichende Förderung**
Ob Lernen gelingt, hängt auch entscheidend von den Lernvoraussetzungen der einzelnen Schülerinnen und Schüler ab. Die Materialien in den Häusern 3 und 4 nehmen im Sinne der ausgleichenden Förderung einerseits diejenigen Kinder näher in den Blick, die Schwierigkeiten beim Rechnen haben. Andererseits geht es um diejenigen Schülerinnen und Schüler, die im Mathematikunterricht Probleme haben, weil sie die Unterrichtssprache nicht hinreichend gut beherrschen.

– **Themenbezogene Individualisierung**
Das Schulgesetz NRW betont das Recht jedes Kindes auf individuelle Förderung. Gleichzeitig sind die Schülerinnen und Schüler immer auch eingebunden in ihre Lerngruppe. In den beiden Häusern 5 und 6 geht es darum, wie der Mathematikunterricht das Spannungsfeld von Vielfalt und Gemeinsamkeit produktiv nutzen kann, indem der Beziehungsreichtum und die Strukturiertheit mathematischer Themen und Inhalte als Orientierungshilfe herangezogen werden.

– **Herausfordernde Lernangebote**
Eine zentrale Aufgabe von Schule ist es, die Lernfreude und die Lernlust der Schülerinnen und Schüler zu erhalten und zu fördern. Zur Erreichung dieses Ziels sind herausfordernde Lernangebote unverzichtbar. Diese bedürfen sowohl der inhaltlichen Substanz (gute Aufgaben, Haus 7) als auch einer lernförderlichen methodischen Rahmung (guter Unterricht, Haus 8).

– **Ergiebige Leistungsfeststellung**
Der Mathematikunterricht soll nicht nur inhalts- und prozessbezogene Kompetenzen ansprechen, sondern auch die Entwicklung lernförderlicher Einstellungen und Haltungen wie Selbstvertrauen in eigene mathematische Kompetenzen oder Interesse an mathematischen Phänomenen unterstützen. Voraussetzung für diese breite Zielsetzung ist ein individueller Umgang mit den Leistungen der Kinder, der die Grundlage für deren weitere individuelle Förderung bietet (Häuser 9 und 10).

Unter dem spezifischen Blickwinkel der *Informationen für Eltern* finden sich zudem in einer separaten Kategorie darauf zugeschnittene Materialien, wie der Elternratgeber, Plakate, Briefe, Filme und Texte (s. www.pikas. tu-dortmund.de/129).

Informationen für Eltern

Zu vier unterschiedlichen Typen von Filmen sind zudem Videos auf der PIK AS-Website eingestellt:

Informationsvideos

– **Themenfilme**
Zu einzelnen Themen innerhalb der Häuser sind sogenannte Themenfilme entwickelt worden. Als Informationsvideos für Eltern aber auch im Rahmen von Fortbildungen für Lehrpersonen dienen sie der inhaltlichen Transparenz, der eigenen Reflexion und dem Abbau von Vorbehalten und Hemmungen im Hinblick auf Ziele und Methoden von Mathematikunterricht im Sinne des neuen Lehrplans.

– **Übersichtsfilme**
Zu einzelnen Unterrichtsreihen wurden zusammenfassende Übersichtsfilme zu jeder einzelnen Unterrichtsstunde erstellt. Diese Filmmaterialien bieten inhaltliche sowie methodische Stundenübersichten und illustrieren im Sinne von „good-practice-Beispielen" mögliche Umsetzungen der vorgeschlagenen Materialien zu einer Unterrichtsreihe.

– **PIK-Filme**
Für jedes der PIK-Doppelhäuser wird ein „großer" PIK-Film erstellt. Diese Filme eignen sich insbesondere als Informationsfilme für interessierte Lehrpersonen und Eltern, um beispielsweise auf Elternabenden zu verdeutlichen, *welche* Ziele in einem modernen Mathematikunterricht *warum* und *wie* verfolgt werden. Auf der Internetseite findet sich bereits ein Informationsfilm zum Thema „Prozess- und inhaltsbezogene Kompetenzen fördern" sowie ein Film zum Thema „Kinder rechnen anders". Weitere Filme dieser Sorte sind zu den Themen „Sprachförderung", „Guter Mathematikunterricht" und „Rechnen auf eigenen Wegen" gegenwärtig (Mitte 2012) in der Entwicklung.

– **AS-Filme**
Zur Dokumentation fachbezogener Unterrichtsentwicklungen wurden Filmmaterialien zu praktizierenden professionellen Lerngemeinschaften (s. S. 24 f.) erstellt. Diese Sorte Filmmaterial eignet sich insbesondere für den Einsatz in Fortbildungen auf der Schulleitungsebene. Exemplarisch soll damit verdeutlicht werden, wie fachbezogene Unterrichtsentwicklung im Rahmen eines Kollegiums systematisch initiiert und unterstützt werden kann. Hierzu erfolgte die filmische Dokumentation einer professionellen Lerngemeinschaft zu der Arbeitsfrage *„Was ist guter Mathematikunterricht?"*.

Zum Anschauen der Videos auf der PIK AS-Website ist ein Passwort erforderlich, da die Videomaterialien ausschließlich für Zwecke der Lehrerausbildung und -fortbildung verwendet werden dürfen. Das Passwort wurde allen Grundschulen in NRW in einem PIK AS-Brief zugestellt.

Das Teilprojekt AS

Das Teilprojekt AS umfasst zwei Stränge: Schulentwicklungsbegleitung und Begleitforschung. Beide Schwerpunkte ergänzen sich gegenseitig und erweitern den fachdidaktischen Fokus des PIK-Projektes um Fragen der innerschulischen fachbezogenen Schulentwicklung.

Schwerpunkte von AS

Schulentwicklungsbegleitung

Das Teilprojekt AS bot den Schulleitungen der 14 PIK AS-Kooperationsschulen Unterstützung und Fortbildung bei der fachbezogenen Schulentwicklung an. Die Schulleitungen wurden darin unterstützt, die Neuerungen des PIK-Projekts als Schul- und Unterrichtsentwicklung zu denken, zu planen, wie die Innovationen Eingang in den Unterricht innerhalb der Schule finden könnten, und die eigene Rolle als Schulleitung in diesem Prozess zu reflektieren. Zur Anregung dieses Schulentwicklungsprozesses wurden die Schulleitungen halbjährlich zu eintägigen Workshops eingeladen. Im Verlauf des Projektes sollten sie kontinuierlich, zunächst eher theoretisch-reflektierend, dann zunehmend praktisch und auf die eigene Schulpraxis bezogen, an Prozesse der Schul- und Unterrichtsentwicklung herangeführt und hierbei unterstützt werden. Die Workshops sollten den Schulleitungen ein Forum für den fachlichen Austausch bieten.

Begleitung der Schulentwicklung

Bei der Auswahl der Themen der Schulleitungsworkshops wurden die jeweils aktuellen Wünsche und Erwartungen der Schulleitungen berücksichtigt. Zunächst wurde ein Workshop zur „Rolle der Schulleitung in der Unterrichtsentwicklung" durchgeführt, die weiteren Arbeitstreffen behandelten Themen der Unterrichtsentwicklung in „professionellen Lerngemeinschaften". Solche Lehrerteams werden als vielversprechender Ansatz zur Umsetzung und Verbreitung von Innovationen innerhalb von Kollegien, mithin zur Unterrichtsentwicklung betrachtet. Dabei ist aus Schulleitungssicht in der Regel besonders interessant, warum möglicherweise Widerstände im Kollegium auftauchen und wie hiermit umgegangen werden kann.

Materialien, die in Vorbereitung auf die Schulleitungsworkshops, währenddessen sowie im Nachgang entstanden, werden auf der PIK AS-Website veröffentlicht und stehen so auch allen Interessierten außerhalb der Kooperationsschulen zur Verfügung. Eine Herausforderung hierbei ist die Verallgemeinerung von „Schulentwicklungswissen" – was an der einen Schule erfolgreich praktiziert wird, muss in einer anderen Schule nicht gleichfalls der beste Weg sein. Die Führung und das Management fachbezogener Unterrichtsentwicklung erfordert professionelles Handeln. Hiermit ist Handeln unter prinzipieller Unsicherheit gemeint, Handeln, für das sich nur schwerlich allgemeine Rezepte aufstellen lassen. Trotzdem gibt es Bereiche, die grundlegend in allen Schulentwicklungsprozessen sind:

AS-Website

– **Leitung und Führung**
Auf dieser Ebene werden zentrale Inhalte der Führung einer Schule sowie konkrete Handlungsmöglichkeiten beschrieben und bereitgestellt.

– **Kooperation**
Dieser Bereich baut auf dem Konzept der professionellen Lerngemeinschaft auf. Neben ausführlichen Beschreibungen des Konzeptes werden Materialien bereitgestellt, die Lehrkräfte und Schulleitungen bei der Einrichtung und Begleitung professioneller Lerngemeinschaften unterstützen können.

– **Hospitation und Feedback**
Die Etage „Feedback und Evaluation" beinhaltet Hinweise und Anregungen zur Umsetzung kollegialer Hospitation mit anschließendem Feedback. Schulleitungen und Lehrkräften stehen hier zahlreiche Tipps sowie konkretes Material für die Umsetzung einer gemeinsamen Unterrichtsreflexion zur Verfügung.

Begleitforschung

Neben der Praxisbegleitung zur fachbezogenen Unterrichtsentwicklung wurde im Rahmen von AS eine repräsentative Lehrerbefragung an Grundschulen in Nordrhein-Westfalen durchgeführt. Die Befragung diente dazu, die Umsetzung des neuen Lehrplans im Gesamtsystem zu betrachten. Der Fokus lag dabei auf der Wahrnehmung von Ressourcen und Hindernissen bei der Umsetzung des Mathematiklehrplans aus dem Jahr 2008. Die Ergebnisse sollten helfen, die Unterstützungsangebote beider Teilprojekte bedarfsgerecht zu optimieren, und sie sollten einen Beitrag zur prozessbegleitenden Evaluation des neuen Lehrplans in Nordrhein-Westfalen leisten.

Repräsentative Lehrerbefragung

Während der Projektlaufzeit wurden zwei freiwillige, anonyme Lehrerbefragungen durchgeführt. Die erste Befragung aus dem Jahr 2010 richtete sich sowohl an Lehrkräfte als auch an Schulleitungen. Die Zielgruppe für die Folgebefragung 2011 waren nur diejenigen Lehrkräfte, die sich bereits an der ersten Befragung beteiligt hatten. Befragt wurden insgesamt 1502 Lehrerinnen und Lehrer aus 219 Grundschulen. 308 Lehrkräfte beteiligten sich an beiden Befragungen.

Die Umsetzung des neuen Mathematiklehrplans ist, nach den Daten der Befragung zu urteilen, an den Schulen zwei Jahre nach Einführung des Lehrplans positiv verlaufen: Ein Großteil der befragten Lehrkräfte gibt an, dass die Bedeutung prozessbezogener Kompetenzen, die zentrale Neuerung des Lehrplans, in ihrem Mathematikunterricht gewachsen sei.

Die zweite Befragung im Schuljahr 2011 diente auch der Evaluation der geleisteten Projektarbeit sowie des im Rahmen des Projektes erstellten Materials. Ein zentrales Ergebnis dieser Befragung ist, dass PIK im Prinzip genau jenes Material entwickelt und zur Verfügung stellt, welches die Lehrkräfte als hilfreich für die Umsetzung des neuen Mathematiklehrplans beschreiben. Auch die Form des Materials – im Unterricht direkt einsetzbar – dürfte nach den Befragungsdaten sehr gut die Bedürfnisse der Lehrerinnen und Lehrer treffen.

Die PIK-Website

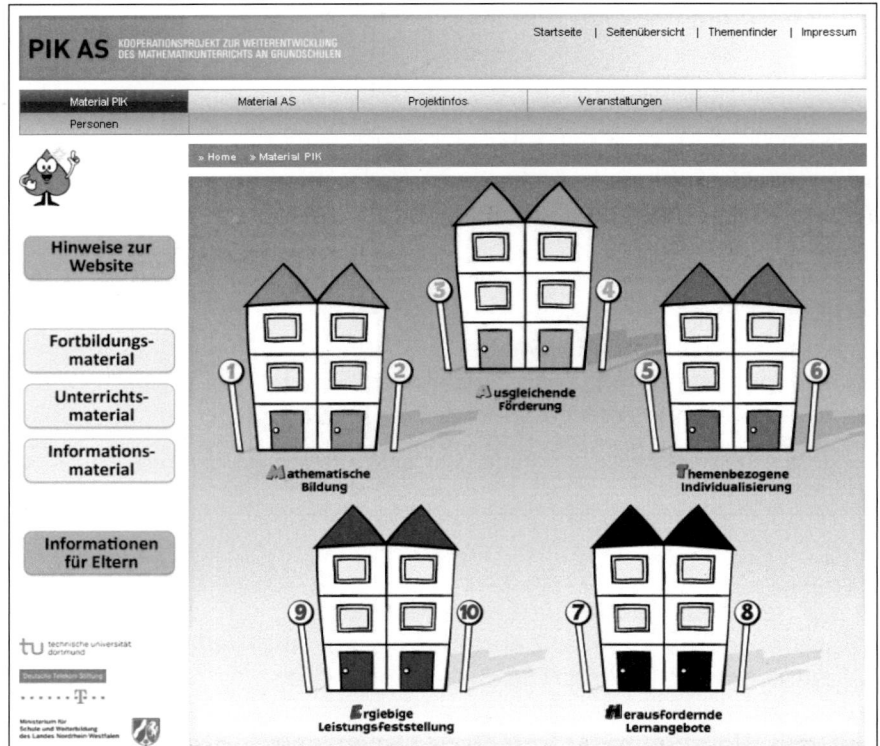

Material PIK

Auf der PIK AS-Website ist das im Rahmen des Teilprojekts PIK entwickelte Material *(Material PIK)* in 10 Doppelhaushälften organisiert, welche jeweils einen eigenen thematischen Schwerpunkt verfolgen:

- **Mathematische Bildung**
  Entdecken, Beschreiben, Begründen (Haus 1) und
  Kontinuität von Klasse 1 bis 6 (Haus 2)
- **Ausgleichende Förderung**
  Umgang mit Rechenschwierigkeiten (Haus 3) und
  Sprachförderung im Mathematikunterricht (Haus 4)
- **Themenbezogene Individualisierung**
  Individuelles und gemeinsames Lernen (Haus 5) und
  Heterogene Lerngruppen (Haus 6)
- **Herausfordernde Lernangebote**
  Gute Aufgaben (Haus 7) und
  Guter Unterricht (Haus 8)
- **Ergiebige Leistungsfeststellung**
  Lernstände wahrnehmen (Haus 9) und
  Beurteilen und Rückmelden (Haus 10).

Schwerpunkte der Doppelhaushälften

Durch das Klicken auf ein Doppelhaus gelangt man auf eine Unterseite. Jedes Haus ist in drei Stockwerke aufgeteilt, in denen sich jeweils die entwickelten Fortbildungs-, Unterrichts- oder Informationsmaterialien des Hauses befinden und aufrufen lassen.

Fährt man mit der Maus über das Dach eines Hauses, so werden spezielle Informationen dazu gegeben, welcher Schwerpunkt im Haus angesprochen wird. Diese zehn Schwerpunkte sind in diesem Buch in den Kapiteln zu den Häusern 1–10 jeweils direkt zu Beginn aufgeführt.

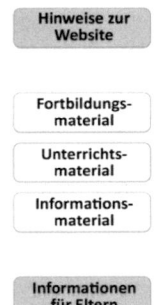

Die PIK-Website bietet neben dieser thematischen Organisation der Materialien eine weitere Navigationsstruktur für das *Material PIK*. Im Gegensatz zu der Sortierung in die themengeleitete Häuserstruktur bieten die Buttons der linken Spalten eine Zusammenstellung der verschiedenen Materialtypen. Zusätzlich zu der Unterteilung in Fortbildungs-, Unterrichts- und Informationsmaterial lassen sich dort auch Informationen für Eltern sowie allgemeine Hinweise zur Website aufrufen.

Die Seiten zum Fortbildungs- und zum Informationsmaterial geben einen Gesamtüberblick der bereits eingestellten Materialien. Auf der Seite zum Unterrichts-Material erfolgt – so weit möglich – eine Zuordnung zu den inhaltsbezogenen Kompetenzen. Zusätzlich sind dort das PIK Material für die Elternarbeit, methodische Anregungen sowie Materialien rund um das Thema Leistung gesondert aufgeführt, da sich diese auf alle Kompetenzbereiche beziehen.

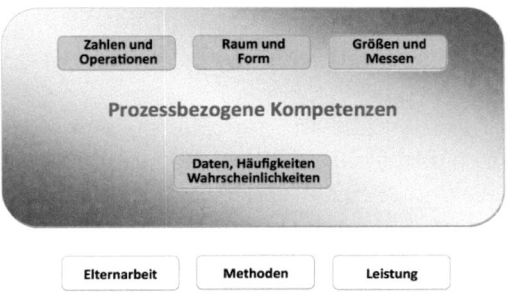

Die *Seitenübersicht* sowie der *Themenfinder* geben eine Übersicht darüber, wo sich Material befindet, und erleichtern somit die Suche nach bestimmten Schlagwörtern. Unter *Themenfinder* befindet sich auch ein PIK-Inhaltsverzeichnis und die PIK-Kurzübersicht (eine tabellarische Auflistung aller bereits online zur Verfügung gestellten Materialien).

Seitenübersicht
Themenfinder

Vor allem im Informationsmaterial aber auch an anderen passenden Stellen der PIK AS-Website wird auf Seiten des Projekts Kira (**Ki**nder **r**echnen **a**nders) verwiesen. Dort können nicht nur weitere Informationen nachgelesen werden, sondern auch – unter Eingabe des Passwortes – kurze Interviews mit Kindern oder Episoden aus dem Unterricht angesehen werden.

Projekt Kira
www.kira.
tu-dortmund.de

Falls Sie Interesse daran haben, über Neuerungen auf der PIK AS-Website, z. B. über die Materialeinstellungen sowie neuste Informationen zum Projekt, informiert zu werden, so können Sie einen Newsletter abonnieren (s. www.pikas.tu-dortmund.de/001).

Newsletter

Das PIK-Fortbildungsmaterial

Das PIK-Fortbildungsmaterial kann zum Selbststudium bzw. für die Fortbildung interessierter Personen genutzt werden. Die Einteilung erfolgt über Module, die teilweise aufeinander aufbauen. Größtenteils gibt es zu den einzelnen Fortbildungsmodulen passendes Unterrichtsmaterial, das parallel erstellt und erprobt wurde, um beispielhaft die Inhalte der Module anschaulich aber vor allem praxisorientiert zu gestalten.

Das Fortbildungsmaterial umfasst zumeist Sachinfos, die fachdidaktische bzw. fachwissenschaftliche und zentrale mathematische Hintergründe des Themas zusammenfassen. Zusätzlich wird an geeigneter Stelle auch auf Informationstexte oder -videos im PIK-Informationsmaterial verwiesen. Beim Fortbildungsmaterial, das zur Durchführung einer Fortbildungsveranstaltung direkt oder für die eigenen Zwecke modifiziert eingesetzt werden kann, wird zwischen *Moderator-Material* und *Teilnehmer-Material* unterschieden.

Das Moderator-Material besteht in der Regel aus einer Powerpoint-Präsentation und einem Moderationspfad, der nicht nur wichtige Hintergrundinformationen zu den einzelnen Folien enthält, sondern auch die verdichteten Erfahrungen aus durchgeführten Veranstaltungen und den möglichen Verlauf wiedergibt. Zusätzlich stehen den Moderatorinnen und Moderatoren in einigen Fortbildungsmodulen weitere Materialien – z. B. Videos, Handouts oder Rückmeldebögen – zur Verfügung.

Das Moderator-Material

Das Teilnehmer-Material umfasst „Arbeitsaufträge" oder „Arbeitsblätter", die die Teilnehmer der Fortbildung zur aktiven Auseinandersetzung mit ausgewählten Themenschwerpunkten anregen, sowie weitere Materialien, die für die vorgeschlagenen Arbeitsphasen eingesetzt werden können.

Das Teilnehmer-Material

Exemplarisch für das im Teilprojekt PIK entwickelte Fortbildungsmaterial wird im Folgenden das Fortbildungsmodul 3.1 „Rechenschwierigkeiten vorbeugen – von Anfang an!" vorgestellt (s. H3-FM: www.pikas.tu-dortmund.de/002).

Überblick

Schwierigkeiten beim Mathematiklernen sind in der Regel auf verschiedene Ursachen zurückzuführen. Auch wenn es widersinnig erscheinen mag: Sogar der Unterricht kann das Entstehen von Rechenschwierigkeiten bedingen. Im Fortbildungsmodul 3.1 wird zunächst der Frage nachgegangen, welche Vorstellungen zu Zahlen und Operationen die Kinder im Anfangsunterricht aufbauen sollten, damit Rechenschwierigkeiten vorgebeugt wird. Dazu werden ausgewählte unterrichtspraktische Anregungen vorgestellt.

Fortbildungsmodul 3.1 Rechenschwierigkeiten vorbeugen – von Anfang an!

Sachinfos

In den Sachinfos zu diesem Thema wird ein Überblick über das Forschungsfeld der „Rechenschwierigkeiten" und der Problematik der Begrifflichkeiten bereitgestellt. Dabei wird der Schwerpunkt auf das zählende Rechnen als Hauptmerkmal von Rechenschwierigkeiten gelegt und folgende Aspekte genauer beleuchtet: Zahlen (Bedeutung von Zahlen, Beziehungen zwischen Zahlen), Operationsverständnis (exemplarisch: Bedeutung und Eigenschaften der Subtraktion) und Automatisierung.

Moderator-Material

Das Moderator-Material umfasst hier eine Powerpoint-Präsentation sowie einen Moderationspfad, der, wie oben beschrieben, u. a. wichtige Hintergrundinformationen enthält.

In diesem Fortbildungsmodul wird anfangs ausführlich erklärt, welches Ziel die Fortbildung verfolgt („Worum es (nicht) geht"). Dieses Ziel wird auch in den weiteren Modulen (3.2 und 3.3) zum Thema „Umgang mit Rechenschwierigkeiten" thematisiert, die demnächst online zur Verfügung stehen werden. Es geht hier z. B. nicht um eine umfassende theoretische Begriffsklärung des Konstrukts „Rechenschwäche" mit einer Beschreibung der möglichen Risikofaktoren und allen möglichen Symptomen. Vielmehr soll angesprochen werden, wie die Ablösung vom zählenden Rechnen gelingen kann. Und es geht darum, die Ursache von „Rechenschwierigkeiten" im Nichtverstehen von mathematischen Inhalten zu suchen, also darum, den Unterricht für *alle* Kinder so zu planen, dass „Rechenschwierigkeiten" vorgebeugt werden kann.

Auf Folie 9 wird dann mit dem „Überblick" eine Verlaufstransparenz für die Fortbildungsveranstaltung gegeben.

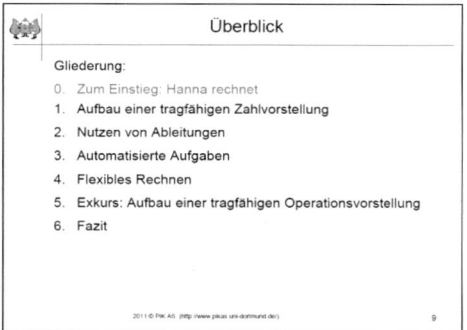

Zur Durchführung einer Fortbildung zu diesem Thema stehen den Moderatorinnen und Moderatoren als *weitere Materialien* Videos zur Verfügung, die in die Präsentation eingebaut werden können. Über die Inhalte und Ziele der Videos informiert eine tabellarische Übersicht. Es können Videos zu folgenden Unterrichtsbeispielen und Unterrichtssituationen – unter Eingabe des Passwortes – genutzt werden:

Kleingruppe spielt Bingo, Ausschnitt der 1+1-Tafel füllen, AB zu den Nachbaraufgaben, KIRA-Video zur Interpretation bildlicher Darstellungen, 1+1 richtig üben.

Teilnehmer-Material

Im Teilnehmer-Material wird auf die Materialien für das Spiel „Hamstern" verwiesen, das im Unterrichtsmaterial zu Haus 6 eingestellt ist (s. H6-UM: www.pikas.tu-dortmund.de/003). Es wird vorgeschlagen, dieses Spiel im Rahmen einer Aktivität einzusetzen. Ziel des Spiels ist u. a., dass die Schülerinnen und Schüler Unterschiede zwischen zwei Anzahlen genau bestimmen und dadurch in ihrem relationalen Zahlverständnis gefördert werden, welches grundlegend für das vorteilhafte Rechnen ist. Beispielsweise kann die Aufgabe 136 + 49 nur mithilfe der Hilfsaufgabe 136 + 50 − 1 gelöst werden, wenn klar ist, dass 49 genau 1 weniger ist als 50.

Das PIK-Unterrichtsmaterial

Das PIK-Unterrichtsmaterial wurde exemplarisch im Hinblick auf prozessbezogene Kompetenzen und ausgewählte Methoden entwickelt, d. h. es steht nicht flächendeckend zu jeder Klassenstufe und zu jedem Thema Material zur Verfügung. Vielmehr sollen die vorhandenen Materialien Anregungen geben und als Unterstützung zur Umsetzung der im Lehrplan Mathematik festgeschriebenen Anforderungen dienen.

Anregungen und Unterstützungen für den Unterricht

Das Unterrichtsmaterial umfasst zumeist Basisinfos (manchmal auch Sachinfos genannt), die didaktische bzw. zentrale mathematische Hintergründe der thematisierten Inhalte zusammenfassen, sowie Materialien, die die Lehrpersonen zur Umsetzung im Unterricht benötigen. Wenn möglich sind diese in Lehrer-Material und Schüler-Material unterteilt.

Das Lehrer-Material beinhaltet z. B. Unterrichtsplanungen mit Vorschlägen zum unterrichtlichen Vorgehen oder allgemeine Hinweise zum Einsatz des Materials. Zu möglichen Unterrichtsreihen werden Themenleinen zur Gestaltung eines ziel- und prozesstransparenten Unterrichts angeboten. Zusätzlich werden zu einzelnen Unterrichtseinheiten auch Wortspeicher, Plakate, Impulskarten und/oder Auswertungsbögen zur Verfügung gestellt.

Das Lehrer-Material

Das Schüler-Material besteht vor allem aus Kopiervorlagen für Arbeitsblätter, Forscheraufträge und -berichte sowie Tippkarten. Auf allen Arbeitsblättern führt PIKO als Leitfigur durch das Material. Er wird in verschiedenen Funktionen eingesetzt:

Das Schüler-Material

Der Aufgaben-PIKO
„Überlege! PIKO stellt dir eine knifflige Aufgabe!"

PIKO in seinen unterschiedlichen Funktionen

Der Forscher-PIKO
„PIKO hat sich etwas überlegt, das du erforschen musst!"

Der Ideen-PIKO
„PIKO hat einen Tipp für dich!"

In diesem Buch wird stellvertretend für jedes Haus Unterrichtsmaterial zu einem ausgewählten Thema vorgestellt. Bei der Auswahl wurde darauf geachtet, ein möglichst breites Spektrum der bereits entwickelten Materialien aufzuzeigen.

Unterrichts-Material zu den Häusern 1–10

Die PIK-Materialien für die Elternarbeit

Die PIK-Materialien für die Elternarbeit dienen dazu, Eltern beispielsweise persönlich am Elternabend oder im Rahmen eines Elternsprechtags oder auch schriftlich (z. B. durch einen Elternbrief) über wichtige Themenbereiche bzw. aktuelle Inhalte des Mathematikunterrichts zu informieren. Sie befinden sich derzeit im PIK-Informationsmaterial der Häuser 1, 3, 5, 9 und 10. Eine verlinkte Zusammenstellung aller *PIK-Materialien für die Elternarbeit* lässt sich aber auch über die Buttons *Unterrichtsmaterial – Elternarbeit* aufrufen (s. www.pikas.tu-dortmund.de/130).

In Haus 1 wird unter anderem eine Powerpoint-Präsentation für einen Elternabend zum Thema „Mathe – mehr als Rechnen" bereitgestellt, da viele Erwachsene und Eltern beim Unterrichtsfach Mathematik zunächst bloß an Zahlen und Rechnen denken. Der PIK-Film kann (in Verbindung dazu) für die Eltern als Informationsvideo genutzt werden, das die prozess- und inhaltsbezogenen Kompetenzen erläutert. Das PIK-Plakat gibt eine Übersicht darüber, welche Fähigkeiten die Kinder im Verlauf der vier Grundschuljahre erwerben sollen (s. S. 34). Darüber hinaus illustriert der Elternratgeber, wo Mathematik im Alltag anzutreffen ist und gibt Beispiele, wie man sie für die Kinder erfahrbar machen kann (s. S. 33).

Haus 1
– *Präsentation: „Mathe – mehr als Rechnen"*
– *PIK-Film*
– *PIK-Plakat*
– *Elternratgeber*

In Haus 3 befinden sich Briefe zu den Themen „Einspluseins richtig üben" und „Einmaleins richtig üben". Diese informieren, wie die Kinder beim beziehungsreichen Üben sinnvoll auch von zu Hause aus unterstützt werden können. Zusätzlich stehen dort Videos zur Verfügung, die zum einen den Umgang mit der Einpluseins- bzw. Einmaleins-Kartei erklären und zum anderen individuelle Entwicklungsprozesse aufzeigen, die die Kinder dabei durchlaufen.

Haus 3
Elternbriefe:
– *„1+1 richtig üben"*
– *„1×1 richtig üben"*

In Haus 5 gibt es Elternbriefe zu den Themen „Verschiedene Rechenwege" und „Schriftliche Subtraktion". In dem Elternbrief „Verschiedene Rechenwege" wird die Bedeutung der verschiedenen Rechenmethoden erläutert und aufgezeigt, wie Eltern ihre Kinder von der zweiten Klasse an beim *Rechnen auf eigenen Wegen* unterstützen können. In den Elternbriefen für die „Schriftliche Subtraktion" werden aktuelle Verfahren der schriftlichen Subtraktion vorgestellt und jeweils mit dem früher vorgeschriebenen Erweiterungs-Verfahren verglichen, mit dem Ziel, dass Eltern ihren Kindern das Erweiterungs-Verfahren nicht vorschnell beibringen.

Haus 5
Elternbriefe:
– *„Verschiedene Rechenwege"*
– *„Schriftliche Subtraktion"*

Um über die Wahrnehmung der Lernstände zu informieren steht in Haus 9 eine Powerpoint-Präsentation für einen Elternabend zum Thema „Kinder rechnen anders" zur Verfügung, die die Eltern für die Besonderheiten des mathematischen Denkens von Grundschulkindern sensibilisieren soll. Desweiteren befinden sich zu diesem Thema dort Texte für Eltern sowie der Kira-Film, der mit Szenen aus dem Alltag, aus dem Unterricht und aus Interviews illustriert, dass Kinder auf unterschiedliche Art und Weise anders rechnen.

Haus 9
– *Präsentation: „Kinder rechnen anders"*
– *Informationstexte*
– *Kira-Film*

Haus 10 beinhaltet das Informations-Papier „Das zählt in Mathe!", das die Beurteilungskriterien des Lehrplans Mathematik in „Kindersprache übersetzt" und ebenfalls für die Elternarbeit gedacht ist.

Haus 10
„Das zählt in Mathe"

Das PIK-Informationsmaterial

Das PIK-Informationsmaterial kann z. B. zum Selbststudium, zur Vorbereitung auf den eigenen Unterricht, zur Anregung und Unterstützung bei Moderatorentätigkeiten sowie zur Elternarbeit genutzt werden. Insgesamt gibt es acht Typen von Materialien, die nicht durchgängig in allen Häusern vollständig vertreten sind. Diese Typen werden im Folgenden beschrieben:

– **Elterninfos**

Diese Materialien eignen sich dafür, Eltern z. B. am Elternabend oder beim Elternsprechtag zu informieren. Es befinden sich kurze Präsentationen, Texte und/oder Elternbriefe in den Häusern 1, 3, 5, 9 und 10.

– **Elternratgeber**

In Haus 1 befindet sich ein Elternratgeber mit dem Titel „Mathe – ein Kinderspiel". Dieser gibt Anregungen, wie Eltern Mathematik im Alltag aufgreifen und ihrem Nachwuchs bewusst machen können (s. S. 33).

– **Informationsplakate**

In den Häusern 1, 2, 3, 9 und 10 wurden Informationsplakate aufgenommen, die zentrale themenbezogene Aspekte bündeln. Sie können ausgedruckt und im Klassen- oder Lehrerzimmer aufgehängt bzw. Schülern und Eltern mitgegeben werden (s. z. B. PIK-Plakat S. 34 f.).

– **Informationstexte**

In jedem Haus finden sich kurze Texte, die in der Regel auf 2 bis 4 Seiten die wesentlichen themenrelevanten Informationen zusammenfassen.

– **Informationsvideos**

Zur Illustration wurden bislang für die Häuser 1, 3, 4, 5, 7, 8, 9 und 10 passwortgeschützte Videos erstellt, die dokumentieren, wie Kinder denken und wie zeitgemäßer Mathematikunterricht sein könnte.

– **Interviews**

In den Interviews kommen alle zwei Monate Experten zu Wort, um Lehrpersonen in der Länge einer „großen Pause" ein aktuelles Format über Schulpolitisches, Schulaktuelles, Meinungen und erlebte Geschichten zum Mit- und Weiterdenken zu bieten. Interviews gibt es in den Häusern 1, 2, 3, 4, 6, 7, 8, und 10.

– **Literaturtipps**

In allen Häusern wird zentrale Literatur kurz vorgestellt. Ergänzungsvorschläge werden unter pikas@math.tu-dortmund.de gerne entgegengenommen.

– **Links**

Ebenfalls wurden in allen Häusern Verlinkungen auf andere Internet-Seiten hergestellt, die im Kontext des jeweiligen Themas als empfehlenswert erscheinen. An passenden Stellen wird z. B. auf Seiten des Projektes *Kira* verwiesen, auf denen weitere Informationen nachgelesen werden können.

PIK-Informationsmaterial
- *Elterninfos*
- *Elternratgeber*
- *Infoplakate*
- *Infotexte*
- *Infovideos*
- *Interviews*
- *Literaturtipps*
- *Links*

Die PIK-Informationen für Eltern

Die PIK-Informationen für Eltern sind speziell an Eltern adressiert, damit diese auch zu Hause und im Alltag die Lernprozesse der Kinder sinnvoll und angemessen unterstützen und begleiten können.

Informationsplakate, Informationstexte, Informationsbriefe bzw. Informationsvideos wurden beispielsweise entwickelt, um den Eltern zu verdeutlichen, welche Fähigkeiten ihr Kind im Verlauf der vier Grundschuljahre erwerben soll. Zudem sollen sie den Eltern dabei helfen, Mathematik aus den Augen der Kinder wahrzunehmen, und darüber hinaus Informationen und Anregungen geben, damit auch von zu Hause das der aktuellen Didaktik entsprechende Erlernen und Üben von Mathematik unterstützt werden kann.

Informationen für Eltern
– *Plakate*
– *Briefe*
– *Filme*
– *Texte*

Der *Elternratgeber* mit dem Titel „Mathe ein Kinderspiel" illustriert, wo Mathematik im Alltag anzutreffen ist, und gibt Beispiele, wie Mathematik aufgegriffen werden kann. Eltern werden für die Mathematik im Alltag sensibilisiert, die fast überall zu finden ist. Es werden explizit Situationen und Gelegenheiten beschrieben, um die Welt der Zahlen spielerisch und kindgerecht erfahrbar zu machen. Schnell wird dabei klar, wie sehr die Mathematik unseren Alltag beherrscht und wie wir ihn mit ihrer Hilfe meistern. Auf diese Weise können zum Beispiel gemeinsames Kochen, Backen, Spielen, Basteln oder Einkaufen wertvolle Grundlagen für das schulische Mathematiklernen schaffen. Ganz nebenbei erwerben die Kinder wichtige Kenntnisse und Fähigkeiten in verschiedenen mathematischen Bereichen. Wer sich mit Uhrzeit, Kalender, verschiedenen Größen, Maßeinheiten und Geldwerten auskennt, verfügt über wertvolles Wissen, das nicht nur für den Schulunterricht von Bedeutung ist.

Der Elternratgeber (s. H1-IM: www.pikas.tu-dortmund.de/004)

Der Elternratgeber lässt sich im DIN-A4-Format ausdrucken. Zusammengeheftet kann er an die Eltern verteilt werden. Interessierte Eltern können aber auch direkt auf die PIK AS-Website hingewiesen werden. Der Button „Informationen für Eltern" der Material-PIK-Seite ermöglicht den Eltern einen direkten Zugang zu allen an die Eltern adressierten Materialien.

Um den Elternratgeber z. B. auch auf einem Elternabend für Schulanfänger nutzen zu können, ist er als Powerpoint-Präsentation verfügbar, die die wichtigsten Informationen des Ratgebers zusammenfasst (s. H1-IM: www.pikas.tu-dortmund.de/005). Die Präsentation kann selbstverständlich an die jeweiligen Bedürfnisse angepasst werden.

Das PIK-Plakat

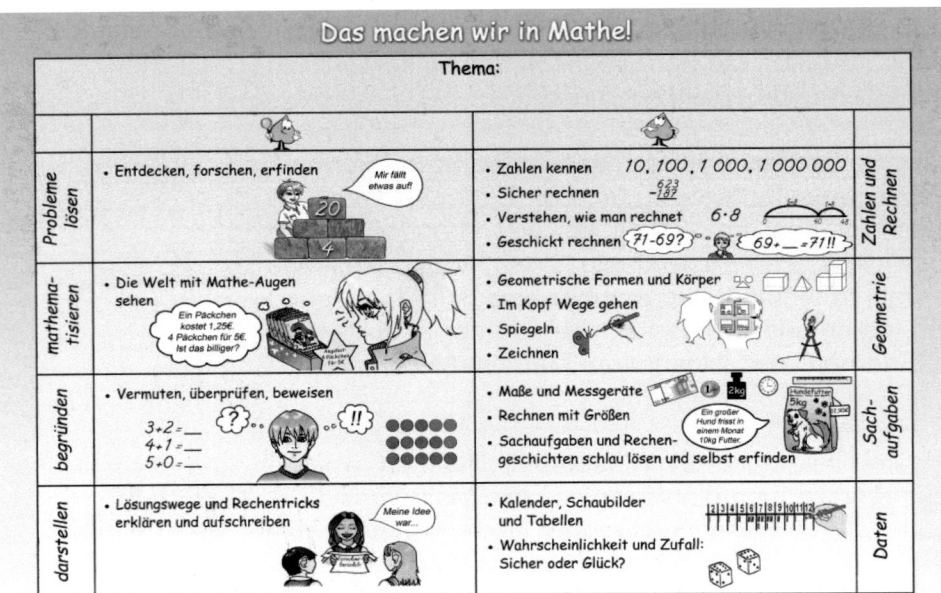

Das PIK-Plakat bietet eine schüler- und elterngerechte „Übersetzung" der im Fach Mathematik zu erwerbenden Kompetenzen; es orientiert sich in seiner Gestaltung dabei an der im Lehrplan befindlichen grafischen Übersicht (s. S. 8) (MSW, Lehrplan Mathematik, S. 57). Das PIK-Plakat im Format DIN A1 wurde diesem Buch beigelegt.

Der „Forscher-Piko" oben links auf dem Plakat steht für die prozessbezogenen und der „Aufgaben-Piko" oben rechts für die inhaltsbezogenen Kompetenzen. Das PIK-Plakat kann sowohl den Kindern als auch den Eltern Transparenz darüber geben, welche inhaltlichen Schwerpunkte im Mathematikunterricht im Verlaufe der vier Grundschuljahre thematisiert werden und welche Kompetenzen die Kinder erwerben werden. Somit erfüllt es sowohl im Unterricht als auch in Bezug auf die Elternarbeit verschiedene Funktionen, die im Folgenden beschrieben werden.

Das PIK-Plakat im Unterricht

Das PIK-Plakat kann im Klassenraum aufgehängt werden, um den Kindern Orientierung zu geben, „was in Mathe gemacht wird". Die Inhalte und Lernziele der vier Schuljahre werden so exemplarisch *transparent*. Darüber hinaus kann es zur *Reflexion* über noch zu Lernendes und bereits Gelerntes anregen. So kann die Lehrperson z. B. zum Abschluss einer Reihe, wenn die Reflexion von Fragen nach dem Lernzuwachs und der Weiterarbeit ansteht, wie folgt vorgehen:

Lernzuwachs

Weiterarbeit

Das PIK-Plakat im Unterricht:
– *Orientierung*
– *Transparenz*
– *Reflexion*

s. H1-UM:
www.pikas.tu-dortmund.de/006

In der auf dem Plakat vorgesehenen Leerzeile wird das Reihen- bzw. Stundenthema (auf ein kleines Kärtchen notiert und) eingefügt. Die Kinder ordnen nun das Thema den acht Kompetenzen des Faches zu und setzen diese Zuordnung in Beziehung zu ihrem eigenen Lernzuwachs. Wäscheklammern oder Pfeile können in einer Plenumsphase zur Markierung derjenigen Kompetenzen genutzt werden, welche jeweils angesprochen werden sollen bzw. wurden. Die Kinder betrachten z. B. rückblickend ihre im Verlauf der Unterrichtsreihe entstandenen Arbeitsergebnisse, stellen Überlegungen bezüglich der Einordnung des Themas zu den fachlichen Inhalten und Zielen an und notieren ihre Wahrnehmungen hinsichtlich ihres diesbezüglichen Lernzuwachses (z. B. im Lernwegebuch). Optimalerweise erhalten sie hierzu das PIK-Plakat im DIN-A4-Format, welches sie auch für die Weiterarbeit in ihrem Mathematik-Schnellhefter vorne oder hinten abheften (ggf. durch eine Prospekthülle geschützt). Das PIK-Plakat kann auf der PIK AS-Website in einer Schwarz-Weiß-Fassung und in einer farbigen Fassung aufgerufen und anschließend ausgedruckt werden (s. H1-UM: www.pikas.tu-dortmund.de/007).

Das PIK-Plakat in der Elternarbeit

Zum PIK-Plakat existiert im Informationsmaterial von Haus 1 auch ein Begleitschreiben für Eltern. In diesem wird skizziert, welche Schwerpunkte der Mathematikunterricht heute setzt. Es empfiehlt sich, das PIK-Plakat z. B. im Rahmen eines Elternabends zu erläutern und dieses Informationspapier begleitend auszuteilen. Die Eltern können zum „Selbstversuch" aufgefordert werden, um das Anliegen des Schreibens direkt erfahrbar zu machen. So können sie eingeladen werden zu erklären, warum man bei der schriftlichen Subtraktion „kleine Einsen" schreibt. Oder man lässt die Eltern selbst ein produktives Übungsformat (z. B. „Entdecker-Päckchen") erproben und zeigt hieran – ggf. durch Schülerdokumente gestützt – auf, welche inhalts- und prozessbezogenen Kompetenzbereiche durch diesen Inhalt gefördert werden können bzw. konnten.

Das PIK-Plakat in der Elternarbeit:
– Begleitschreiben
– Selbstversuch

HAUS 1: Entdecken, beschreiben, begründen

Zeitgemäßer Mathematikunterricht verlangt die integrierte Förderung inhalts- und prozessbezogener Kompetenzen. Schülerinnen und Schüler können von einem Unterricht, der nicht nur das Rechnen, sondern auch das Denken anspricht, außerordentlich profitieren. Andererseits stellen Lehrerinnen und Lehrer im Unterrichtsalltag auch fest, dass manche Kinder mit der Beschreibung und vor allem der Begründung von Mustern und Strukturen überfordert sind.

Wir werden Entdecker-Päckchen-Forscher

Darum geht es – Basisinfos

Die sog. *Entdecker-Päckchen* oder *schönen Päckchen* stellen ein vergleichsweise leicht zugängliches Aufgabenformat insbesondere für Kinder aus den unteren Jahrgangsstufen zum Entdecken, Beschreiben und Begründen mathematischer Zusammenhänge dar. Unter Entdecker-Päckchen werden operative Aufgabenserien verstanden, welche die Kinder zum Entdecken, zum Erforschen und zum Erklären anregen (z.B. 4 + 1, 5 + 2, 6 + 3 usw.). Inhaltsbezogene Kompetenzen (wie hier das kleine Einspluseins) werden dabei ebenfalls geschult. Entdecker-Päckchen mit *Plusaufgaben* bestehen aus kleinen, beziehungshaltigen Serien von zumeist vier bis fünf Rechenaufgaben (strukturierte Aufgabenfolgen), deren Summanden sich in konstanter Weise verändern (gelegentlich bleibt auch einer der beiden Summanden gleich), mit den entsprechenden Auswirkungen auf die Ergebnisse. Hat man zwei oder drei Aufgaben eines Päckchens berechnet und die regelmäßigen Veränderungen in den Ergebnissen erkannt, werden die nachfolgenden Ergebnisse vorhersagbar. Die weiteren Aufgaben im Päckchen müssen nun (eigentlich) nicht mehr einzeln ausgerechnet werden. Von besonderer Bedeutung sind Päckchen mit Plusaufgaben, deren Summanden sich gegensinnig um den gleichen Wert verändern. Hier bleibt das Ergebnis immer gleich (Konstanz der Summe). Nur wenn die Schülerinnen und Schüler diesen Zusammenhang wirklich verstanden haben, ist er ihnen präsent genug, um ihn in anderen Kontexten für ein vorteilhaftes Berechnen von Aufgaben wie 67 + 19 = 66 + 20 (oder: 67 + 20 – 1) zu nutzen. Ähnliches gilt beispielsweise für beziehungshaltige Rechenpäckchen mit Minusaufgaben (82 – 19 = 83 – 20). Da mit diesem Übungsformat sowohl inhaltsbezogene als auch prozessbezogene Kompetenzen gefördert werden können, zählen *Entdecker-Päckchen* zu den sog. „guten Aufgaben" (s. H7-UM: pikas.tu-dortmund.de/008), mittels derer die im Lehrplan formulierten zentralen Leitideen des „Einsatzes ergiebiger Aufgaben", des „entdeckenden Lernens" und des „beziehungsreichen Übens" realisiert werden können (vgl. LP 2008, S. 55).

Schuljahr 2, 3
(mit variiertem Zahlenmaterial ist auch ein Einsatz in Klasse 1 und 4 möglich, vgl. Literaturtipps)

Lehrplan-Bezug
Inhaltsbezogene Kompetenzen
Zahlen und Operationen – Schwerpunkt Zahlenrechnen

Prozessbezogene Kompetenzen
Problemlösen/ kreativ sein, Argumentieren, Darstellen/ Kommunizieren

Ziele

Inhaltsbezogene Kompetenzerwartungen
Die Schülerinnen und Schüler
– entdecken und beschreiben Beziehungen zwischen Zahlen (Zahlvorstellungen),

- lösen Additionsaufgaben im ZR bis 100 unter Ausnutzung von Rechengesetzen und Zerlegungsstrategien mündlich oder halbschriftlich (Zahlenrechnen),
- nutzen Zahlbeziehungen und Rechengesetze für vorteilhaftes Rechnen (Zahlenrechnen).

Prozessbezogene Kompetenzerwartungen
Die Schülerinnen und Schüler
- erfinden Aufgaben und Fragestellungen (*Problemlösen/kreativ sein*),
- erklären Beziehungen und Gesetzmäßigkeiten an Beispielen und vollziehen Begründungen anderer nach (*Argumentieren*),
- nutzen die Einsicht in Zusammenhänge zur Problemlösung (*Problemlösen/kreativ sein*),
- entwickeln ausgehend von Beispielen ansatzweise allgemeine Überlegungen oder vollziehen diese nach (*Argumentieren*),
- verwenden bei der Darstellung mathematischer Sachverhalte geeignete Fachbegriffe, mathematische Zeichen und Konventionen (*Fachsprache verwenden; Darstellen/Kommunizieren*).

Schwerpunktsetzung

Entdecken, beschreiben, begründen – Nicht ohne Reflexion!
Für die Förderung der fachbezogenen Kompetenzen ist es unerlässlich,
- den Kindern eine zieltransparente Auseinandersetzung mit „ergiebigen Aufgaben" zu ermöglichen („Was mache ich heute wie, mit wem und warum?"),
- sie aufzufordern, Beziehungen und Gesetzmäßigkeiten zu erkennen sowie mündlich und schriftlich zu beschreiben (z. B. einen „Forscherbericht" zu verfassen),
- mit ihnen über das Mathematiktreiben zu reden; Entdeckungen sollten im Unterrichtsgespräch oder/und in Gruppen *reflektiert*, beschrieben und begründet werden (z. B. in „Mathekonferenzen").

Hier wird der Anspruch an den produktiven Sprachgebrauch in allen Bereichen des Mathematikunterrichts deutlich. Die zu entwickelnden allgemeinen Kompetenzen „Kommunizieren" und „Argumentieren" beinhalten per se sprachliche Anteile wie z. B. „eigene Vorgehensweisen beschreiben", „mathematische Fachbegriffe sachgerecht verwenden", „Vermutungen entwickeln" oder „Begründungen suchen" (KMK 2005 [2004]). Daher wird in der hier vorgestellten Reihe die Auseinandersetzung mit nichtsprachlichen und mit sprachlichen Darstellungsmitteln angeregt, um einen Beitrag
a) zum Entdecken von Mustern und Strukturen sowie
b) zur Visualisierung und Beschreibung erkannter Muster und Strukturen zu leisten.
Aus diesem Ansatz leiten sich die folgenden Leitfragen ab:

Leitfragen
1. Wie kann die Lehrkraft die Kinder dabei unterstützen, Muster und Strukturen zu *erkennen*?
2. Wie kann die Lehrkraft die Kinder dabei unterstützen, *erkannte* Muster und Strukturen zu *verbalisieren* (mündlich und schriftlich)?

Lernvoraussetzungen

Die Schüler und Schülerinnen
- verfügen über Kenntnisse und Fertigkeiten beim schnellen Kopfrechnen im Zahlenraum bis 100,
- erkennen Zahlbeziehungen und Zahlenfolgen.

Zeitbedarf zur Durchführung der Unterrichtsreihe

Je nach Stand der Vorkenntnisse und Grad der Intensität der Auseinandersetzung dauert die Durchführung der nachstehend skizzierten Unterrichtsreihe ca. eine Schulwoche (ohne Durchführung der Standortbestimmungen (1./5. Einheit)) bis zu drei Schulwochen. Die in diesem Haus vorgestellten Anregungen lassen sich leicht auf die Auseinandersetzung mit anderen produktiven Übungsformaten (s. H7-UM: pikas.tu-dortmund.de/008) übertragen.

Reihenaufbau

1. **„Was wir schon wissen"** – *Erhebung der Vorkenntnisse der Kinder:* Die Kinder bearbeiten eine Serie von „Entdecker-Päckchen", welche die Lehrerin/der Lehrer anschließend einsammelt.
   (s. H1-UM, Einheit 1: pikas.tu-dortmund.de/009)
2. **„Wir erklären mit Forschermitteln, warum diese Päckchen Entdecker-Päckchen heißen!"** – *Nonverbale Darstellungsmittel als Instrument und Dokument des Lösungsprozesses:* Die Kinder bearbeiten einige „Entdecker-Päckchen" und lernen sog. „Forschermittel" kennen und nutzen diese, um eine Begründung für den Namen dieser Päckchen zu entwickeln.
3. **„Wir werden Profis für gute Beschreibungen!"** – *Verbale Darstellungsmittel als (Instrument und) Dokument des Lösungsprozesses:* Die Kinder bearbeiten weitere „Entdecker-Päckchen" und erstellen begleitend eine Kriterienliste für „gute Beschreibungen".
4. **„Wir erfinden Entdecker-Päckchen-Aufgaben als Experten!"** – *Erstellen von Eigenproduktionen:* Die Kinder erfinden selbst – in Analogie zu den bereits bearbeiteten Aufgabenstellungen – Arbeitsblätter zu „Entdecker-Päckchen.
5. **„Was wir dazu gelernt haben!"** – *Erheben des Lernzuwachses der Kinder:* Die Kinder bearbeiten die gleiche Serie von „Entdecker-Päckchen" wie zu Beginn der Reihe, welche die Lehrerin/der Lehrer wiederum einsammelt.
   (s. H1-UM, Einheit 5: pikas.tu-dortmund.de/010)

Im PIK-Informationsmaterial werden Videos bereitgestellt, die die Unterrichtsreihe „Entdecker-Päckchen" illustrieren. Dazu wurde eine dritte Klasse zu Schuljahresbeginn über drei Wochen hinweg immer wieder im Unterricht gefilmt. Jede der in den Planungen des Unterrichtsmaterials skizzierten fünf Einheiten wird hierzu in einem ca. 15-minütigen Video zusammengefasst (s. H1-IM: pikas.tu-dortmund.de/011).

Auf den folgenden Seiten werden die Unterrichtseinheiten 2–4 ausführlich beschrieben.

Literaturhinweise

HIRT, Ueli/WÄLTI Beat (2008): Strukturierte Päckchen. In: Lernumgebungen im Mathematikunterricht. Natürliche Differenzierung für Rechenschwache bis Hochbegabte. Seelze: Kallmeyer/Klett, S. 54–64.

LINK, Michael (2008): Zahlenmuster beschreiben. Zwischen individuellen Ausdrucksweisen und normierter Fachsprache. Workshop zum 18. Symposium mathe 2000 (Download unter: http://www.mathematik.uni-dortmund.de/didaktik/mathe2000/pdf/Symp18/link.pdf)

MAAK, Angela (2003): So geht's: Zusammen über Mathe sprechen. Mathematik mit Kindern erarbeiten. Mülheim: Verlag an der Ruhr.

MSW – Ministerium für Schule und Weiterbildung des Landes Nordrhein-Westfalen (Hg., 2008): Richtlinien und Lehrpläne für die Grundschule in Nordrhein-Westfalen

SUNDERMANN, Beate/SELTER, Christoph (2011, 3. Auflage): Beurteilen und fördern im Mathematikunterricht. Gute Aufgaben – Differenzierte Arbeiten – Ermutigende Rückmeldungen. Berlin: Cornelsen Scriptor.

VERBOOM, Lilo (2007): „Ich weiß gar nicht, wie das heißt". Fachbezogene Sprache im Mathematikunterricht. In: Praxis Förderschule H. 2, S. 9–13.

VERBOOM, Lilo (2008): Mit dem Rhombus nach Rom. Aufbau einer fachgebundenen Sprache im Mathematikunterricht der Grundschule. In: Bainski, Christiane/Krüger-Potratz, Marianne (Hg.): Handbuch Sprachförderung. Essen: Neue Deutsche Verlagsgesellschaft mbH, S. 95–112.

WITTMANN, Erich Ch./MÜLLER, Gerhard N. (1990/1992): Handbuch produktiver Rechenübungen. Band 1: Vom Einspluseins zum Einmaleins/Band 2: Vom halbschriftlichen zum schriftlichen Rechnen. Stuttgart: Klett.

Weitere Infos

PIK AS-Website
Entdecker-Päckchen
Haus 1 – Informationsmaterial – Informationstexte – Üben und Entdecken
  pikas.tu-dortmund.de/012
Haus 1 – Informationsmaterial – Informationsvideos
  pikas.tu-dortmund.de/011

Expertenarbeit
Haus 8 – Unterrichtsmaterial – Expertenarbeit
  pikas.tu-dortmund.de/013

Sprachförderung im Mathematikunterricht
Haus 4 – Unterrichtsmaterial
  pikas.tu-dortmund.de/014
Haus 4 – Informationsmaterial – Informationstexte – Entdeckerpäckchen erforschen und beschreiben
  pikas.tu-dortmund.de/015

Kira-Website
Material – „Mathe – mehr als Ausrechnen" – Prozessbezogene Kompetenzen
  kira.tu-dortmund.de/016
Material – „Unterricht – offen & zielorientiert" – Entdeckendes Lernen
  kira.tu-dortmund.de/017
Material – „Unterricht – offen & zielorientiert" – Strukturiertes Üben
  kira.tu-dortmund.de/018

Material PIK Haus 1 Entdecker-Päckchen

Unterrichtsmaterial

Unterrichtsplanung

Einheit 2: „Wir erklären mit Forschermitteln, warum diese Päckchen Entdecker-Päckchen heißen!" – Nonverbale Darstellungsmittel als Instrument und Dokument des Lösungsprozesses

Ziele
Durch Markieren vom Rechnen zum Entdecken und Beschreiben: Erkennen, Beschreiben und Begründen der zugrunde liegenden Struktur (Fortsetzbarkeit des Musters) unter besonderer Berücksichtigung nonverbaler Darstellungsmittel als Instrument (markieren, um zu entdecken) und Dokument (markieren, um anderen erklären zu können) des Lösungsprozesses. Die Kinder sollten am Ende der Einheit reflektieren, dass Entdecker-Päckchen immer ein Muster aufweisen, das sich fortsetzen lassen kann. Dazu sollen sie sog. „Forschermittel", also das Markieren von Auffälligkeiten durch verschiedene Farben und/oder Pfeile sowie das Begründen erkannter Zusammenhänge durch das kindgerechte „Beweisen" mit Hilfe von Plättchen, kennen- und nutzen lernen.

Zeit
2–4 Schulstunden (abhängig von den erhobenen Vorkenntnissen der Kinder; s. H1-UM, Erläuterungen zu möglichen Fördergruppen in der Unterrichtsplanung (Langfassung) zu Einheit 1: pikas.tu-dortmund.de/019).

So kann es gehen

Problemstellung/Leitfragen
Transparenz über die 2. Einheit: Den Kindern sollte zunächst Prozesstransparenz gegeben werden, z. B. nach der Anknüpfung an die Vorstunde (ggf. über die Themenleine s. H1-UM, Einheit 1: pikas.tu-dortmund.de/020): „Wir wollen heute/in der nächsten Stunde genauer erforschen, warum diese Päckchen Entdecker-Päckchen heißen! Und dazu wollen wir Forschermittel benutzen!"
Problemstellung: Die Lehrperson präsentiert an der Tafel die drei Aufgabenserien des Arbeitsblattes (AB 1, s. S. 43) und gibt den Kindern die Gelegenheit, erste Entdeckungen und Vermutungen zu äußern, um ihnen anschließend das Arbeitsblatt zu zeigen. Im Folgenden gibt sie Zieltransparenz, indem sie den „Forscherauftrag" für diese Einheit erklärt: „Kannst du erklären, warum diese Päckchen Entdecker-Päckchen heißen? Zeichne oder schreibe deine Erklärung so auf, dass die anderen Kinder dich verstehen können!", und zeigt den Forscherbericht (AB 6, s. S. 48). Ggf. weist sie hier auf die weiteren Arbeitsblätter (AB 2–5, s. S. 44–47) hin.

Arbeitsphase
Die Sozialform kann in dieser Einheit freigestellt werden. Die Lehrperson gibt individuelle Hilfestellungen und weist ggf. auf die (z. B. auf dem Mathetisch ausliegenden) Tippkarten (s. H1-UM: pikas.tu-dortmund.de/021) und die weiterführenden Anforderungen hin. Je nach Stand der Vorkenntnisse kann es sinnvoll sein, nach ca. 10- bis 15-minütiger Arbeitsphase eine *Zwischenreflexion* durchzuführen, in der die Kinder erste Entdeckungen vorstellen können. In der Praxis hat es sich als hilfreich

---

Schuljahr 2, 3
(mit variiertem Zahlenmaterial ist auch ein Einsatz in Klasse 1 und 4 möglich)

Lehrplan-Bezug
Inhaltsbezogene Kompetenzen
Zahlen und Operationen – Schwerpunkt Zahlenrechnen

Prozessbezogene Kompetenzen
Problemlösen/ kreativ sein, Argumentieren, Darstellen/ Kommunizieren

Kinder sprechen über …
… Zahlbeziehungen und Zahlenfolgen

Material
Schüler
* AB 0 Deckblatt „Entdecker-Päckchen-Heft"
* Heftstreifen
• AB 1
• verschiedenfarbige Stifte
• Wendeplättchen
* Tippkarten 1–3
* AB 2–5
* Rechenheft

Lehrperson
* Reihenverlauf-Themenleine
• bunte Kreiden
* Material für Wortplakat „Unsere Forschermittel" (großformatige Papierstreifen)
* großformatige Demonstrations-Wendeplättchen

erwiesen, ggf. am Tafelbild das Markieren anzuregen („Hat jemand Tipps, die er den anderen Kindern vorstellen möchte?") und den Begriff „Forschermittel" inhaltlich zu klären. Wenn eine solche Zwischenreflexion durchgeführt wurde, sollten die Kinder anschließend die Gelegenheit erhalten, die dort gewonnenen Erkenntnisse bei weiteren Aufgaben anzuwenden.

Differenzierung

Um den Kindern ein erfolgreiches Bearbeiten des Forscherauftrages zu ermöglichen, können sie auf drei Tipps zurückgreifen:
Zur Beantwortung der Frage „Was fällt dir auf?":
Tipp 1: „Markiere mit Farben.", *Tipp 2:* „Markiere mit Pfeilen."
Die Begründung der Entdeckungen ist jeweils als weiterführende Anforderung (*-Aufgabe) ausgewiesen.
Auch zur Beantwortung der Frage „Warum ist das so?" liegt eine Tippkarte vor:
Tipp 3: „Du kannst Plättchen nutzen, um zu erklären, was dir auffällt."
Weiterführend können die AB 2–4 eingesetzt werden sowie Entdecker-Päckchen im Heft erfunden (AB 5) und die zugrunde liegenden Muster mit Forschermitteln oder/und Worten beschrieben (* und begründet) – werden.

Schlussphase/Reflexion

Für die Förderung der fachlichen Kompetenzen ist es unerlässlich, mit den Kindern über ihr Mathematiktreiben zu reden. Insofern kommt der Reflexionsphase eine besondere Bedeutung zu. Hier sollte auf jeden Fall *inhaltlich* reflektiert werden: Um die Schreibmotivation zu erhalten und die Arbeit des Verfassens eines Forscherberichtes zu würdigen, ist es wichtig, dass in der Reflexionsphase einige Kinder die Gelegenheit erhalten, diesen vorzulesen. Darüber hinaus sollten die Kinder ihre Entdeckungen am Tafelbild verdeutlichen können. Ggf. können einzelne Kinder oder „Forscherteams" auch mittels der Plättchen die Begründung für die Ergebnisgleichheit der ersten Aufgabe darlegen. Falls dies nicht der Fall ist, sollte die Lehrperson diese Aufgabe übernehmen, um den Kindern anschließend das Angebot zu machen, bei der zweiten Aufgabe analog zu verfahren und das Verfahren des „Beweisens" mit Plättchen auch bei der dritten Aufgabe zu erproben. Abschließend kann mit den Kindern auch auf der Metaebene *methodisch* der Umgang mit den Forschermitteln selbst reflektiert werden, um ihre Methodenkompetenz auszubauen („Wir haben mit Forschermitteln gearbeitet. Was hat dir geholfen? Was nicht? Warum?").

Weiterarbeit

Um die Arbeit mit den Forschermitteln üben zu können, können Sie anschließend allen Kindern die Gelegenheit dazu geben, sämtliche AB der zweiten Einheit zu bearbeiten bzw. zusätzlich im Heft selbst Entdecker-Päckchen zu erfinden und die jeweils zugrunde liegenden Muster mit Worten oder Forschermitteln zu beschreiben (* und zu begründen). Die Kinder können ihre AB zu einem „Entdecker-Päckchen-Heft" zusammenstellen, wenn Sie ihnen Heftstreifen und das Deckblatt (AB 0, s. S. 42) zur Verfügung stellen.

Material PIK — Haus 1 — Entdecker-Päckchen

Entdecker-Päckchen-Heft

von _____

13 + 8 = _____

12 + 9 = _____

11 + 10 = _____

10 + 11 = _____

6 + 1 = 7
5 + 2 = 7
4 + 3 = 7

-1 (6 + 1 = 7 ↓+1) ?
   5 + 2 = 7
-1 (↓+1) ?
   4 + 3 = 7

Einheit 2 – Lehrer-Material
Deckblatt Entdecker-Päckchen-Heft

AB 0

| Name: | Klasse: | Datum: |

Entdecker-Päckchen 2

Rechne aus. Setze fort.

9 + 1 = _____

8 + 2 = _____

7 + 3 = _____

6 + 4 = _____

_____

_____

Beschreibe: Was fällt dir auf?
*Begründe: Warum ist das so?

Rechne aus. Setze fort.

6 + 2 = _____

5 + 3 = _____

4 + 4 = _____

3 + 5 = _____

_____

_____

Beschreibe: Was fällt dir auf?
*Begründe: Warum ist das so?

Rechne aus. Setze fort.

2 + 4 = _____

3 + 4 = _____

4 + 4 = _____

5 + 4 = _____

_____

_____

Beschreibe: Was fällt dir auf?
*Begründe: Warum ist das so?

| Name: | Klasse: | Datum: |

Entdecker-Päckchen 2

Rechne aus. Setze fort.

13 + 6 = _____

12 + 8 = _____

11 + 10 = _____

10 + 12 = _____

_____

_____

Beschreibe: Was fällt dir auf?
*Begründe: Warum ist das so?

Rechne aus. Setze fort.

65 + 33 = _____

55 + 44 = _____

45 + 55 = _____

35 + 66 = _____

_____

_____

Beschreibe: Was fällt dir auf?
*Begründe: Warum ist das so?

Erfinde selbst ein Entdecker-Päckchen.
Beschreibe dein Muster.

Entdecker-Päckchen 2

Rechne aus. Setze fort.

83 + 13 = _____

73 + 18 = _____

63 + 23 = _____

53 + 28 = _____

_____

_____

Beschreibe: Was fällt dir auf?
*Begründe: Warum ist das so?

Rechne aus. Setze fort.

24 + 39 = _____

30 + 43 = _____

36 + 47 = _____

42 + 51 = _____

_____

_____

Beschreibe: Was fällt dir auf?
*Begründe: Warum ist das so?

Erfinde selbst ein Entdecker-Päckchen.
Beschreibe dein Muster.

Entdecker-Päckchen 2

Überlege bei jedem Päckchen:

Ist es ein Entdecker-Päckchen? Ja oder nein? Kreuze passend an.

Wenn nein: Mache aus dem Päckchen ein Entdecker-Päckchen.

---

8 + 1 = _____
7 + 2 = _____
6 + 3 = _____
4 + 4 = _____

Entdecker-Päckchen:
○ ja   ○ nein

---

3 + 5 = _____
4 + 6 = _____
5 + 5 = _____
6 + 5 = _____

Entdecker-Päckchen:
○ ja   ○ nein

---

2 + 9 = _____
4 + 7 = _____
6 + 5 = _____
8 + 3 = _____

Entdecker-Päckchen:
○ ja   ○ nein

---

11 + 8 = _____
9 + 11 = _____
7 + 13 = _____
5 + 15 = _____

Entdecker-Päckchen:
○ ja   ○ nein

(*)
26 + 40 = _____
37 + 29 = _____
48 + 18 = _____
59 + 7 = _____

Entdecker-Päckchen:
○ ja   ○ nein

(*)
71 + 18 = _____
58 + 30 = _____
35 + 42 = _____
12 + 54 = _____

Entdecker-Päckchen:
○ ja   ○ nein

Material PIK Haus 1 Entdecker-Päckchen

Name: Klasse: Datum:

Entdecker-Päckchen 2

Erfinde selbst ein solches Arbeitsblatt.

Material PIK · Haus 1 · Entdecker-Päckchen

Forscherbericht von _____   Datum _____

Kannst du erklären, warum diese Päckchen **Entdecker-Päckchen** heißen?

Einheit 2 – Schüler-Material
Forscherbericht

AB 6

Unterrichtsmaterial

Unterrichtsplanung

Einheit 3: „Wir werden Profis für gute Beschreibungen!" – Verbale Darstellungsmittel als (Instrument und) Dokument des Lösungsprozesses

Ziele
Der Schwerpunkt dieser Einheit liegt darauf, die sprachliche Ausdrucksfähigkeit der Kinder zu fördern (s. zu ausführlicheren Informationen und weiteren Unterrichtsbeispielen H4-UM: pikas.tu-dortmund.de/014) – als Schritte hin zu einer verständlichen und sachgerechten Beschreibung. Dies wird realisiert durch das Erstellen eines Wortspeichers mit einem Fachwortschatz und das Angebot von Fachbegriffen und Sprachstrukturen im Prozess der inhaltlichen Arbeit. Dabei werden die Kinder auch für Qualitätsaspekte sensibilisiert: Bei der Auseinandersetzung mit den verschiedenen Angeboten dieser Einheit erarbeiten sie sich Kriterien für gute Beschreibungen und erhalten so Transparenz über die Zielsetzungen der Einheit (z. B.: Möglichst viele Auffälligkeiten aufschreiben! Mit Forschermitteln Entdeckungen deutlich machen! Möglichst genau beschreiben: Wo verändert sich was? Wichtige Wörter aus dem Wortspeicher benutzen! *Eine Begründung so aufschreiben, dass die anderen Kinder dich verstehen können.).

Zeit
4–8 Schulstunden – abhängig von den Vorkenntnissen der Kinder und der von Ihnen gewählten methodischen Einbettung

So kann es gehen

Methodischer Einsatz des Materialpakets
Möglich ist ein Einsatz *ausgewählter* Arbeitsblätter, der sich *differenziert* an den unterschiedlichen Kompetenzen Ihrer Schülerinnen und Schüler orientiert (s. Erläuterungen zu möglichen Fördergruppen in der Unterrichtsplanung (Langfassung) zu Einheit 1, H1-UM: pikas.tu-dortmund.de/019). Möglich ist es auch, dass sich die Kinder mit Ihrer Unterstützung zu *„Experten"* für einzelne Angebote ausbilden. Hierzu finden Sie ergänzende Arbeitsblätter zur Expertenarbeit – eine Urkunde (AB 14, s. S. 74) für die Hand der Kinder als Laufzettel und zur Leistungsrückmeldung sowie eine Expertenliste (LM 1, s. S. 75) und Regeln für die Expertenarbeit (s. H8-UM: pikas.tu-dortmund.de/069) zum Aushang im Klassenraum. Zu der Vorgehensweise „Expertenarbeit" (s. H8-UM: pikas.tu-dortmund.de/013) finden Sie nachstehend Anregungen zur Durchführung der Einführungsstunde (s. auch Demonstrations-Video im H1-IM: pikas.tu-dortmund.de/011).

Problemstellung/Leitfragen
Transparenz über die 3. Einheit: Den Kindern sollte wiederum zunächst Ziel- und Prozesstransparenz gegeben werden, z. B. nach der Anknüpfung an die Vorstunde (ggf. über die Themenleine, s. H1-UM, Einheit 1: pikas.tu-dortmund.de/020) „Wir wollen in den nächsten Stunden noch mehr Entdecker-Päckchen erforschen. Dabei lernt ihr auch, wie ihr genau

---

Schuljahr 2, 3 (mit variiertem Zahlenmaterial ist auch ein Einsatz in Klasse 1 und 4 möglich)

Lehrplan-Bezug
Inhaltsbezogene Kompetenzen
Zahlen und Operationen – Schwerpunkt Zahlenrechnen

Prozessbezogene Kompetenzen
Problemlösen/ kreativ sein, Argumentieren, Darstellen/ Kommunizieren

Richtlinien-Bezug
Förderung der Sprachkompetenz

Kinder sprechen über ...
... Zahlbeziehungen und Zahlenfolgen
... Kriterien für gute Beschreibungen

ausdrücken könnt, was ihr herausgefunden habt." Oder: „Wir wollen in den nächsten Stunden Profis für gute Beschreibungen werden, damit andere Kinder uns gut verstehen können, (z. B. die Kinder der Klasse 2x – falls ein adressatenbezogenes Handlungsprodukt erstellt wird). Dazu erstellen wir einen Wortspeicher (auf diesem Plakat). Am Ende jeder Stunde wollen wir dann schauen, welche wichtigen neuen Wörter wir in unserem Wortspeicher ergänzen können".

Aufgabenstellung: Die Lehrperson präsentiert das Material, das beispielsweise in Form einer „Lerntheke" ausliegt (AB 1–11, s. S. 53–69, geordnet in Ablagekörben, z. B. auf der Fensterbank), und stellt dieses exemplarisch kurz vor. Sie informiert die Kinder darüber, dass sie in den Folgestunden jeweils mit einem Partner gemeinsam „Experte" für eines der Angebote werden sollen. Sie zeigt anschließend die Urkunde, die erworben werden kann und gleichzeitig als Laufzettel dient, damit die Kinder den Überblick darüber behalten, welche Angebote Grund- bzw. weiterführende Anforderungen darstellen und welche sie bereits bearbeitet haben. Falls die Kinder noch nicht in „Expertenarbeit" gearbeitet haben, sollte die Lehrperson Regeln für diese mit den Kindern erarbeiten (Anregungen hierzu finden Sie unter H1-UM Expertenarbeit: pikas.tu-dortmund.de/022) und darauf hinweisen, dass sie als beratende oder bewertende „Experten" erst dann tätig werden können, wenn gewährleistet ist, dass sie auch tatsächlich „Experten" sind. Dies können Sie durch Einsichtnahme in die Ergebnisse der Expertengruppe und begleitenden mündlichen Austausch (z. B. im Rahmen einer „Kinder-Sprechstunde") sichern. Anschließend sichten die Kinder das Material und tragen sich dann in die aushängende Liste mit einem Partner ein, wenn sie glauben, dass sie für dieses Angebot Experte sein können oder/und möchten. Dabei sollte die Lehrperson ggf. beratend zur Seite stehen.

Arbeitsphase

Die Kinder erarbeiten sich eigenständig oder in der Kleingruppe mit Unterstützung der Lehrperson (bzw. in den Folgestunden auch mit den „Experten") die einzelnen Aufgabenstellungen. Da das Material zunehmend anspruchsvoller wird, können Sie allgemein empfehlen, bei EP 3 AB 1 zu beginnen. Die Sozialform kann wiederum freigestellt werden. Kinder, die sich als Experten in ein Angebot einarbeiten, besprechen ihre Lösungen mit der Lehrperson. Wenn Sie denken, dass diese Kinder die Aufgabenstellung soweit durchdrungen haben, dass sie als Experten fungieren können, dürfen diese Kinder andere Kinder beraten und deren Lösungen zu diesem Angebot kontrollieren und – wenn sie mit diesen einverstanden sind – mit ihrer Unterschrift in der Urkunde gegenzeichnen. Ggf. sollten die Kinder einige Minuten vor Abschluss der Arbeitsphase noch einmal daran erinnert werden, dass sie wichtige Wörter für den gemeinsam zu erstellenden Wortspeicher auf ihrem persönlichen AB Wortspeicher notieren sollen (AB 13, s. S. 73). Ggf. können Sie diese Sammlung auch gemeinsam mit allen Kindern in der Schlussphase durchführen und die Kinder diese Wörter in ihr AB Wortspeicher übertragen lassen.

Differenzierung

Die Arbeitsblätter weisen, wie oben beschrieben, einen aufsteigenden Schwierigkeitsgrad auf. Weiterführend können jeweils die *-AB bearbeitet werden. Ferner werden die Kinder auf nahezu allen Arbeitsblättern dazu aufgefordert, selbst ein analoges Arbeitsblatt (auf karierten A4-Blättern)

Material
Schüler
- AB 1–5, 8, 9, AB 13 Wortspeicher
- verschiedenfarbige Stifte (blau, grün, rot)
* Wendeplättchen
* AB 6, 7, 10, 11, 12 Teste dich selbst!
* Rechenheft, karierte A4-Blätter
- bei Wahl der Methode „Expertenarbeit" zusätzlich: AB 14 Urkunde

Lehrperson
* Reihenverlauf-Themenleine
- bunte Kreiden (blau, grün, rot)
* „Lerntheke" mit 11 Ablagekörben, in denen jeweils die AB geordnet ausliegen
* Material für Plakat „Unser Wortspeicher" (1 Bogen großes Plakatpapier, großformatige Papierstreifen)
* 1 Plakatpapier zur Notation von Kriterien für gute Beschreibungen
* bei Wahl der Methode „Expertenarbeit" zusätzlich: Regeln Expertenarbeit
- LM 1 Expertenliste

zu gestalten. Dazu können Sie ihnen auch das Arbeitsblatt zur Einheit 4 zur Verfügung stellen, auf dem sich PIKOS, Sprechblasen und andere Bilder befinden (s. S. 80–81).

Wenn Sie es für Ihre Lerngruppe für sinnvoll halten, können Sie die AB auch mit anderen Zahlenwerten versehen oder bezüglich der Wortspeicher-Arbeit andere Fachtermini verwenden (wie „erster Summand" statt „erste Zahl" und „Summe" statt „Ergebnis") oder natürlich auch die diesbezüglichen Vorschläge Ihrer Schülerinnen und Schüler integrieren.

Schlussphase/Reflexion

Abschließend können Sie mit den Kindern *inhaltlich* über neue *fachbezogene* Entdeckungen reflektieren. Sehr empfehlenswert ist es, mit den Kindern die *Spracharbeit* sowohl *inhaltlich* (Aufbau des Wortspeichers: „Habt ihr neue wichtige Wörter oder Satzteile für unseren Wortspeicher gefunden?" und Entwicklung von Gütekriterien: „Was ist wichtig für eine gute Beschreibung?") als auch *methodisch* zu reflektieren („Was hat dir heute dabei geholfen ein Profi für gute Beschreibungen zu werden? Was nicht? Warum meinst du das?").

Weiterarbeit

In den Folgestunden wird (in den Arbeits- und Schlussphasen) wie oben beschrieben weitergearbeitet und begleitend das AB Wortspeicher sowie das Plakat „Unser Wortspeicher" vervollständigt und die dort befindlichen Begriffe ggf. neu geordnet. Gleiches gilt für das Plakat „Gute Beschreibungen: Das ist wichtig!".

Im Sinne prozesstransparenten Arbeitens können Sie in der letzten Stunde dieser Einheit mithilfe der Themenleine einen Ausblick geben.

Übersicht über das Materialangebot zur 3. Einheit

Wie Sie der nachstehenden Tabelle entnehmen können, gibt es zur dritten Einheit unterschiedliche Aktivitäten und Zielsetzungen, wobei die Angebote im Grad der an die Kinder gestellten Anforderungen ansteigend gesetzt wurden. Einige der Arbeitsblätter sind als weiterführende AB mit einem Sternchen gekennzeichnet (*-AB).

Übersichtstabelle: Materialangebot Einheit 3

Thema	Aktivität	Ziel	Material
Entdecker-Päckchen-Puzzle	Zuordnen von Fachbegriffen und Satzbausteinen zu Entdecker-Päckchen	Mathematische Texte sinnentnehmend lesen	AB 1 AB 2
Beschreibungen zuordnen	Beziehungen zwischen Aufgaben und Ergebnissen anhand beispielhafter Beschreibungen erarbeiten	Orientierung an vorgegebenen Satzmustern	AB 3 AB 4 AB 11*
Satzgefüge „Wenn, … dann"	Ordnen von Aufgabenkarten zu Entdecker-Päckchen und passendes Zusammensetzen und Vervollständigen von Satzanfängen und -enden	Verdeutlichung sprachlicher Strukturen, Übernahme des Satzmusters in eigenes Sprachhandeln	AB 5 AB 6* AB 7**
„Ist das eine gute Beschreibung?"	Zuordnen von qualitativ differenzierten Beschreibungen fiktiver Kinder zu einem Entdecker-Päckchen	Sensibilisierung für Qualitätsaspekte	AB 8 AB 9 AB 10*
„Teste dich selbst!"	Wiederholung verschiedener differenzierter Aktivitäten	Überprüfung des eigenen Lernzuwachses unter Berücksichtigung der drei Anforderungsbereiche (1. Reproduzieren, 2. Zusammenhänge herstellen, 3. Verallgemeinern und reflektieren)	AB 12* Teste dich selbst!

Material PIK   Haus 1   Entdecker-Päckchen

Entdecker-Päckchen 3
Puzzle 1 und 2

- Rechne die Entdecker-Päckchen auf den beiden Arbeitsblättern aus. Setze die Päckchen fort.
- Schneide die Satzteile auf diesem Blatt aus. Ordne die Satzteile auf den beiden Arbeitsblättern richtig zu!
- Einen Satz musst du auf jedem Arbeitsblatt noch zu Ende schreiben.

Die erste Zahl	Die erste Zahl
Die zweite Zahl	Die zweite Zahl
Das Ergebnis	Das Ergebnis
wird immer um 4 **größer**.	wird immer um 3 **größer**.
wird immer um 2 **kleiner**.	wird immer um 4 **kleiner**.
wird immer um 2 _____.	wird immer um 1 _____.

Einheit 3 – Schüler-Material
Arbeitsblätter 1–11

AB 1a
53

Name:	Klasse:	Datum:

Entdecker-Päckchen 3

Puzzle 1

28 + 22 = ___

32 + 20 = ___

36 + 18 = ___

40 + 16 = ___

___ + ___ = ___

Material PIK | Haus 1 | Entdecker-Päckchen

Name: Klasse: Datum:

Entdecker-Päckchen 3

Puzzle 2

30	+	28	=	___
33	+	24	=	___
36	+	20	=	___
39	+	16	=	___
___	+	___	=	___

Einheit 3 – Schüler-Material
Arbeitsblätter 1–11

AB 1c
55

Material PIK   Haus 1   Entdecker-Päckchen

Entdecker-Päckchen 3

Puzzle 3

- Schneide die Aufgabenkarten aus.
- Ordne die Aufgabenkarten. Es ergeben sich drei Entdecker-Päckchen.
- Klebe sie auf.
- Zu welchem Päckchen passt diese Beschreibung?

> Die **erste Zahl** im Päckchen **wird** immer **um 2 größer**.
> Die **zweite Zahl** im Päckchen **wird** immer **um 2 kleiner**.
> Das **Ergebnis bleibt** immer **gleich**.

- Kreise das Päckchen ein.
* Schreibe zu einem der anderen Entdecker-Päckchen eine passende Beschreibung.

20 + 8 = ____	40 + 50 = ____	24 + 4 = ____
62 + 34 = ____	30 + 60 = ____	63 + 33 = ____
22 + 6 = ____	64 + 32 = ____	20 + 70 = ____
50 + 40 = ____	65 + 31 = ____	26 + 2 = ____

** Erfinde selbst ein Arbeitsblatt mit solchen Aufgaben.

Einheit 3 – Schüler-Material
Arbeitsblätter 1–11

AB 2

Material PIK   Haus 1   Entdecker-Päckchen

Name: Klasse: Datum:

Entdecker-Päckchen 3

- Zu welchem Päckchen passt diese Beschreibung? Kreise es ein.

> Die erste Zahl wird immer um 1 kleiner.
> Die zweite Zahl wird auch immer um 1 kleiner.
> Das Ergebnis bleibt gleich.

A
57 − 36 = ____
59 − 36 = ____
61 − 36 = ____
63 − 36 = ____

B
57 − 36 = ____
57 − 35 = ____
57 − 34 = ____
57 − 33 = ____

C
57 − 36 = ____
58 − 37 = ____
59 − 38 = ____
60 − 39 = ____

D
57 − 36 = ____
55 − 36 = ____
53 − 36 = ____
51 − 36 = ____

E
57 − 36 = ____
56 − 35 = ____
55 − 34 = ____
54 − 33 = ____

F
57 − 36 = ____
56 − 38 = ____
55 − 40 = ____
54 − 42 = ____

* **Schreibe** eine **passende Beschreibung** zu einem der **anderen Päckchen** auf.
☺ ☺ Zeige deine Beschreibung einem anderen Kind.
Kann es sagen, welches Päckchen du beschrieben hast?

** **Erfinde** selbst ein Arbeitsblatt mit solchen Aufgaben.

Einheit 3 – Schüler-Material
Arbeitsblätter 1–11

AB 3
57

Material PIK   Haus 1   Entdecker-Päckchen

Name: Klasse: Datum:

Entdecker-Päckchen 3
Entdecker-Päckchen untersuchen

- Rechne aus.

A
41 – 39 = ____
43 – 41 = ____
45 – 43 = ____
47 – 45 = ____

B
42 – 39 = ____
44 – 38 = ____
46 – 37 = ____
48 – 36 = ____

C
50 – 40 = ____
48 – 41 = ____
46 – 42 = ____
44 – 43 = ____

- Suche die passende Beschreibung und schreibe den richtigen Buchstaben in den Kreis.
- Einen Satz musst du jeweils zu Ende schreiben.

Die erste Zahl wird immer um 2 größer.
Die zweite Zahl wird immer um 1 kleiner.
Das Ergebnis wird _____.

Die erste Zahl wird immer um 2 kleiner.
Die zweite Zahl wird immer um 1 größer.
Das Ergebnis _____.

Die erste Zahl wird immer um 2 kleiner.
Die zweite Zahl wird immer um 2 größer.
_____.

** Erfinde selbst ein Arbeitsblatt mit solchen Aufgaben.

Einheit 3 – Schüler-Material
Arbeitsblätter 1–11

AB 4

Entdecker-Päckchen 3

- Schneide die Aufgabenkarten aus.
- Ordne die Aufgabenkarten auf dem Arbeitsblatt 5c in die Kästen ein.
  Es sollen drei Entdecker-Päckchen entstehen.
  Alle Päckchen haben etwas mit der Aufgabe **48 + 36** zu tun.
- Klebe die Aufgabenkarten auf.
  - Welche Entdeckungen machst du?
    Ordne die Karten mit den Satzanfängen („Wenn …") und
    die Karten mit den Satzenden („dann …") richtig zu.

→ ACHTUNG: Es gibt mehr Karten als du brauchst!

Aufgabenkarten:

49 + 36 = _____	47 + 36 = _____	48 + 35 = _____
50 + 36 = _____	47 + 35 = _____	49 + 37 = _____
46 + 34 = _____	48 + 37 = _____	48 + 34 = _____
48 + 36 = _____	48 + 36 = _____	48 + 36 = _____

Entdecker-Päckchen 3

Satzanfänge:

Wenn die **erste** Zahl um 1 **größer** wird,	Wenn die **erste** Zahl um 2 **kleiner** wird,	Wenn die **zweite** Zahl um 1 **kleiner** wird,
Wenn die **erste** Zahl um 2 **größer** wird,	Wenn **beide** Zahlen um 1 **kleiner** werden,	Wenn **beide** Zahlen um 1 **größer** werden,
Wenn **beide** Zahlen um 2 **kleiner** werden,	Wenn die **zweite** Zahl um 1 **größer** wird,	Wenn die **zweite** Zahl um 2 **kleiner** wird,

Satzenden:

dann wird das **Ergebnis** um 1 **größer**.	dann wird das **Ergebnis** um 2 **kleiner**.	dann wird das **Ergebnis** um 1 **kleiner**.
dann wird das **Ergebnis** um 2 **größer**.	dann wird das **Ergebnis** um 2 **kleiner**.	dann wird das **Ergebnis** um 2 **größer**.
dann wird das **Ergebnis** um 4 **kleiner**.	dann wird das **Ergebnis** um 1 **größer**.	dann wird das **Ergebnis** um 2 **kleiner**.

Name:	Klasse:	Datum:

Entdecker-Päckchen 3

1. Päckchen	2. Päckchen	3. Päckchen

passender Satzanfang zum 1. Päckchen	passender Satzanfang zum 2. Päckchen	passender Satzanfang zum 3. Päckchen
passendes Satzende zum 1. Päckchen	passendes Satzende zum 2. Päckchen	passendes Satzende zum 3. Päckchen

| Name: | Klasse: | Datum: |

Entdecker-Päckchen 3

Karten für Puzzleteile

(Aufgabenkarten, Satzanfänge und Satzenden)

Material PIK   Haus 1   Entdecker-Päckchen

Name: Klasse: Datum:

Entdecker-Päckchen 3

Verändere die Zahl in der Plus-Aufgabe

64 + 23 = _____

- Schneide die Aufgabenkarten aus.
- Ordne die Aufgabenkarten auf dem Arbeitsblatt 6b* in die richtigen Kästen ein.
- Klebe sie auf.

65 + 24 = ___	63 + 23 = ___	65 + 22 = ___
64 + 26 = ___	63 + 24 = ___	23 + 64 = ___

- Schreibe die Sätze auf dem Arbeitsblatt 6b* zu Ende.
  Diese Satzteile können dir dabei helfen:

> *dann wird das Ergebnis um _____ größer.*
> *dann wird das Ergebnis um _____ kleiner.*
> *dann verändert sich das Ergebnis nicht.*

** Erfinde selbst ein Arbeitsblatt mit solchen Aufgaben.

Einheit 3 – Schüler-Material
Arbeitsblätter 1–11

AB 6a*

Material PIK Haus 1 Entdecker-Päckchen

Name: Klasse: Datum:

Entdecker-Päckchen 3

Was passiert mit dem **Ergebnis**, wenn man die **Zahlen** in der Aufgabe **64 + 23 = ___** verändert?

| 65 + 23 = ___ | Wenn die **erste Zahl** um 1 größer wird, _____ |

| | Wenn die **zweite Zahl** um 3 größer wird, _____ |

| | Wenn **beide Zahlen** um 1 größer werden, _____ |

| | Wenn die **erste Zahl** um 1 kleiner wird, _____ |

| | Wenn die **erste Zahl** um 1 größer wird und die **zweite Zahl** um 1 kleiner, _____ |

| | Wenn man die **beiden Zahlen** tauscht, _____ |

| | Wenn man nur die **beiden Einer** tauscht, _____ |

* Wie kannst du die Plus-Aufgabe 64 + 23 noch **verändern**?

| | Wenn man _____, _____ |

Einheit 3 – Schüler-Material
Arbeitsblätter 1–11

AB 6b*

| Material PIK | Haus 1 | Entdecker-Päckchen |

Name:　　　　　　　　Klasse:　　　　　　　　Datum:

Entdecker-Päckchen 3

Was passiert, wenn du Zahlen in der **Minus-Aufgabe** 87 – 32 = ___ veränderst?

☐　Wenn man _____,
　　_____

☐　Wenn man _____,
　　_____

☐　Wenn man _____,
　　_____

☐　Wenn man _____,
　　_____

** Erfinde selbst ein Arbeitsblatt mit solchen Aufgaben.

Material PIK Haus 1 Entdecker-Päckchen

Name: Klasse: Datum:

Entdecker-Päckchen 3

Drei Kinder haben ihre Entdeckungen zu dem Entdecker-Päckchen aufgeschrieben.
Wie treffend findest du die Beschreibungen?
Ordne zu und verbinde.
* Begründe.

3 + 6 = 9
4 + 5 = 9
5 + 4 = 9
6 + 3 = 9
7 + 2 = 9

Lars:
Es sind 3, 4, 5, 6, 7 und 6, 5, 4, 3, 2 und immer 9, 9, 9.

Dilek:
Das Ergebnis bleibt gleich, weil die erste Pluszahl wird immer eins mehr und die zweite Pluszahl wird immer eins weniger.

Lilo:
Es ist immer gleich.

☆ passt super	☺ passt	😐 passt nicht so gut	☹ passt nicht

*Meine Begründung:

** Erfinde selbst ein Arbeitsblatt mit solchen Aufgaben.

Einheit 3 – Schüler-Material
Arbeitsblätter 1–11

AB 8

Material PIK   Haus 1   Entdecker-Päckchen

Name: Klasse: Datum:

Entdecker-Päckchen 3

Vier Kinder haben ihre Entdeckungen zu diesem Entdecker-Päckchen aufgeschrieben.
Wie treffend findest du die Beschreibungen?
Schätze sie ein.

1 + 8 = 9
3 + 8 = 11
5 + 8 = 13
7 + 8 = 15
9 + 8 = 17

Tim:
8 und 8 und 8
und 1 und 3 und 5
und so weiter.

Mia:
Es sind immer 2 mehr.

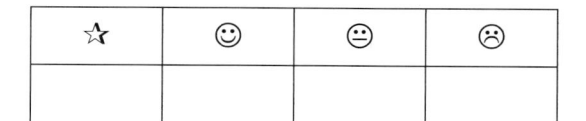

Nina:
Die Ergebnisse bilden mit den ersten Zahlen die gleiche Reihe. Es sind alles ungerade Zahlen.

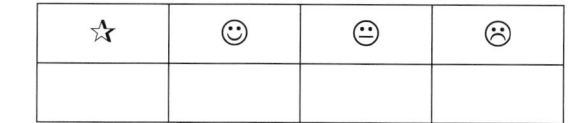

Omar:
Wenn die erste Pluszahl um 2 größer wird und die zweite Pluszahl gleich bleibt, dann wird auch das Ergebnis um 2 größer.

** Erfinde selbst ein Arbeitsblatt mit solchen Aufgaben.

Einheit 3 – Schüler-Material
Arbeitsblätter 1–11

AB 9

Material PIK Haus 1 Entdecker-Päckchen

Name: Klasse: Datum:

Entdecker-Päckchen 3

Luca hat aufgeschrieben, was ihm zu dem Entdecker-Päckchen auffällt.
Wie bewertest du seine Beschreibung?
Was könnte er verbessern?

38 + 32 = 70
39 + 31 = 70
40 + 30 = 70
41 + 29 = 70
42 + 28 = 70

Luca:
Die Aufgaben sind immer gleich.

☆	☺	😐	☹

Wie würdest du das Päckchen beschreiben?
Hier ist Platz für deine Ideen:

** Erfinde selbst ein Arbeitsblatt mit solchen Aufgaben.

Einheit 3 – Schüler-Material
Arbeitsblätter 1–11

AB 10*

Material PIK Haus 1 Entdecker-Päckchen

Name: Klasse: Datum:

Entdecker-Päckchen 3
Gemischte Übungen

Welche Aufgaben musst du einsetzen, damit aus den Päckchen Entdecker-Päckchen werden?

12 + 53 = ___	27 + 45 = ___	35 + 61 = ___
11 + 54 = ___	30 + 43 = ___	___ + ___ = ___
___ + ___ = ___	___ + ___ = ___	39 + 57 = ___
9 + 56 = ___	36 + 39 = ___	___ + ___ = ___

Mara hat ein Entdecker-Päckchen beschrieben. Welches? Kreuze es an. ⊗

Mara:
Die erste Pluszahl wird immer um 5 größer, die zweite Pluszahl wird jeweils um 3 kleiner.
Daher wird das Ergebnis immer um 2 größer.

○	○	○
20 + 79 = ___	37 + 96 = ___	40 + 30 = ___
25 + 77 = ___	42 + 93 = ___	35 + 33 = ___
30 + 75 = ___	47 + 90 = ___	30 + 36 = ___

Was ist richtig? Kreuze an. ☒

☐ Wenn die **erste Pluszahl** immer um 3 größer wird und die **zweite Pluszahl** immer um 2 kleiner wird, dann wird **das Ergebnis** immer um 1 kleiner.

☐ Wenn die **erste Pluszahl** immer um 3 größer wird und die **zweite Pluszahl** immer um 2 kleiner wird, dann wird **das Ergebnis** immer um 1 größer.

Einheit 3 – Schüler-Material Arbeitsblätter 1–11 AB 11*

Material PIK — Haus 1 — Entdecker-Päckchen

Name: Klasse: Datum:

Entdecker-Päckchen 3
Teste dich selbst

Rechne die Päckchen aus. Setze fort.
Ein Päckchen ist kein Entdecker-Päckchen.
Streiche es durch.

A
12 + 1 = ____
13 + 2 = ____
14 + 3 = ____
15 + 4 = ____
__ + __ = ____

B
15 + 5 = ____
20 + 10 = ____
25 + 15 = ____
30 + 20 = ____
__ + __ = ____

C
30 + 5 = ____
25 + 5 = ____
20 + 5 = ____
15 + 5 = ____
__ + __ = ____

D
22 + 3 = ____
24 + 2 = ____
20 + 5 = ____
21 + 9 = ____
__ + __ = ____

E
38 + 2 = ____
36 + 3 = ____
34 + 4 = ____
32 + 5 = ____
__ + __ = ____

Welches Päckchen beschreibe ich?
Die **erste Zahl** im Päckchen wird immer **um 5 kleiner**.
Die **zweite Zahl** im Päckchen **bleibt** immer **gleich**.
Das **Ergebnis** wird immer **um 5 kleiner**.

Es ist das Päckchen ◯.

Einheit 3 – Schüler-Material
Teste dich selbst

AB 12a

Entdecker-Päckchen 3
Teste dich selbst

Suche dir ein anderes Päckchen aus und beschreibe es.

_____
_____
_____
_____

😊😊 Zeige deine Beschreibung einem anderen Kind.
Kann es sagen, welches Päckchen du beschrieben hast?

Rechne aus. Setze fort.

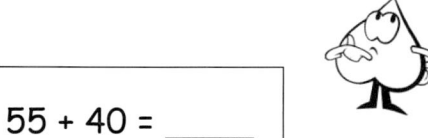

| 30 + 20 = ____ |
| 31 + 19 = ____ |
| 32 + 18 = ____ |
| __ + __ = ____ |
| __ + __ = ____ |

| 55 + 40 = ____ |
| 50 + 45 = ____ |
| 45 + 50 = ____ |
| __ + __ = ____ |
| __ + __ = ____ |

Beschreibe: Was fällt dir auf?
*Begründe: Warum ist das so?

Material PIK | Haus 1 | Entdecker-Päckchen

Name: | Klasse: | Datum:

Entdecker-Päckchen 3
Teste dich selbst

a) Mache aus diesem Päckchen ein Entdecker-Päckchen, bei dem das **Ergebnis immer gleich bleibt**.

> 66 + 34 = 100
> 68 + ___ = 100
> 70 + ___ = ___
> 72 + ___ = ___
> ___ + ___ = ___

b) Was ist richtig? Kreuze an. ☒
Für Plus-Entdecker-Päckchen mit immer gleichem Ergebnis gilt:

☐ Wenn die **erste Zahl** immer um 2 größer wird, dann wird die **zweite Zahl** immer um 1 kleiner.

☐ Wenn die **erste Zahl** immer um 2 größer wird, dann wird die **zweite Zahl** immer um 2 kleiner.

☐ Wenn die **erste Zahl** immer um 2 größer wird, dann wird die **zweite Zahl** immer um 2 größer.

*a) Erfinde ein eigenes Entdecker-Päckchen mit Plusaufgaben, bei dem das **Ergebnis immer gleich bleibt**.

*b) Wie kann man ganz einfach ein Plus-Entdecker-Päckchen mit **immer gleichem Ergebnis** finden?
Schreibe einen Tipp auf.

Einheit 3 – Schüler-Material
Teste dich selbst

AB 12c

Entdecker-Päckchen 3

Wortspeicher von _____ Datum _____

Material PIK Haus 1 Entdecker-Päckchen

Urkunde
für Entdecker-Päckchen-Forscher

_____

hat am _____ die

**Urkunde
für Entdecker-Päckchen-Forscher**
erworben.

$6 + 1 = 7$
$5 + 2 = 7$
$4 + 3 = 7$

Hierzu wurden folgende Prüfungen abgenommen:

Wir werden Profis für gute Beschreibungen!	bearbeitet am	kontrolliert (Unterschrift eines Experten-Kindes)
Arbeitsblatt 1		
Arbeitsblatt 2		
Arbeitsblatt 3		
Arbeitsblatt 4		
Arbeitsblatt 5		
Arbeitsblatt 6*		
Arbeitsblatt 7**		
Arbeitsblatt 8		
Arbeitsblatt 9		
Arbeitsblatt 10*		
Arbeitsblatt 11*		
Arbeitsblatt 12		

Wir erfinden Entdecker-Päckchen-Aufgaben als Experten!	ausgedacht am	kontrolliert (Unterschrift eines Erprober-Kindes oder der Lehrerin)
AB		

Bemerkungen: _____

_____   _____
Unterschrift   Stempel

Einheit 3 – Lehrer-Material
Experten-Urkunde

AB 14

Urkunde
für Entdecker-Päckchen-Forscher:
Wir werden Profis für gute Beschreibungen!

	Namen der Expertenkinder
Arbeitsblatt 1	
Arbeitsblatt 2	
Arbeitsblatt 3	
Arbeitsblatt 4	
Arbeitsblatt 5	
Arbeitsblatt 6*	
Arbeitsblatt 7**	
Arbeitsblatt 8	
Arbeitsblatt 9	
Arbeitsblatt 10*	
Arbeitsblatt 11*	
Arbeitsblatt 12	

Unterrichtsmaterial

Unterrichtsplanung

Einheit 4: „Wir erfinden Entdecker-Päckchen-Aufgaben als Experten!" – Erstellen von Eigenproduktionen

Ziele
Durch die (adressatenbezogene) Produktion von (leichten und schwierigen) Entdecker-Päckchen werden die gewonnenen fachlichen und sprachlichen Erkenntnisse angewendet, vertieft und ggf. transferiert. Ferner wird die Methodenkompetenz der Kinder durch das Erproben dieser Aufgaben durch andere Kinder, Rückmelderunden in „Konferenzen" und die ggf. erfolgende Überarbeitung gefördert.

Zeit
1–4 Schulstunden

So kann es gehen

Methodischer Einsatz des Materialpakets
Möglich ist es, dass die Kinder für sich und die Kinder der *eigenen Klasse* Aufgaben- und Lösungsblätter erfinden. Hier können die Arbeitsblätter direkt weitergegeben werden (z. B. mit Wäscheklammern an einer „Knobelleine" aushängen oder in die „Lerntheke" der dritten Einheit integrieren), ohne dass eine rechtschriftliche Korrektur zwingend notwendig ist. Wenn die Arbeitsblätter jedoch vervielfältigt werden, empfiehlt sich eine orthographische Überarbeitung.
Möglich ist es auch, dass die Kinder ein Handlungsprodukt für eine *Partnerklasse* – vorzugsweise eine niedrigere Klassenstufe – erstellen und für diese „leichte" und „schwierige" Arbeitsblätter erfinden (s. H1-UM, Unterrichtsplanung (Langfassung) zu Einheit 1: pikas.tu-dortmund.de/019). Anschließend werden die selbst erfundenen Aufgabenblätter von anderen Kindern der eigenen Klasse „erprobt", also auf sachliche Richtigkeit und korrekte Einschätzung des Schwierigkeitsgrades hin überprüft und ggf. vom Erfinderkind noch einmal überarbeitet, um dann – auch rechtschriftlich korrigiert – auf ein „Schmuckblatt" für die Partnerklasse abgeschrieben zu werden.
Zu der Vorgehensweise „Wir erfinden Aufgabenblätter zu Entdecker-Päckchen für unsere Partnerklasse" finden Sie nachstehend Anregungen zur Durchführung der Einführungs-Stunde (s. H1-IM, Informationsvideos: pikas.tu-dortmund.de/011).

Problemstellung/Leitfragen
Transparenz über die 4. Einheit: Den Kindern sollte wiederum zunächst *Ziel-* und *Prozesstransparenz* gegeben werden, z. B. nach der Anknüpfung an die Vorstunde (ggf. über die Themenleine H1-UM, Einheit 1: pikas.tu-dortmund.de/020): „Wir wollen heute damit beginnen, selbst Arbeits- und Lösungsblätter für die anderen Kinder (der Klasse 2x) zu erfinden. Dabei ist es wichtig, dass ihr darauf achtet, gute Beschreibungen zu benutzen!"

Schuljahr 1–4

Lehrplan-Bezug
Inhaltsbezogene Kompetenzen
Zahlen und Operationen – Schwerpunkt Zahlenrechnen

Prozessbezogene Kompetenzen
Problemlösen/ kreativ sein, Argumentieren, Darstellen/ Kommunizieren

Kinder sprechen über ...
... Zahlbeziehungen und Zahlenfolgen
... Kriterien für gute Beschreibungen

Aufgabenstellung: Die Lehrperson erinnert (ggf. über das Plakat „Gute Beschreibungen: Das ist wichtig!") an die Vorstunden, zeigt das Arbeitsblatt (AB 1, s. S. 80–81) und die leeren A4-Blätter. Sie erklärt, dass leichte und schwierige Entdecker-Päckchen-Aufgaben erfunden werden sollen – ggf. begründet dadurch, dass das Handlungsprodukt (z. B. der Ordner „Unsere Entdecker-Päckchen-Aufgaben") an die Partnerklasse weitergegeben werden soll. Anschließend erklärt sie, dass zur Unterscheidung der „leichten" von den „schwierigen" Aufgaben, letztere ein *Sternchen erhalten sollen. Um sicherzustellen, dass den Kindern die Kriterien zur Einschätzung des Schwierigkeitsgrades transparent sind, ist es wichtig, vorab mit den Kindern zu überlegen, was „leichte" (Zahlenwerte aus dem Zahlenraum bis 20, Muster schnell zu sehen) und was „schwierige" Aufgaben ausmachen könnte (große Zahlen, Muster nicht sofort zu sehen, mehrere Päckchen sind zu ordnen, wie z. B. bei „Entdecker-Päckchen-Puzzles"). Diese Kriterien sollten an der Tafel festgehalten werden.
Anschließend wird die Abfolge der Arbeitsschritte erläutert und ggf. beispielhaft erprobt. Da sich die Kinder hier sehr viel merken müssen, empfiehlt es sich, die einzelnen Schritte – ggf. durch Piktogramme unterstützt – an der Tafel festzuhalten:

1. *AB ausdenken*
   - Erfinden, lösen, Muster beschreiben, einschätzen: (Sternchen oder nicht)
   - Aufgabe abschreiben (ohne Lösung!), *Rückmeldekasten aufkleben und aufschreiben, worauf es dir ankommt
2. *AB erproben lassen*
3. *Konferenz* (siehe LM 1, S. 79)
4. *AB überarbeiten?*
5. *AB abgeben*
6. *AB abschreiben auf Schmuckblatt*

Bevor die Kinder mit der Arbeit beginnen, sollte die Lehrperson darauf hinweisen, dass zum Abschluss der Stunde(n) die Arbeit in den Konferenzen reflektiert werden soll und einige Teams ihre Ergebnisse vorstellen können. Ziel dieser Vorstellung ist es, dass noch einmal gemeinsam an ausgewählten Aufgabenblättern überprüft wird, ob die Kriterien zur Einschätzung des Schwierigkeitsgrades eindeutig zuzuordnen waren oder nicht.

Arbeitsphase
Die Kinder arbeiten zunächst in Einzelarbeit und erstellen ein Aufgabenblatt zu Entdecker-Päckchen (rechnen, beschreiben unter Berücksichtigung der Kriterien für gute Beschreibungen, *begründen). Sie schätzen den Schwierigkeitsgrad ein (Sternchen oder nicht) und schreiben die Aufgaben (ohne die Lösung) auf ein leeres Blatt – mit dem eigenen Namen und ggf. der Einschätzung des Schwierigkeitsgrades versehen – ab. Anschließend legen sie dieses AB an einem vereinbarten Ort ab (z. B. in einem Ablagekorb auf dem Mathetisch). Kinder, die bereits ein AB erfunden haben, können weitere erfinden oder als Erproberkinder fungieren. Während der Arbeitsphase erhalten die Kinder auch die Gelegenheit, ihre AB der Lehrperson vorzustellen. Ggf. überarbeiten die Erfinderkinder ihre Aufgabenblätter hinsichtlich sachlicher Richtigkeit, Vollständigkeit und Rechtschreibung. Die Kinder schreiben abschließend die von der Lehrperson gegengelesene Fassung des Aufgaben- und des Lösungsblattes

Material
Schüler
- AB 1
- weiße und karierte A4-Blätter
* „Schmuckblätter"
- verschiedenfarbige Stifte (blau, grün, rot)
- Schere und Klebstift
* Wendeplättchen
- bei Wahl der Methode „Expertenarbeit" in der Einheit 3 zusätzlich: AB 14 Urkunde (S. 74)

Lehrperson
* Reihenverlauf-Themenleine
* Plakat „Unser Wortspeicher"
* Plakat „Gute Beschreibungen: Das ist wichtig!"
* leerer Ordner mit der Aufschrift „Unsere Entdecker-Päckchen-Aufgaben (für die Klasse 2x)"
* LM 1 Konferenz-Leitfaden

für die Vervielfältigung auf ein „Schmuckblatt" ab und legen dieses an einen zuvor vereinbarten Ort (z. B. heften sie es in den Ordner „Unsere Entdecker-Päckchen-Aufgaben").

Differenzierung
Die Kinder sollen im Rahmen dieser Einheit nur solche Aufgaben erfinden, die sie selbst auch lösen können. Insofern legen sie auch den Schwierigkeitsgrad selbst fest, der hier, durch die methodische Rahmung, bewusst leichte und schwierige Aufgaben zu erfinden, allen Kindern ein erfolgreiches Arbeiten ermöglicht.

Schlussphase/Reflexion
Die Kinder berichten von Erkenntnissen und Erfahrungen, auch mit der Methode des gegenseitigen Erprobens und Rückmeldens. Einige Teams sollten die Gelegenheit erhalten, ihre Arbeitsblätter und Gesprächsergebnisse vorzustellen, um gemeinsam noch einmal an ausgewählten Aufgabenblättern zu überprüfen, ob die Kriterien zur Einschätzung des Schwierigkeitsgrades eindeutig nutzbar und zuzuordnen waren oder nicht. Ggf. müssen die Kriterien für die Folgestunden überarbeitet (verändert oder ergänzt) werden. Darüber hinaus kann es auch sinnvoll sein, noch einmal über die Kriterien für gute Beschreibungen zu sprechen. Wenn die Kinder es nicht gewohnt sind, in „Konferenzen" Lösungswege oder/und Ergebnisse zu besprechen, so empfiehlt es sich ferner, mit den Kindern auch über diese Methode zu reflektieren.

Weiterarbeit
In den Folgestunden wird (in den Arbeits- und Schlussphasen) wie oben beschrieben weitergearbeitet. Im Sinne prozesstransparenten Arbeitens können Sie in der letzten Stunde dieser Einheit mithilfe der Themenleine einen Ausblick geben (s. H1-UM, Einheit 5: „Was wir dazu gelernt haben!": pikas.tu-dortmund.de/010).

Entdecker-Päckchen-Konferenz
So könnt ihr vorgehen!

Lösungen kontrollieren und vergleichen

1. Erproberkind ☺: Zeige und erkläre dem Erfinderkind deine Lösung (Rechnungen *und* Beschreibungen)!
   Erfinderkind ☺: Höre gut zu!
2. Erfinderkind ☺: Frage nach: „Habe ich das richtig verstanden, dass du (das und das) entdeckt hast?"
   Prüfe die Lösungen:
   Hat das Erproberkind richtig gerechnet?
   Hat das Erproberkind *gute Beschreibungen* benutzt?
   Schaut auf unser Plakat „Gute Beschreibungen – Das ist wichtig!"
3. ☺☺ Vergleicht eure Lösungen! Was ist gleich? Was ist verschieden? Gibt es einen Fehler? Wie ist er entstanden? Habt ihr beide *gute* Beschreibungen benutzt?

Schwierigkeitsgrad einschätzen

- Erproberkind ☺: Findest du, dass das Erfinderkind den Schwierigkeitsgrad seines Arbeitsblattes richtig eingeschätzt hat? Erkläre dem Erfinderkind, warum du das denkst!
- Erfinderkind ☺: Erkläre, warum du ein Sternchen gegeben hast oder warum nicht!

Vereinbarungen treffen

- ☺☺ Soll das Arbeitsblatt überarbeitet werden? Oder kann es so bleiben und auf das Schmuckblatt abgeschrieben werden?

* Über die Konferenz sprechen

- ☺☺ Seid ihr zufrieden mit eurem Gespräch?
  Überlegt: Was hast du beigetragen? Was hast du gelernt?

Material PIK   Haus 1   Entdecker-Päckchen

Entdecker-Päckchen 4

Auf diesen beiden Arbeitsblättern findest du PIKOs, Sprechblasen, einen Rückmeldekasten, Karten für Puzzleteile und einige andere Bilder. Wenn du hiervon etwas für dein Entdecker-Päckchen-Arbeitsblatt gebrauchen kannst, darfst du es dir ausschneiden und auf dein Arbeitsblatt kleben.

© 2012 Cornelsen Schulverlage GmbH, Berlin. Alle Rechte vorbehalten.

Einheit 4 – Schüler-Material
Arbeitsblatt

AB 1a
80

Material PIK　　　Haus 1　　　Entdecker-Päckchen

Entdecker-Päckchen 4

	So schätze ich mich ein:	Einschätzung _____:
	☆☺☺☹	☆☺☺☹
	☆☺☺☹	☆☺☺☹
	☆☺☺☹	☆☺☺☹
	☆☺☺☹	☆☺☺☹

Einheit 4 – Schüler-Material
Arbeitsblatt

AB 1b

HAUS 2: Kontinuität von Klasse 1–6

Alles Lernen ist ein Weiterlernen, das einerseits auf Gelerntes aufbaut und andererseits zu Lernendes vorbereitet. Aus diesem Grund soll Unterricht das Lernen dadurch erleichtern, dass bei Inhalten, Materialien, Aufgabenformaten oder Begriffsbildungsprozessen über die Schuljahre hinweg bewusst auf Kontinuität geachtet wird.

Additionen mit Reihenfolgezahlen

Darum geht es – Basisinfos

Die Auseinandersetzung mit Aufgabenstellungen aus dem mathematisch substanziellen Problemfeld „Summen von aufeinanderfolgenden Zahlen" ermöglicht Schülerinnen und Schülern, Muster und Strukturen auf unterschiedlichen Niveaus zu entdecken, zu benutzen, zu beschreiben und zu begründen. Ausgehend von der Problemstellung „Finde möglichst alle Additionsaufgaben mit Reihenfolgezahlen, deren Ergebnis kleiner oder gleich 25 ist" wird im Folgenden aufgezeigt, welche Auffälligkeiten und Gesetzmäßigkeiten beschrieben werden können und welche verschiedenen Aufgabenstellungen sich daraus für unterschiedliche Jahrgänge der Grundschule und der weiterführenden Schulen entwickeln lassen.

Muster und Strukturen entdecken, benutzen, beschreiben, begründen

Die Tabelle gibt einen Überblick über alle möglichen Additionsaufgaben zur vorgegebenen Problemstellung:

Tabelle: Additionsaufgaben mit Reihenfolgezahlen, deren Ergebnis kleiner oder gleich 25 ist

	2 Summanden	3 Summanden	4 Summanden	5 Summanden	6 Summanden
1					
2					
3	1+2				
4					
5	2+3				
6		1+2+3			
7	3+4				
8					
9	4+5	2+3+4			
10			1+2+3+4		
11	5+6				
12		3+4+5			
13	6+7				
14			2+3+4+5		
15	7+8	4+5+6		1+2+3+4+5	
16					
17	8+9				
18		5+6+7	3+4+5+6		
19	9+10				
20				2+3+4+5+6	
21	10+11	6+7+8			1+2+3+4+5+6
22			4+5+6+7		
23	11+12				
24		7+8+9			
25	12+13			3+4+5+6+7	

Welche Auffälligkeiten lassen sich aus der Tabelle ablesen?

1. Die ungeraden Zahlen größer gleich 3 lassen sich als Summe zweier aufeinanderfolgender Zahlen erzeugen. Dabei wird – ausgehend von 1+2 – jeder Summand jeweils um 1 erhöht (2. Spalte).
2. Nach dem Prinzip „Erhöhung der Summanden jeweils um 1"
   a) lassen sich alle durch drei teilbaren Zahlen größer gleich 6 als Summe dreier aufeinanderfolgender Zahlen darstellen (3. Spalte);
   b) lässt sich beginnend mit 10 jede 4. Zahl ausdrücken (4. Spalte);
   c) gilt Entsprechendes ab 15 für jede 5. Zahl (5. Spalte), ab 21 für jede 6. Zahl (6. Spalte) usw.
3. Die Anzahl der Summanden kann gerade oder ungerade sein.
4. Die Zahlen 1, 2, 4, 8, 16, ... (Zweierpotenzen) lassen sich nicht als Summe aufeinanderfolgender Zahlen darstellen.
5. Die Zahlen tauchen unterschiedlich oft als Summenwerte auf:
   a) Einmal: 3, 5, 6, 7, 10, 11, 12, 13, 14, 17, 19, 20, 22, 23, 24
   b) Zweimal: 9, 18, 25
   c) Dreimal: 15, 21

Wie lassen sich die Auffälligkeiten erklären?

1. Bei der Addition zweier aufeinanderfolgender Zahlen werden immer eine gerade und eine ungerade Zahl addiert. Diese Addition liefert als Summe stets eine ungerade Zahl: $n + (n + 1) = 2n + 1$.
2. Additionen mit einer ungeraden Anzahl an Summanden
   a) *Dreiersummen:* Dreiersummen sind immer durch 3 teilbar, da $(n - 1) + n + (n + 1) = 3n$.
   Beispiel: $n = 8 \rightarrow 7 + 8 + 9 = 3 \cdot 8 = 24$
   Umgekehrt gilt: Jede durch 3 teilbare Zahl größer gleich 6 ist als Dreiersumme mit dem Wert des Quotienten n als Mittelzahl darstellbar.
   Beispiel: $45 : 3 = \mathbf{15} \rightarrow 14 + \mathbf{15} + 16 = 45$
   b) *Fünfersummen:* Fünfersummen lassen sich als Fünffaches der Mittelzahl n ausdrücken:
   $(n - 2) + (n - 1) + n + (n + 1) + (n + 2) = 5n$
   Beispiel: $n = 7 \rightarrow 5 + 6 + 7 + 8 + 9 = 5 \cdot 7 = 35$
   Umgekehrt gilt: Für jede durch 5 teilbare Zahl größer gleich 15 liefert die Division durch 5 die Mittelzahl n.
   Beispiel: $20 : 5 = \mathbf{4} \rightarrow 2 + 3 + \mathbf{4} + 5 + 6 = 20$
   c) Analog lassen sich Zahlen, die durch 7, 9, 11, ... teilbar sind, als Siebenersummen, Neunersummen, Elfersummen, ... darstellen (sofern sie größer als $4 \cdot 7 = 28$, $5 \cdot 9 = 45$, $6 \cdot 11 = 66$, ... sind).
3. Addition mit einer geraden Anzahl an Summanden
   a) Für Zahlen, die als Summe mit einer geraden Anzahl von Summanden (g) dargestellt werden können, gilt Folgendes:
   Die Division der Summe durch die gerade Zahl g lässt als Rest die Hälfte von g, also g/2. Die Division durch 2 (4, 6, 8, ...) lässt also den Rest 1 (2, 3, 4, ...).
   Beispiele:
   Summe 14: $2 + 3 + 4 + 5 = 14 \rightarrow$ Division durch 4 lässt den Rest 2
   Summe 36: $1 + 2 + 3 + 4 + 5 + 6 + 7 + 8 = 36 \rightarrow$ Division durch 8 lässt den Rest 4
   b) Die Summe aus dem ersten und letzten, dem zweiten und vorletzten (...) Summanden ist gleich groß und ungerade.

4. **Zweierpotenzen haben keine Zerlegungen**
   a) Zweierpotenzen haben keine Zerlegung aus *zwei Summanden*, da hier die Summe immer ungerade ist. Zweierpotenzen haben in der Regel 2 als Faktor, sind also gerade Zahlen. Auch die 1, die ja eine Zweierpotenz ist (2^0), kann nicht als Summe zweier aufeinanderfolgender natürlicher Zahlen dargestellt werden.
   b) Zweierpotenzen haben keine Zerlegung mit einer *ungeraden Anzahl von Summanden*. Die Zahlen, die man in eine ungerade Anzahl von Summanden zerlegen kann, lassen sich als Produkt einer ungeraden Zahl (Anzahl der Summanden) und einer weiteren Zahl schreiben (siehe 2a bis 2c). Zweierpotenzen haben aber nur gerade Teiler (mit Ausnahme von 1).
   c) Zweierpotenzen können auch keine Zerlegung mit einer *geraden Anzahl von Summanden größer 2* haben. Die Zahlen, die man in eine gerade Anzahl von Summanden zerlegen kann, lassen sich als Produkt einer ungeraden Zahl (Summe der jeweiligen Summenpaare, z. B. aus erstem und letztem Summanden; siehe 3b) und einer weiteren Zahl schreiben. Zweierpotenzen haben aber nur gerade Teiler (mit Ausnahme von 1).
5. Es gilt der Satz von Sylvester:
   Eine Zahl besitzt genauso viele Zerlegungen in aufeinanderfolgende Zahlen, wie diese Zahl ungerade Teiler verschieden von 1 hat.
   Beispiel 27:
   Ungerade Teiler verschieden von 1 sind 3, 9, 27 → 3 Zerlegungen in aufeinanderfolgende Zahlen, nämlich:
   13 + 14,   8 + 9 + 10,   2 + 3 + 4 + 5 + 6 + 7
   Die Zerlegungen können entsprechend der Hinweise 1–4 im Abschnitt „Wie lassen sich die Auffälligkeiten erklären?" erzeugt werden.
   - Als ungerade Zahl kann 27 in zwei Summanden zerlegt werden: 13 + 14 (siehe 1)
   - Die Division durch 3 liefert die Mittelzahl 9 für die Dreiersumme: 8 + 9 + 10 = 3 · 9 (siehe 2a)
   - Die Division durch 6 lässt den Rest 3 (Hälfte von 6): 2 + 3 + 4 + 5 + 6 + 7 (siehe 3)

Welche Aufgabenstellungen für unterschiedliche Schuljahre lassen sich aus diesen Überlegungen entwickeln?

1. Schuljahr: Anzahl von Plättchenmengen/Einbettung in den Kontext „Entdecker-Päckchen"

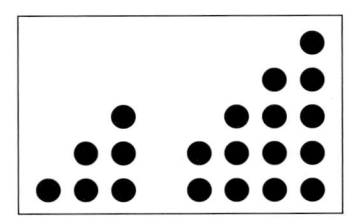

2. Schuljahr: Was fällt auf? – Verknüpfung zum Einmaleins

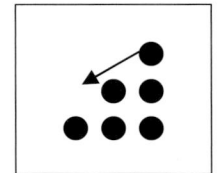

„Plättchenbeweis"

3./4. Schuljahr:

> Addiere immer fünf aufeinanderfolgende Zahlen.
> Finde mehrere Aufgaben.
> Was fällt dir an den Ergebnissen auf? Kannst du das erklären?
> Untersuche auch Plusaufgaben mit 7 oder 9 aufeinanderfolgenden Zahlen.

Aufgabenstellungen für die Schuljahre 5 bis 8 finden sie auf der PIK AS-Website (s. H2-UM: pikas.tu-dortmund.de/024).

Literaturhinweise

BLUM, Werner et al. (2007): Bildungsstandards Mathematik: konkret/Sekundarstufe I. Berlin: Cornelsen Skriptor, S. 37/38, S. 102–105.

SCHELLDORFER, Rene (2007): Summendarstellungen von Zahlen. In: Praxis der Mathematik in der Schule, Heft 17, S. 25–27.

SCHWÄTZER, Ulrich/SELTER, Christoph (2000): Plusaufgaben mit Reihenfolgezahlen – eine Unterrichtsreihe für das 4. bis 6. Schuljahr. In: Mathematische Unterrichtspraxis, Heft 2, S. 28–37.

SCHÜTTE, Sybille (Hg., 2004): Die Matheprofis 3, Schülerbuch S. 110/111; Lehrerhandbuch S. 232, 233. München: Oldenbourg.

SELTER, Christoph/SPIEGEL, Hartmut (1997): Wie Kinder rechnen. Leipzig: Klett, S. 140–143.

WITTMANN, Erich Ch./MÜLLER, Gerhard (2011): Das Zahlenbuch 4. Leipzig: Klett, S. 104.

Weitere Infos

PIK AS-Website

Forscherrunden
Haus 8 – Unterrichtsmaterial – Forscherheft „Mal-Plus-Haus"
pikas.tu-dortmund.de/026

Mathe-Konferenzen
Haus 8 – Unterrichtsmaterial – Mathe-Konferenzen
pikas.tu-dortmund.de/027

Wortspeicherfilm
Haus 4 – Informationsmaterial – Informationsvideos
pikas.tu-dortmund.de/028

Unterrichtsmaterial

Hinweise zur Unterrichtsdurchführung

In einem forschend-entdeckend angelegtem Unterricht werden den Schülerinnen und Schülern in allen Schuljahren Forscheraufträge angeboten, die zunächst individuell und zu gegebener Zeit im Rahmen einer sachbezogenen Kommunikation mit anderen Kindern beschrieben, verglichen, präsentiert und/oder reflektiert werden können. Folgeaufträge und Zusatzaufgaben auf unterschiedlichen Anforderungsniveaus können in diesen Prozess bereits eingebunden sein oder sich anschließen.

Im Unterrichtsmaterial auf der PIK AS-Website ist unter der Überschrift „Übersicht Niveaustufen" nach Schulstufen aufgeführt, wie von Klasse 1 ausgehend unter Beachtung immer wiederkehrender Muster und Strukturen die unterrichtliche Behandlung der Thematik auf sukzessiv steigenden Niveaustufen ausgebaut werden kann (s. H2-UM: pikas.tu-dortmund.de/029).

So kann es gehen

Schuleingangsphase

In AB Einstieg (LM 1, s. S. 88) wird an die strukturierten Punktdarstellungen angeknüpft, die die Kinder bereits aus den Übungen zur Anzahlerfassung kennen. Es wird für die Darstellung von Reihenfolgezahlen eine bestimmte Strukturierung der Punktmuster und der Benennung vereinbart. Die weiteren Angebote (AB 1–3, s. S. 89–92) sind in den Kontext „Entdecker-Päckchen" eingebunden und nicht explizit als „Forscheraufträge" benannt. Über die Aufforderung, Auffälligkeiten und Entdeckungen zu beschreiben, kann in eine sachbezogene Kommunikation eingestiegen werden. Die Dokumentationen der Kinder können so übernommen oder in einem Forscherbericht festgehalten werden. Nach Einführung der Multiplikation in Klasse 2 kann mit den Forscheraufträgen 1 und 2 (AB 4, s. S. 93) weiter gearbeitet werden. Je nach Leistungsvermögen der Kinder kann mit der gesamten Thematik auch in Klasse 2 begonnen werden.

Klassen 3/4

Es stehen drei unterschiedliche Forscheraufträge zur Auswahl: Die Aufträge 1 und 2 (AB 6–7, s. S. 96–97) sind auf die Besonderheiten der Dreiersummen ausgerichtet und enger gefasst. Der Auftrag 3 (AB 8, s. S. 98) hat das Finden aller möglichen Summen mit Reihenfolgezahlen kleiner oder gleich 25 zum Thema und ist für das 4. Schuljahr geeignet. Bei der Bearbeitung des Auftrags sollte die Frage „Wie kann man sicher sein, dass man alle Aufgaben gefunden hat?" in einer weiteren Unterrichtsstunde, in der die gefundenen Aufgaben geordnet und ergänzt werden, in den Mittelpunkt gestellt werden. Entsprechend des gewählten Forscherauftrags schließen sich Folgeaufträge an (AB 9, s. S. 99–100). Eine besondere Transferleistung kann in der Auseinandersetzung mit der sog. Gaußaufgabe erbracht werden (AB 10, s. S. 101).

Methodisch kann man so vorgehen, dass alle Schülerinnen und Schüler zunächst denselben Forscherauftrag erhalten und bearbeiten. Die Kinder kehren mit einer Lösung zur Lehrperson oder zu einem Expertenkind zu-

---

Lehrplan-Bezug
Inhaltsbezogene Kompetenzen
Zahlen und Operationen – Schwerpunkt Operationsvorstellungen

Prozessbezogene Kompetenzen
Problemlösen/ kreativ sein, Argumentieren, Kommunizieren

Material
Schüler
Schuleingangsphase
- AB 1–3
- AB 4 Forscheraufträge
- Tippkarten (s. H2-UM: pikas.tu-dortmund.de/030)

Klassen 3/4
- AB 5 Einstieg
- AB 6–8 Forscheraufträge
- AB 9 Folgeaufträge
- AB 10 Gaußaufgabe
- Tippkarten (s. H2-UM: pikas.tu-dortmund.de/030)

Lehrperson
- Übersicht Niveaustufen
- LM 1 Einstiegs-AB (für die Schuleingangsphase)

rück und erhalten eine individuelle Rückmeldung. Die Lehrperson kann einen individuellen Tipp oder eine Bemerkung ins Heft des Schülers schreiben und ihn so zur Weiterarbeit oder zum Überarbeiten seiner Ergebnisse anregen. Des Weiteren kann eine Folgeaufgabe an den Schüler erteilt werden. Durch diese Art der Rückmeldung können sich individuelle Aufgabenstellungen zur Weiterarbeit ergeben, die individuell auf die Schüler zugeschnitten sind. Die Schüler haben die Möglichkeit, in ihrem eigenen Tempo und entsprechend ihrer individuellen Möglichkeiten und Lernvoraussetzungen zu arbeiten. Im Verlauf der Stunde/Reihe arbeiten die Schüler dabei unter Umständen am selben Thema, jedoch auf unterschiedlichen Niveaus. Zu bestimmten Zeiten melden sich die Kinder zu Forscherrunden oder Mathe-Konferenzen (s. S. 272) an. Zum Einstieg in das Thema gibt es für jeden Jahrgang ein vorbereitetes Arbeitsblatt mit Aufgabenstellungen, die als Basis für die Bearbeitung der Forscheraufträge anzusehen sind (Schuleingangsphase: LM 1, s. S. 88; Klassen 3/4: AB 5, s. S. 94–95). Sie können bei einer kontinuierlichen Vorgehensweise über die Jahrgänge hinweg entsprechend gekürzt und den Lernvoraussetzungen der Schülerinnen und Schüler angepasst werden.

Skizzierung einer möglichen Reihenplanung

1. Forscherauftrag für alle

2a. Weiterarbeit Forscherauftrag	**2b. Weiterarbeit Forscherauftrag**
Anmeldung und Durchführung: Mathe-Konferenz/Forscherrunde	Zeit für individuelle Weiterarbeit Nutzung von Hilfsangeboten: Tippkarten (s. H2-UM: pikas.tu-dortmund.de/030)/Experten/Gespräche mit der Lehrperson

3. Schwerpunktsetzung
Auswahl möglicher Schwerpunkte entsprechend den Forscheraufträgen der unterschiedlichen Jahrgänge:
- Zweier- und Dreiersummen in Entdeckerpäckchen
- Geschicktes Berechnen von Dreier- und Fünfersummen
- Strukturierte Punktdarstellungen
- Vorgehensweisen und Tipps zum Finden bestimmter Additionen
- „Plättchenbeweise"
- Untersuchungen zur Eigenschaft der Anzahl der Summanden
- Darstellung einer Zahl in unterschiedlichen Additionen

4. Weiterarbeit
Folgeaufträge/Zusatzangebote
- Durchführung weiterer Präsentations- und Reflexionsrunden in Kleingruppen oder im Plenum
- Veröffentlichung von Lernspuren in Form von Ergebnisplakaten, Wortspeichern, Satzanfängen, ausgewählten Dokumenten aus den Forschungen der Kinder, Protokolle von Mathe-Konferenzen oder Forscherrunden
- Lernberichte/Lerntagebuch/Rückmeldungen der Kinder

Material PIK   Haus 2   Additionen mit Reihenfolgezahlen

Gemeinsamer Einstieg

Anknüpfung: Strukturierte Anzahlerfassung/Zerlegung

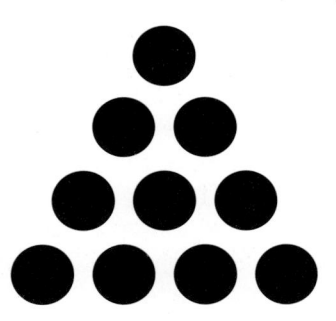

Zu diesem Punktmuster werden verschiedene Zerlegungen gebildet und als Additionsaufgaben aufgeschrieben oder genannt (Magnetplättchen an der Tafel):

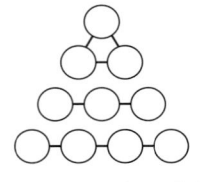

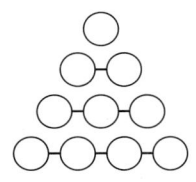

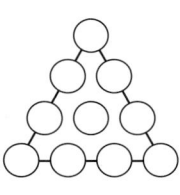

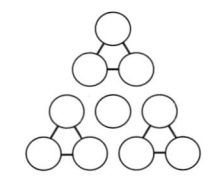

3 + 3 + 4 = 10   1 + 2 + 3 + 4 = 10   9 + 1 = 10   3 + 3 + 3 + 1 = 10

In den nächsten Unterrichtsstunden wird es um ganz besondere Punktmuster und Plusaufgaben gehen.

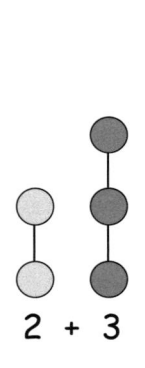

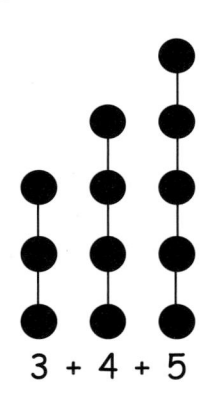

2 + 3   3 + 4 + 5

Vereinbarung: 2 + 3 + 4 … sind „Plusaufgaben mit Nachbarzahlen"

Material PIK   Haus 2   Additionen mit Reihenfolgezahlen

Name: Klasse: Datum:

Pikos Plusaufgaben mit Nachbarzahlen 1

1) Wie viele? Schreibe die passende Plusaufgabe und rechne sie aus.

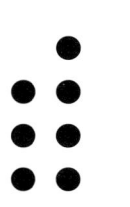

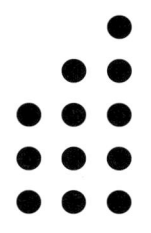

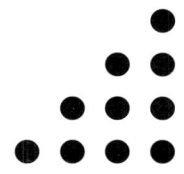

3 + _____ = _____   _____   _____

2) Male die Punktbilder zu den Plusaufgaben.

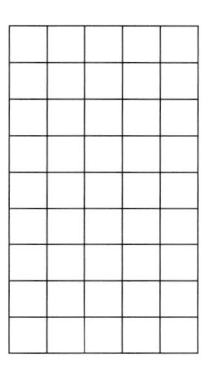

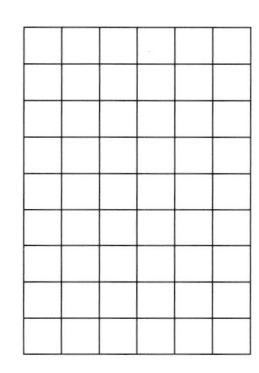

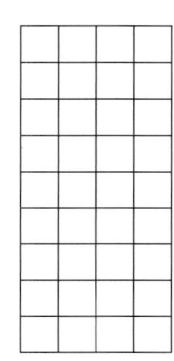

5 + 6 + 7   2 + 3 + 4 + 5   8 + 9

3) Erfinde eine eigene Plusaufgabe mit Nachbarzahlen und zeichne das Punktbild.

Meine Aufgabe:

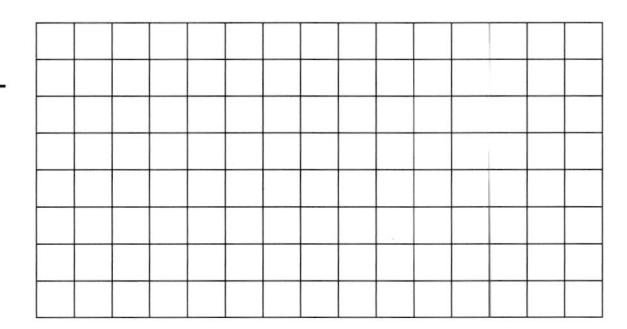

_____

Material PIK Haus 2 Additionen mit Reihenfolgezahlen

Name: Klasse: Datum:

Pikos Plusaufgaben mit 2 Nachbarzahlen

1) ✏ Schreibe die Plusaufgaben.
   Zeichne und schreibe noch zwei weitere Aufgaben.

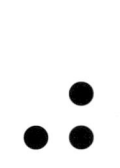

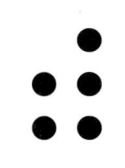

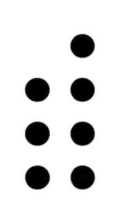

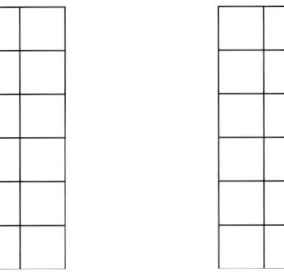

   1 + 2   _____   _____   _____   _____

2) Rechne die Plusaufgaben zu den Punktbildern aus Aufgabe 1 aus.

   Beschreibe:
   Was fällt dir an den Ergebnissen auf?

   1 + 2 = ____
   2 + ___ = ____
   3 + ___ = ____
   ___ + ___ = ____
   ___ + ___ = ____

   Begründe: Warum ist das so?

3a) Welche Plusaufgaben mit **zwei Nachbarzahlen** gehören zu diesen Ergebnissen?

   6 + ____ = 13   ____ + ____ = 17   ____ + ____ = 21

b) Zu der Zahl 14 kann man keine Plusaufgabe mit zwei Nachbarzahlen finden. Kannst du das erklären?

Cornelsen
Schüler-Material
1./2. Schuljahr – Arbeitsblätter 1–4

AB 2
90

Material PIK | Haus 2 | Additionen mit Reihenfolgezahlen

Name: Klasse: Datum:

Pikos Plusaufgaben mit mehreren Nachbarzahlen

1) Schreibe jeweils noch eine weitere Reihe dazu!

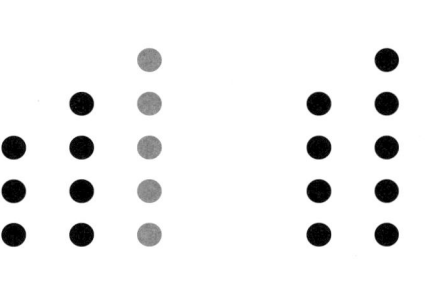

3 + 4 + 5   __ + __ + __   __ + __ + __   __ + __ + __

2) Rechne die Plusaufgaben zu den Punktbildern aus Aufgabe 1.

3 + 4 + 5 = ____

4 + __ + __ = ____

_____

_____

Beschreibe:
Was fällt dir an den Ergebnissen auf?

Begründe: Warum ist das so?

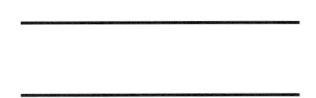

AB 3a

Material PIK Haus 2 Additionen mit Reihenfolgezahlen

Name: Klasse: Datum:

3a) Setze fort und male die nächsten zwei Punktbilder!

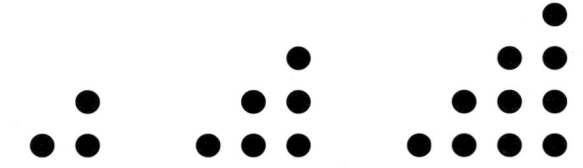

b) Rechne die Plusaufgaben zu den Punktbildern aus.

1 + 2 = _____

__ + __ + __ = _____

_____

_____

Was fällt dir an den Ergebnissen auf?

Kannst du das erklären?

4) Setze das Päckchen fort. Wie weit kannst du schon rechnen?

3 + 4 = _____

3 + 4 + 5 = _____

3 + __ + __ + __ = _____

_____

_____

5) Kannst du eine Plusaufgabe mit **drei Nachbarzahlen** zur Zahl 18 finden?

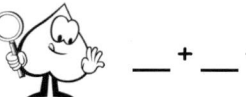

__ + __ + __ = 18

Material PIK   Haus 2   Additionen mit Reihenfolgezahlen

Name: Klasse: Datum:

Pikos Forscherauftrag 1

Rechne die Aufgabenpaare aus.

1 + 2 + 3 = ___	3 · 2 = ___
2 + 3 + 4 = ___	3 · 3 = ___
3 + 4 + 5 = ___	3 · 4 = ___

Male die Punktbilder dazu!

Beschreibe:
- Was fällt dir an den Ergebnissen der **Aufgabenpaare** auf?
- Was haben **alle** Ergebnisse **gemeinsam**?
- Kannst du erklären, warum das so ist?

Pikos Forscherauftrag 2

Finde zu jedem Päckchen noch drei weitere Aufgaben und rechne sie aus.

6 + 7 + 8 = ___   3 · 7 = ___

7 + 8 + 9 = ___   3 · 8 = ___

__ + __ + __ = ___   3 · __ = ___

__ + __ + __ = ___   __ · __ = ___

__ + __ + __ = ___   __ · __ = ___

Kannst du einen Tipp geben, wie man schnell Dreiersummen ausrechnen kann?

Schüler-Material
1./2. Schuljahr – Arbeitsblätter 1–4

AB 4

Material PIK — Haus 2 — Additionen mit Reihenfolgezahlen

Name: Klasse: Datum:

Besondere Plusaufgaben

Die Additionsaufgaben auf diesem Arbeitsblatt sind immer aus aufeinanderfolgenden Zahlen gebildet.

1) Rechne die Aufgaben aus!

$$17 + 18 + 19 = \_\_\_\_$$
$$41 + 42 = \_\_\_\_$$
$$8 + 9 + 10 + 11 = \_\_\_\_$$
$$11 + 12 + 13 + 14 + 15 = \_\_\_\_$$

2a) Finde eine passende Aufgabe zu den Punktbildern und rechne sie aus!

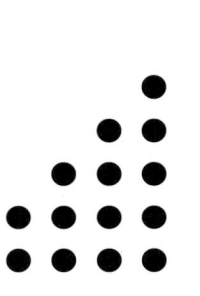

_____   _____

b) Zeichne zu jedem Punktbild noch eine weitere Reihe, schreibe die Aufgabe auf und rechne sie aus!

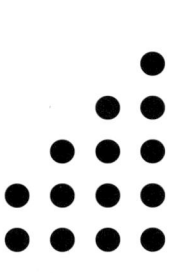

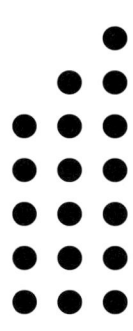

_____   _____

Schüler-Material
3./4. Schuljahr – Einstieg

AB 5a
94

Material PIK Haus 2 Additionen mit Reihenfolgezahlen

Name: Klasse: Datum:

c) Erfinde ein eigenes Punktbild!

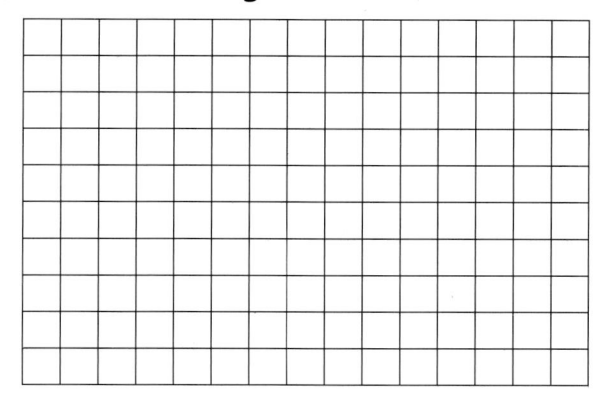

3) Rechne die Päckchen aus und finde zu jedem Päckchen noch zwei weitere Aufgaben! Schau dir die Aufgaben und die Ergebnisse an. Fällt dir etwas auf? Kannst du es erklären?

a) 3 + 4 + 5 + 6 = _____
4 + 5 + 6 + 7 = _____
5 + 6 + 7 + 8 = _____

b) 11 + 12 = _____
11 + 12 + 13 = _____
11 + 12 + 13 + 14 = _____

Das fällt mir auf:
a)

b)

Erklärung:
a)

b)

4) Erfinde selbst Additionsaufgaben mit Reihenfolgezahlen!

Material PIK Haus 2 Additionen mit Reihenfolgezahlen

Name: Klasse: Datum:

Pikos Forscherauftrag

> Wenn man drei aufeinanderfolgende Zahlen addiert, kann man das Ergebnis immer durch 3 teilen!

7 8 9

Bilde mehrere Plusaufgaben mit drei aufeinanderfolgenden Zahlen und überprüfe, ob Piko recht hat.

*Kannst du eine Erklärung finden?

- Melde dich zur Mathe-Konferenz an.
- Führe mit drei weiteren Kindern eine Mathe-Konferenz durch!
- Schreibt ein Protokoll über eure Entdeckungen.
  Ihr könnt z. B. mit farbigen Stiften besonders markieren, was ihr entdeckt habt oder was euch wichtig ist.

| Material PIK | Haus 2 | Additionen mit Reihenfolgezahlen |

Name:　　　　　　　　　Klasse:　　　　　　　　　Datum:

Pikos Forscherauftrag

7 + 8 + 9 = ?

Das kann ich ganz schnell ausrechnen!

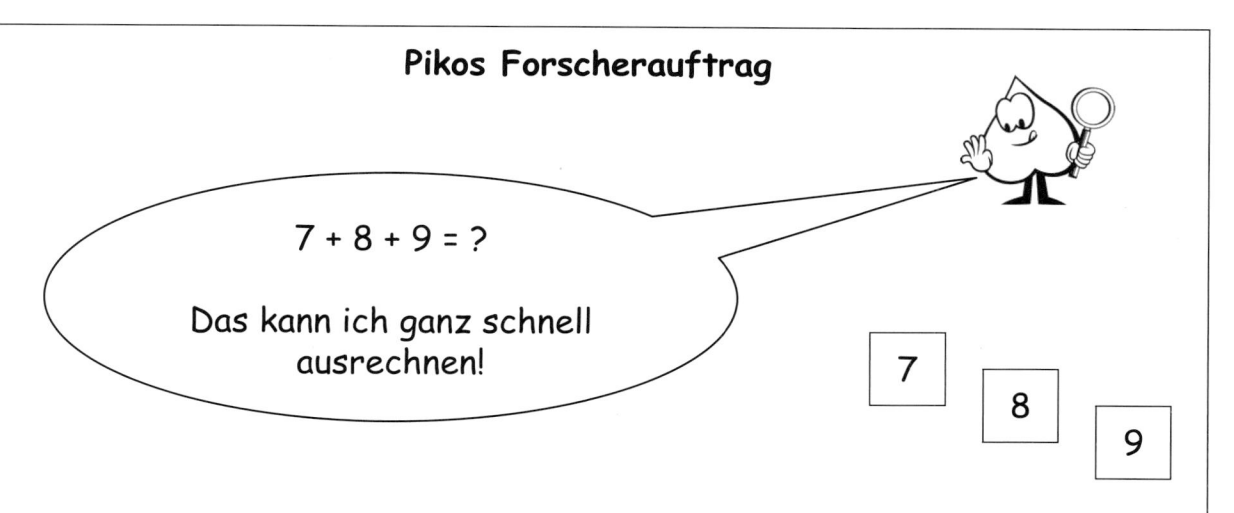

7　　8　　9

Bilde mindestens fünf Plusaufgaben mit drei aufeinanderfolgenden Zahlen und rechne sie aus.

Findest du einen Trick, wie man die Aufgaben schnell ausrechnen kann?

- Melde dich zur Mathe-Konferenz an.
- Führe mit drei weiteren Kindern eine Mathe-Konferenz durch!
- Schreibt ein Protokoll über eure Entdeckungen.
  Ihr könnt z. B. Punktbilder benutzen, mit farbigen Stiften markieren, was ihr entdeckt habt oder was euch wichtig ist.

Schüler-Material
3./4. Schuljahr – Forscherauftrag 3.2

AB 7

Material PIK — Haus 2 — Additionen mit Reihenfolgezahlen

Name: Klasse: Datum:

Pikos Forscherauftrag

Finde alle Plusaufgaben mit Reihenfolgezahlen, bei denen die Summe höchstens 25 ist.

- Arbeite zunächst allein und beachte:
  - Wie bist du vorgegangen?
  - Was ist dir aufgefallen?
  - Wie kannst du sicher sein, dass du alle Aufgaben gefunden hast?

- Melde dich anschließend zur Mathe-Konferenz an.
- Führe mit drei weiteren Kindern eine Mathe-Konferenz durch!
- Schreibt ein Protokoll über eure Entdeckungen. Ihr könnt z. B. mit farbigen Stiften besonders markieren, was ihr entdeckt habt oder was euch wichtig ist.

Material PIK | Haus 2 | Additionen mit Reihenfolgezahlen

Name: Klasse: Datum:

Folgeauftrag 1

Hier ist die Zahl 27 als Summe von drei aufeinanderfolgenden Zahlen geschrieben:

$$27 = 8 + 9 + 10$$

Schreibe die Zahl 21 auch als Summe von drei aufeinanderfolgenden Zahlen.
Findest du noch weitere Zahlen, die sich als Dreiersumme aufschreiben lassen?

- Kannst du einen Tipp geben, wie man die Dreiersumme schnell finden kann?

Folgeauftrag 2

Addiere fünf aufeinanderfolgende Zahlen. Schreibe mehrere Aufgaben und rechne sie aus.

$$7 + 8 + 9 + 10 + 11 = \_\_\_\_$$

- Beschreibe, wie man schnell Fünfersummen ausrechnen kann. Gibt es auch hier einen Trick?

- Untersuche auch Siebener- und Neunersummen und überprüfe deine Entdeckungen.

Cornelsen
Schüler-Material
3./4. Schuljahr – Folgeaufträge

AB 9a
99

Material PIK — Haus 2 — Additionen mit Reihenfolgezahlen

Name: Klasse: Datum:

Folgeauftrag 3

Hier ist die Zahl 35 als Fünfersumme dargestellt:

$$35 = 5 + 6 + 7 + 8 + 9$$

Kann man die Zahl 55 auch als Fünfersumme schreiben?

Schreibe noch weitere Zahlen als Fünfersumme auf.

- Kannst du einen Tipp geben, wie man schnell herausfinden kann, ob eine Zahl als Fünfersumme geschrieben werden kann?

- Finde Zahlen, die sich als Siebener- oder Neunersumme schreiben lassen. Beschreibe, wie du die Zahlen gefunden hast.

Folgeauftrag 4

Schreibe die Zahl 15 als Plusaufgabe mit aufeinanderfolgenden Zahlen.

Es gibt mehrere Lösungen.

- Beschreibe, wie du die Lösungen gefunden hast.

Schüler-Material
3./4. Schuljahr – Folgeaufträge

AB 9b

Zusatzaufgabe

Carl Friedrich Gauß ist ein berühmter deutscher Mathematiker. Er lebte von 1777 bis 1855.
Schon in der Grundschule zeigte er, dass er ein besonders pfiffiger Schüler war.

Einmal stellte ihm sein Lehrer die folgende Aufgabe: „Addiere alle Zahlen von 1 bis 100".
Carl Friedrich konnte das Ergebnis ganz schnell nennen.

Wie hat er das wohl so schnell herausgefunden?

Zu dieser Aufgabe gibt es zwei Tippkarten!

HAUS 3: Umgang mit Rechenschwierigkeiten

Schwierigkeiten beim Mathematiklernen sind in der Regel durch verschiedene Ursachen bedingt. Auch wenn es widersinnig erscheinen mag: Sogar der Unterricht kann das Entstehen von Rechenschwierigkeiten unterstützen. Die Materialien dieses Hauses regen zur Auseinandersetzung mit Ursachen und Merkmalen von Rechenschwierigkeiten an. Außerdem geht es um Diagnoseinstrumente sowie Möglichkeiten von Förderung und Prävention.

1+1 richtig üben

Darum geht es – Basisinfos

Das kleine Einspluseins ist ein zentraler Unterrichtsinhalt im ersten Schuljahr. Am Ende der Schuleingangsphase müssen alle Kinder die Aufgaben des kleinen Einspluseins automatisiert wiedergeben können. Grundlage für diese Fertigkeit sind tragfähige Zahl- und Operationsvorstellungen. Erst wenn diese gesichert sind, sollten im Unterricht die unterschiedlichen Rechenwege für die Addition (und Subtraktion) erarbeitet werden.

Das Arbeiten mit Material (Zwanzigerfeld, Rechenrahmen, Zwanzigerkette, ...) steht dabei im Vordergrund. Die Kinder lernen durch die konsequente Nutzung der Anschauungshilfen Möglichkeiten kennen, wie sie die Aufgaben lösen können, ohne immer alles zu zählen. Wichtig hierbei ist, dass die Kinder immer wieder ihr Tun versprachlichen.

Erst nach einer ausgiebigen Phase anschaulichen Arbeitens sollte mit den Kindern geübt werden, alle Aufgaben des kleinen Einspluseins (von 1 + 1 bis 10 + 10) auch ohne Material immer sicherer und schneller auszurechnen – bis hin zum Automatisieren. Manche Aufgaben sind leichter auswendig zu lernen. Diese Aufgaben werden in manchen Schulbüchern auch als *Hilfsaufgaben* bezeichnet. Dazu gehören unter anderem:
- Verdopplungsaufgaben (6 + 6, 7 + 7, 8 + 8, ...)
- Aufgaben mit 10 (10 + 1, 10 + 2, 10 + 3, 4 + 10, 7 + 10, ...)
- Zerlegungsaufgaben zur 10 (1 + _ = 10, 2 + _ = 10, ...)

Andere Aufgaben kann man nicht so leicht behalten, z.B. 7 + 8, 5 + 6 oder 3 + 9.

Hilfsaufgaben:
- *Verdopplungsaufgaben*
- *Aufgaben mit 10*
- *Zerlegungsaufgaben zur 10*

Rechnen mit der Nachbaraufgabe

Bei manchen schwierigen Aufgaben kann man sich jedoch das Ausrechnen erleichtern, vor allem bei den *Nachbaraufgaben* der leichten Aufgaben. Zum Beispiel können die Kinder die Aufgabe 6 + 7 so lösen:

6 + 6 = 12 ist eine leichte Aufgabe, die sich Kinder gut merken können.
6 + 7 ist um 1 größer als **6 + 6**, d. h., es kann **6 + 6** + 1 gerechnet werden, also **12** + 1.

Um solche Rechenstrategien anwenden zu können, müssen die Kinder die leichteren Aufgaben möglichst sicher auswendig wissen. Die *restlichen Aufgaben* rechnen die Kinder oft auch in Schritten, z.B.:
8 + 5 = 8 + 2 + 3 = 10 + 3 = 13.

Dieses beziehungsreiche Üben, bei welchem z.B. über Nachbaraufgaben der Verdoppelungsaufgaben die mathematischen Beziehungen zwischen den Aufgaben genutzt werden, sollte gefördert werden. Es fördert das Merken bzw. das schnelle Ableiten, wenn ein Ergebnis vergessen wurde.

Literaturhinweise
GAIDOSCHIK, Michael (2007): Rechenschwäche vorbeugen. Wien: G&G Verlagsgesellschaft.

Weitere Infos
PIK AS-Website
1+1 richtig üben
Haus 3 – Unterrichtsmaterial – 1+1 richtig üben – Kartensatz II
  pikas.tu-dortmund.de/031
Haus 3 – Informationsmaterial – Informationsvideos
  pikas.tu-dortmund.de/032

1×1 richtig üben
Haus 3 – Unterrichtsmaterial – 1×1 richtig üben
  pikas.tu-dortmund.de/033
Haus 3 – Informationsmaterial – Informationsvideos
  pikas.tu-dortmund.de/032

Umgang mit Rechenschwierigkeiten
Haus 3 – Informationsmaterial – Informationstexte – „Wie kann ich eine Rechenschwäche bei meinen Schülern erkennen?"
  pikas.tu-dortmund.de/034
Haus 3 – Informationsmaterial – Informationstexte – „Mein Schüler ist rechenschwach – Aber wie kam es dazu?"
  pikas.tu-dortmund.de/035

Kira-Website
Material – Lernen, wie Kinder denken: Leistungsschwache Kinder
  kira.tu-dortmund.de/036

Unterrichtsmaterial

Vorstellung des Materialangebots

So kann es gehen

Wie können die Kinder (selbstständig) üben?
Dafür sollte jedem Kind eine kleine Übungskartei zur Verfügung gestellt werden. Auf der Vorderseite der Karte steht die Plusaufgabe, auf der Rückseite das Ergebnis.

Kartensatz I besteht aus 30 Aufgaben, deren Ergebnisse kleiner oder gleich zehn sind (s. S. 109–116).

– 5 Kärtchen mit den *Verdopplungsaufgaben*

| 3 + 3 | 6 |

– 9 Kärtchen mit den Zerlegungsaufgaben zur 10

| 2 + _ = 10 | 2 + **8** = 10 |

– 16 Kärtchen mit den *restlichen Aufgaben* und ihren Tauschaufgaben

| 2 + 3 / 3 + 2 | 5 |

Kartensatz I
- 5 Verdopplungsaufgaben
- 9 Zerlegungsaufgaben zur 10
- 16 restliche Aufgaben und ihre Tauschaufgaben

Kartensatz II enthält 48 Aufgaben, deren Ergebnis größer als zehn ist (s. H3-UM: pikas.tu-dortmund.de/031).

– 5 Kärtchen mit den *Verdopplungsaufgaben*

| 7 + 7 |

– 9 Kärtchen mit den *Aufgaben mit 10* und ihren Tauschaufgaben

| 10 + 5 / 5 + 10 |

} *leichte Aufgaben*

Kartensatz II
- 5 Verdopplungsaufgaben
- 9 Aufgaben mit 10 und ihren Tauschaufgaben
- 22 Nachbaraufgaben und die entsprechenden leichten Hilfsaufgaben
- 12 restliche Aufgaben und jeweils ein zusätzliches freies Feld für eine Hilfsaufgabe

- 22 Kärtchen mit *Nachbaraufgaben* und den entsprechenden leichten Hilfsaufgaben

7 + 7		10 + 4
7 + 8		**9 + 4**

- 12 Kärtchen mit den *restlichen Aufgaben*
Auf diesen Karten ist noch zusätzlich die Möglichkeit gegeben, in das untere freie Feld eine Hilfsaufgabe einzutragen.

5 + 8

schwierigere Aufgaben

Die Karten können auf farbigem Karton (160 g) kopiert werden. Die in der Übersicht angegebenen Farben für die unterschiedlichen Aufgaben (s. S. 108) sind als Vorschlag zu verstehen und können den Einspluseinstafeln des jeweiligen Lehrwerks angepasst werden. Die Kopiervorlagen sind so gestaltet, dass nach dem Kopieren auf der Vorderseite jeweils die Aufgaben stehen und auf der Rückseite die Ergebnisse. Die Übungskartei kann das Kind in einer Lernbox oder einer Karteikiste nach Schwierigkeitsgrad sortieren. Entsprechende Lernboxen können bei verschiedenen Verlagen im Internet bestellt werden. Die Übungskartei kann sowohl in der Schule als auch im häuslichen Bereich genutzt werden. Die Kinder können sich die Aufgaben in Partnerarbeit abfragen oder auch alleine damit üben. Ein Elternbrief erklärt den Eltern den „richtigen" Umgang mit den Karten für das Üben im häuslichen Bereich (s. S. 106–107). Eine türkische Übersetzung des Elternbriefes befindet sich auf der Website (s. H3-IM: pikas.tu-dortmund.de/036).

Material PIK — Haus 3 — 1+1 richtig üben

Das kleine 1 + 1 richtig üben
– 1./2. Schuljahr –

Liebe Eltern,
wir haben in den letzten Wochen ausgiebig mit Material (Zwanzigerfeld, Rechenrahmen, Zwanzigerkette, …) Aufgaben im Zahlenraum bis 10 und auch schon darüber hinaus gerechnet. Dabei haben die Kinder viele Möglichkeiten kennen gelernt, wie sie die Aufgaben lösen können, ohne immer alles zu zählen.

Nun ist der Zeitpunkt gekommen, dass die Kinder üben, diese Aufgaben auch ohne Material immer sicherer und schneller auszurechnen, bis sie die Ergebnisse der Aufgaben schließlich auswendig wissen.

Manche Aufgaben haben wir schon besonders geübt:

- **Aufgaben, deren Ergebnisse kleiner sind als 10** (3 + 4, 7 + 2, 2 + 3, …).
- **Zerlegungsaufgaben zur Zahl 10** (1 + 9, 2 + 8, 3 + 7, …).

Manche Aufgaben kann man leicht auswendig lernen. Das sind vor allem die

- **Verdopplungsaufgaben** (3 + 3, 4 + 4, …)

Bitte unterstützen Sie Ihr Kind dabei, die Aufgaben des kleinen Einspluseins auswendig zu lernen.

Dafür stellen wir jedem Kind eine kleine Übungskartei zur Verfügung:

– 5 Kärtchen mit den **Verdopplungsaufgaben** | 3 + 3 | 6 |

– 9 Kärtchen mit den **Zerlegungsaufgaben zur 10** | 2 + _ = 10 | 2 + **8** = 10 |

– 16 Kärtchen mit den **restlichen Aufgaben** und ihren Tauschaufgaben | 2 + 3 / 3 + 2 | 5 |

Auf der Rückseite stehen jeweils die Ergebnisse.

So können Sie mit Ihrem Kind üben:

- Nennen Sie Ihrem Kind die Aufgabe auf dem Kärtchen. Wenn Ihr Kind das Ergebnis nicht innerhalb von ungefähr 5 Sekunden weiß, legen Sie das Kärtchen erst einmal beiseite.
  Das Kind sollte die Aufgabe später noch einmal mit Material lösen.

- Erst wenn Ihr Kind die Plusaufgabe mit dem Ergebnis wirklich auswendig kann, soll es auch die passende Tauschaufgabe mit Ergebnis nennen.

- Wenn Sie bei einer Aufgabe merken, dass Ihr Kind Aufgaben mit Fingern rechnet und dabei alle Finger einzeln abzählt, ist es noch zu früh zum Auswendiglernen.
  Ihr Kind sollte die Aufgaben mit Material legen und das Ergebnis dort „ablesen".

Üben Sie bitte möglichst regelmäßig, am besten jeden Tag 5 bis 10 Minuten.
Nicht länger!
Aufgaben, die Ihr Kind schon ganz sicher kann, braucht es in den nächsten Tagen erst einmal nicht mehr zu üben.

Machen Sie Ihrem Kind den Lernerfolg bewusst. Überprüfen Sie in regelmäßigen Abständen: „Wie viele Aufgabenkärtchen schaffst du schon in einer Minute?"

Setzen Sie Ihr Kind bitte nicht unter Druck, wenn es ein wenig mehr Zeit braucht. Kinder haben ein unterschiedliches Lerntempo und vor allem auch ein unterschiedlich starkes Gedächtnis. Das ist völlig normal!

Ich danke Ihnen herzlich für Ihre Mithilfe!

Material PIK Haus 3 1+1 richtig üben

Einspluseins richtig üben
Übersicht über die Kartensätze

Kartensatz I: Ergebnis der Aufgaben ≤ 10
(ohne Ableitungen – „Kernaufgaben")

Rot: Verdopplungsaufgaben (ohne 0 + 0) — 5 Karten
Vorderseite: Aufgabe
Rückseite: Ergebnis

Blau: Zerlegungsaufgaben zur 10 — 9 Karten
Vorderseite: Ergänzungsaufgabe
Rückseite: Aufgabe und Ergebnis

Weiß: restliche Aufgaben — 16 Karten
Vorderseite: Aufgabe und Tauschaufgabe
Rückseite: Ergebnis

Gesamt: **30 Karten**

Kartensatz II: Ergebnis der Aufgaben > 10

Rot: Verdopplungsaufgaben — 5 Karten
Vorderseite: Aufgabe
Rückseite: Ergebnis

Grün: Additionsaufgaben 10 + — 9 Karten
Vorderseite: Aufgabe und Tauschaufgabe
Rückseite: Ergebnis

Weiß: Ableitungen aus Verdopplung — 8 Karten
Vorderseite: Aufgabe und Hilfsaufgabe und
            Zeile für die individuelle Hilfsaufgabe
Rückseite: Ergebnis

Weiß: Ableitungen aus 10 + — 14 Karten
Vorderseite: Aufgabe und Hilfsaufgabe
Rückseite: Ergebnis

Weiß: restliche Aufgaben — 12 Karten
Vorderseite: Aufgabe und Zeile für die individuelle
            Hilfsaufgabe
Rückseite: Ergebnis

Gesamt: **48 Karten**

Übersicht „1+1"-Karten

LM 2
108

| Material PIK | Haus 3 | 1+1 richtig üben |

1 + 1	2 + 2
3 + 3	4 + 4
5 + 5	

Cornelsen
Kartensatz I
Verdopplungsaufgaben – Vorderseite

AB 1a
109

Material PIK — Haus 3 — 1+1 richtig üben

2	1
4	**2**
Kartensatz I/Verdopplung	Kartensatz I/Verdopplung
4	3
8	**6**
Kartensatz I/Verdopplung	Kartensatz I/Verdopplung
	5
	10
	Kartensatz I/Verdopplung

© 2012 Cornelsen Schulverlage GmbH, Berlin. Alle Rechte vorbehalten.

Cornelsen Kartensatz I
Verdopplungsaufgaben – Rückseite

AB 1b
110

$1 + \_ = 10$	$2 + \_ = 10$
$3 + \_ = 10$	$4 + \_ = 10$
$5 + \_ = 10$	$6 + \_ = 10$
$7 + \_ = 10$	$8 + \_ = 10$
$9 + \_ = 10$	

2	1
2 + **8** = 10	1 + **9** = 10
Kartensatz I/Zerlegung 10	Kartensatz I/Zerlegung 10
4	3
4 + **6** = 10	3 + **7** = 10
Kartensatz I/Zerlegung 10	Kartensatz I/Zerlegung 10
6	5
6 + **4** = 10	5 + **5** = 10
Kartensatz I/Zerlegung 10	Kartensatz I/Zerlegung 10
8	7
8 + **2** = 10	7 + **3** = 10
Kartensatz I/Zerlegung 10	Kartensatz I/Zerlegung 10
	9
	9 + **1** = 10
	Kartensatz I/Zerlegung 10

Kartensatz I
Zerlegung 10 – Rückseite

AB 2b

Material PIK · Haus 3 · 1+1 richtig üben

| 2 + 1 | 3 + 1 |
| 1 + 2 | 1 + 3 |

| 4 + 1 | 5 + 1 |
| 1 + 4 | 1 + 5 |

| 6 + 1 | 7 + 1 |
| 1 + 6 | 1 + 7 |

| 8 + 1 | 3 + 2 |
| 1 + 8 | 2 + 3 |

Cornelsen — Kartensatz I — Restliche Aufgaben – Vorderseite 1

AB 3a

Material PIK Haus 3 1+1 richtig üben

2	1
4	**3**
Kartensatz I/restliche Aufgaben	Kartensatz I/restliche Aufgaben
4	3
6	**5**
Kartensatz I/restliche Aufgaben	Kartensatz I/restliche Aufgaben
6	5
8	**7**
Kartensatz I/restliche Aufgaben	Kartensatz I/restliche Aufgaben
8	7
5	**9**
Kartensatz I/restliche Aufgaben	Kartensatz I/restliche Aufgaben

© 2012 Cornelsen Schulverlage GmbH, Berlin. Alle Rechte vorbehalten.

Cornelsen Kartensatz I
Restliche Aufgaben – Rückseite 1

AB 3b

4 + 2 2 + 4	5 + 2 2 + 5
6 + 2 2 + 6	7 + 2 2 + 7
4 + 3 3 + 4	5 + 3 3 + 5
6 + 3 3 + 6	5 + 4 4 + 5

| Material PIK | Haus 3 | 1+1 richtig üben |

10	9
7	**6**
Kartensatz I/restliche Aufgaben	Kartensatz I/restliche Aufgaben

12	11
9	**8**
Kartensatz I/restliche Aufgaben	Kartensatz I/restliche Aufgaben

14	13
8	**7**
Kartensatz I/restliche Aufgaben	Kartensatz I/restliche Aufgaben

16	15
9	**9**
Kartensatz I/restliche Aufgaben	Kartensatz I/restliche Aufgaben

© 2012 Cornelsen Schulverlage GmbH, Berlin. Alle Rechte vorbehalten.

Cornelsen Kartensatz I
Restliche Aufgaben – Rückseite 2

AB 4b

HAUS 4: Sprachförderung im Mathematikunterricht

Es ist eine der Aufgaben der Grundschule, die Sprachfähigkeit der Schülerinnen und Schüler so weit zu fördern, dass sich erfolgreiches Lernen in den weiterführenden Schulen anschließen kann. Sprachförderung muss auch im Mathematikunterricht stattfinden. In diesem Haus wird einerseits Hintergrundwissen dazu angeboten, andererseits werden Möglichkeiten der Förderung in den Bereichen Sprachproduktion und Sprachrezeption im Mathematikunterricht vorgestellt.

Orientierung an der Hundertertafel

Darum geht es – Basisinfos

Die Erforschung der Struktur der Hundertertafel und entsprechende Orientierungsübungen an dieser Zahlentafel gehören zum unverzichtbaren Inhalt im zweiten Schuljahr, wenn es um den Ausbau von Zahlvorstellungen im erweiterten Zahlenraum geht. Die Hundertertafel als ein didaktisches Material, das auf symbolischer Ebene insbesondere die Analogie der Zahlbildung im dekadischen System veranschaulicht, wird in jedem Schulbuch ausführlich thematisiert.

Schuljahr 2

Lehrplan-Bezug
Inhaltsbezogene Kompetenzen
Zahlen und Operationen – Schwerpunkt: Zahlvorstellungen

Die Erarbeitung des Aufbaus der Hundertertafel und das Verständnis von Aufgabenstellungen zur Orientierung verlangen ein umfangreiches Repertoire an Fachbegriffen:

- zur Angabe von Positionen einzelner Zahlen in der Hundertertafel die **Nomen** *Zeile*, *Spalte* und *Diagonale* sowie die **Ordnungszahlen** *erste* bis *zehnte*
- zur Angabe der räumlichen Beziehung zwischen Zahlen auf der Hundertertafel **präpositionale Ausdrücke** wie *links von, rechts von, zwischen, nebeneinander, untereinander, über* und *unter*
- zur Angabe des Aufbaus von Zahlen **Begriffe für die Stellenwerte:** *Zehner, (glatte) Zehnerzahl, Einer, Einerzahl,* ggf. auch *an der Einer-(Zehner)stelle*
- zur Angabe von Zahlbeziehungen **relationale Ausdrücke:** *um 1 (10, 11, 9) größer/kleiner*

Prozessbezogene Kompetenzen
Kommunizieren: Verwendung fachbezogener Begriffe

In der Regel fällt es Kindern leicht, den Aufbau der Hundertertafel zu erkennen und die erkannte Struktur für das Einsetzen fehlender Zahlen zu nutzen. Schwierigkeiten treten bei einigen Kindern vor allem dann auf, wenn sie erkannte Strukturen versprachlichen wollen (sollen) und wenn sie erklären sollen, woran sie erkannt haben, dass die eingesetzten Zahlen wirklich genau an die entsprechenden Stellen gehören. Bei jeder Einführung von Fachbegriffen ist der Ausgangspunkt die Versprachlichung der Kinder in der Alltagssprache. Die Kinder sagen z.B.: „Die Zahlen haben hinten alle eine 3." Hier kann die Lehrkraft ansetzen und erläutern, dass es für *hinten* ein Mathe-Wort gibt: *an der Einerstelle*. Nur mit dieser Anknüpfung kann Sinnstiftung und Transparenz für die Einführung und das Einschleifen von Fachbegriffen gegeben werden.

Für die Einführung von Fachbegriffen gilt ganz allgemein:

- Kindgerechte Bezeichnung für **Fachbegriffe: Mathe-Wörter**
- Transparenz geben über Notwendigkeit der Einführung von Fachbegriffen
- Begriffe laut und deutlich vorsprechen
- Begriffe durch Gestik veranschaulichen
- Kinder die Bewegungen nachmachen lassen
- Begriffe mit Artikel notieren
- Begriffe erläutern/definieren
- Zusätzliche Veranschaulichung anbieten (z. B. markieren, einfärben)
- Begriffe in einen Satz einbetten (lassen)
- Neue Begriffe auf Plakat(en) festhalten (Wortspeicher, Wortplakat)
- Mindestens drei Beispiele für den Begriff finden (zeigen) lassen, um generelle Gültigkeit zu verdeutlichen (z. B. mehrere Zeilen zeigen lassen, nicht nur die erste; mehrere Diagonalen, nicht nur die, die von Ecke zu Ecke verlaufen)
- Ggf. Parallelen bzw. Kontrast zu alltagssprachlicher Bedeutung thematisieren (*Zeile* im Heft, *Spalte* in einem Gletscher)

Fachbegriffe einführen

Im Unterricht sollte für die Einführung und Sicherung der benötigten Fachbegriffe genügend Zeit eingeräumt werden, zumal es sich um ein grundlegendes sprachliches Repertoire für die Orientierungsübungen in allen Zahlenräumen und in den verschiedensten Zahlentafeln handelt.

Literaturhinweise

KUCHARZ, Diemut (2011): Sprachförderung im Unterrichtsalltag. In: Die Grundschulzeitschrift, Heft 242/243.

LEISEN, Josef (2010): Handbuch Sprachförderung im Fach – Sprachsensibler Fachunterricht in der Praxis. Bonn: Varus Verlag.

LÖRCHER, Gustav Adolf (2000): Mathe mit Migrantenkindern. PH Freiburg, Skript.

MAIER, Hermann/SCHWEIGER, Fritz (1999): Mathematik und Sprache. Wien: öbv und hpt Verlagsgesellschaft.

SCHÜTTE, Marcus (2009): Sprache und Interaktion im Mathematikunterricht der Grundschule. Münster: Waxmann.

VERBOOM, Lilo (2008): Mit dem Rhombus nach Rom – Aufbau einer fachgebundenen Sprache im Mathematikunterricht der Grundschule. In: Bainski, Christiane/Krüger-Potratz, Marianne (Hg.): Handbuch Sprachförderung. Essen: Neue Deutsche Verlagsgesellschaft mbH, S. 95–112.

VOLLMER, Helmut Johannes/THÜRMANN, Eike (2009): Zur Sprachlichkeit des Fachlernens: Modellierung eines Referenzrahmens für Deutsch als Zweitsprache. In: Ahrenholz, Bernt (Hg.): Fachunterricht und Deutsch als Zweitsprache. Tübingen: Narr Verlag.

Weitere Infos

PIK AS-Website

Sprachförderung im Mathematikunterricht

Haus 4 – Informationsmaterial – Informationstexte – „Mathematiklernen im Gespräch – Kooperationsformen zwischen Schülerinnen und Schülern"
pikas.tu-dortmund.de/037

Haus 4 – Informationsmaterial – Informationsvideos
pikas.tu-dortmund.de/028

Unterrichtsmaterial

Vorstellung des Materialangebots

Das vorliegende sprachliche Fördermaterial zum Aufbau und zur Festigung der genannten Fachbegriffe besteht aus fünf Teilen:
1. Standortbestimmungen zu Beginn und zum Ende der sprachlichen Fördereinheit zur Hundertertafel (Standortbestimmungen 1 bis 3)
2. Aufbau der grundlegenden Begriffe und Einschleif-Übungen (Arbeitsblätter 1 bis 8b)
3. Vertiefende Übungen zur sicheren Verwendung dieser Begriffe (Arbeitsblätter 9a bis 13c)
4. Übungsspiele (Arbeitsblätter 14 bis 18)
5. Plakate mit Fachbegriffen zur Veranschaulichung (Plakate 1 bis 8c)

So kann es gehen

Da davon auszugehen ist, dass sich jede Lehrkraft bei der Behandlung der Hundertertafel an den inhaltlichen Vorgaben und Aufgabenstellungen des eingeführten Lehrwerks orientieren wird, ist das vorliegende Material als Zusatzmaterial konzipiert, d. h., es spiegelt keine konkrete Unterrichtsreihe wider. Die Arbeitsblätter können – immer jeweils im Anschluss an die gemeinsame Erarbeitung der entsprechenden fachlichen Sachverhalte – zusätzlich zur individuellen sprachlichen Unterstützung einzelner Kinder eingesetzt werden oder auch in Lerngruppen mit einem hohen Anteil von spracharmen Kindern bzw. von Kindern mit nichtdeutscher Herkunftssprache. Natürlich wird mit den Übungsangeboten neben den sprachlichen Zielen immer auch eine Vertiefung und Sicherung des fachlichen Inhalts erreicht. Die Arbeitsblätter stellen z. T. hohe Anforderungen an die Lesekompetenz der Kinder. Hier wird die Lehrkraft vorbereitende Hilfen geben und schwierige Wörter vor der Bearbeitung klären und sichern. Da sich die zu übenden Fachbegriffe und Ausdrücke jedoch ständig wiederholen, erlesen sich die Kinder diese im Laufe der Zeit immer sicherer.

Keinesfalls müssen alle Arbeitsblätter und Spiele zum Einsatz kommen. Die Lehrkraft wird selbst entscheiden, welche Materialien für welche Kinder zu welchem Zeitpunkt notwendig bzw. hilfreich sind. Insbesondere die vertiefenden Übungen (Arbeitsblätter 9a bis 13c) machen exemplarisch deutlich, welche Vielfalt an Übungsformen zur sprachlichen Förderung im Mathematikunterricht zum Einsatz kommen kann. Die Lehrperson sollte regelmäßig die Arbeitsblätter der Kinder kontrollieren: Sind die eingeführten Redemittel korrekt und auch rechtschreiblich richtig verwendet worden? Falls nötig sollten die Kinder zu Korrekturen angehalten werden. Bei der Bearbeitung der Arbeitsblätter können die Schülerinnen und Schüler fachlich unterschiedlich herausgefordert werden: Leistungsschwächere Kinder können bei der Bearbeitung der Aufgabenstellungen jeweils auf der Hundertertafel nachschauen; Kinder, die die Hundertertafel bereits verinnerlicht haben, orientieren sich daran lediglich in der Vorstellung.

Im Folgenden soll das Fördermaterial beschrieben werden

1. Standortbestimmungen

Standortbestimmungen 1–3

Standortbestimmung 1: (s. H4-UM: pikas.tu-dortmund.de/038)
Einsatz: Nach einer ersten Einführung der Hundertertafel im Klassenverband.
Einzelne Fachbegriffe wie „Zeile" oder „Spalte" wurden im Unterrichtsgespräch möglicherweise schon spontan von einzelnen Kindern oder auch von der Lehrkraft verwendet, aber noch nicht gesichert. Die Schülerinnen und Schüler werden aufgefordert zu notieren, was man alles an der Hundertertafel entdecken kann. Es muss verdeutlicht werden, dass es sich hierbei um erste Entdeckungen und keineswegs um die Wiedergabe eines gesicherten Wissens auf der Grundlage des einführenden Unterrichtsgesprächs handelt.
Ziel: Diagnostizieren: Was haben die Kinder von der Erarbeitung verstanden/behalten? Welche Regelmäßigkeiten nehmen die Kinder wahr? Wie drücken sie diese aus? Welche Fachbegriffe verwenden sie bereits? Welche Fachbegriffe müssen eingeführt/geklärt/in den Blick der Kinder gerückt werden?

Standortbestimmung 2: (s. H4-UM: pikas.tu-dortmund.de/039)
Einsatz: Zum Ende der Fördereinheit.
Die Schülerinnen und Schüler werden aufgefordert aufzuschreiben, was sie über die Zahlen in der Hundertertafel gelernt haben. Es wird darauf hingewiesen, dass sie viele neue Mathe-Wörter kennengelernt haben. Diese sollen sie möglichst verwenden.
Ziel: Diagnostizieren: Welche Fachbegriffe bzw. fachbezogenen Ausdrücke haben die Kinder behalten? Verwenden sie diese korrekt?

Standortbestimmung 3: (s. H4-UM: pikas.tu-dortmund.de/040)
Einsatz: Zum Ende der Fördereinheit.
Diese Standortbestimmung ist für leistungsstarke Schülerinnen und Schüler gedacht. Die Zahlen in der Hundertertafel sind anders angeordnet. Ein Transfer des erworbenen fachlichen und sprachlichen Wissens wird ermöglicht.
Ziel: Diagnostizieren: Erkennen die Kinder die veränderte Struktur? Können sie die erarbeiteten Fachbegriffe auf den veränderten Kontext übertragen?

2. Aufbau der grundlegenden Begriffe und Einschleif-Übungen

Einschleif-Übungen AB 1–8b

Arbeitsblatt 1: Einführung wichtiger Begriffe
(s. H4-UM: pikas.tu-dortmund.de/041)
→ *Zeile/Spalte/Diagonale; verläuft; von links nach rechts; von oben nach unten; von links oben nach rechts unten; von rechts oben nach links unten*
Einsatz: Nach dem ersten Unterrichtsgespräch zur Hundertertafel.
Vorübung: Die Begriffe werden anhand der Plakate 1 bis 4 (s. H4-UM: pikas.tu-dortmund.de/042) erarbeitet. Wichtig ist, die jeweiligen Begriffe durch entsprechende Bewegungen zu begleiten. Sowohl die Lehrkraft als auch die Kinder sollten dies immer wieder tun. Zur Sicherung kann die Lehrperson (oder ein Kind) die Begriffe nennen und die (anderen) Kinder machen die passende Bewegung dazu. Oder: Die Bewegung wird vorgemacht und die Kinder versprachlichen das Gemeinte. Die Lehrperson

zeigt z.B. von links nach rechts; Versprachlichung: „die Zeile"; später auch: „Die Zeile verläuft (geht) von links nach rechts."
Nach diesen ausgiebigen Vorübungen vervollständigen die Kinder die Sätze auf dem Arbeitsblatt.
Ziel: Sicherung des richtigen Verständnisses der Begriffe. Geläufige Verwendung der Begriffe im begrenzten Kontext.

Arbeitsblatt 2: Untersuchung der Spalten (s. S. 128)
Arbeitsblatt 3: Untersuchung der Zeilen (s. S. 129)
→ *Ordnungszahlen; in der 3. Zeile/Spalte; letzte Zahl; Zehner/Einer*
Einsatz: Im Anschluss an die Untersuchung: „Was fällt dir bei den Zahlen in einer Zeile/in einer Spalte auf?"
Häufig unterläuft Kindern der Irrtum, dass sie meinen, die Ordnungszahl einer Zeile gäbe auch den entsprechenden Zehner der Zahlen in dieser Zeile an: „Die Zahl **4**8 steht in der **vierten** Zeile". Es bedarf oftmals ausgiebiger „Such-Übungen" bis die Kinder erkennen, dass eine solche Aussage nur für die letzte Zahl in einer Zeile zutrifft. Ansonsten gilt: Bei den ersten neun Zahlen (also bei fast allen Zahlen) in einer Zeile ist der Zehner um 1 kleiner als die entsprechende Ordnungszahl der Zeile. Die **4**8 muss also in der **fünften** Zeile stehen. Arbeitsblatt 2 thematisiert diesen Sachverhalt in besonderer Weise. Kinder verwechseln zu Beginn häufig die Begriffe *Zeile* und *Spalte*. Bei der Konzipierung der beiden Arbeitsblätter wurde deshalb besonderer Wert auf die Hervorhebung der jeweiligen Richtung gelegt.
Ziele: Sicherung der Fachbegriffe; Vergleich der Ordnungszahlen von Zeilen und Spalten mit den Zehnern/Einern der Zahlen in den entsprechenden Zeilen oder Spalten.

Arbeitsblatt 4: Ordnungszahlen; Eigenschaften der Zahlen in den Spalten und Zeilen (s. S. 130)
→ *in der dritten Spalte/Zeile; Einer/Zehner; Zahlen mit 3 Einern/Zehnern; immer/fast immer; alle/fast alle*
Einsatz: Im Anschluss an die Untersuchung: „Was fällt dir bei den Zahlen in einer Zeile/in einer Spalte auf?"
Zusatzübung zu den Arbeitsblättern 2 und 3.
Ziele: Sicherung der Erkenntnisse aus den Arbeitsblättern 2 und 3. Heranführen an generalisierende Ausdrucksweise der Fachsprache (*immer, fast immer, alle, fast alle*). Sicherung der Redemittel und Satzmuster durch Abschreiben und durch eigenes Formulieren weiterer passender Aussagen.

Arbeitsblatt 5a/b: Zuordnungsübung: Zeile-Spalte
5a (s. S. 131); 5b (s. H4-UM: pikas.tu-dortmund.de/043)
Einsatz: Nach den ersten Orientierungsübungen an der Hundertertafel.
Diese Zuordnungsübung kann mit dem Partner oder auch in der Gruppe durchgeführt werden. Am günstigsten sind Kleingruppen mit je drei Kindern, weil dann jedes Kind jeweils immer einen Satzteil vorlesen und zuordnen kann. Wenn die Kinder die drei passenden Satzteile einander zugeordnet haben, sollten sie den ganzen Satz noch einmal laut vorlesen, damit sich das Satzmuster über das Hörgedächtnis einschleift. Leseschwächere Kinder können – zunächst – die Zuordnungsübung mit dem Material auf Arbeitsblatt 5a durchführen, da sie hierbei nicht mühsam die Zahlwörter erlesen müssen. Es ist allerdings sinnvoll, wenn sie zu einem

späteren Zeitpunkt auch Arbeitsblatt 5b bearbeiten. Wenn die Kinder die Satzteil-Streifen geordnet hingelegt haben, können sie zur Vertiefung spielerisch weiterüben: Ein Kind vertauscht (entfernt) verschiedene Satzteilstreifen. Die anderen Kinder müssen die „Fehler" finden und korrigieren.
Ziel: Einschleifen eines Satzmusters („Die ... steht in der ...".); dabei richtige Verwendung des Artikels im Dativ. Erlesen der Ordnungszahlen (Zahlwörter).

Arbeitsblatt 6: Rätsel zur Position einer Zahl in einer Zeile (s. S. 132)
Einsatz: Nach den ersten Orientierungsübungen an der Hundertertafel. Bei dieser Übung handelt es sich um eine schriftliche Partnerübung: Ein Kind formuliert eine Frage nach dem vorgegebenen Muster. Das Partnerkind schreibt den passenden Antwortsatz dazu. Hierbei muss die Wortstellung verändert werden: Das Subjekt rückt an den Satzanfang. Vorbereitend sollte die Lehrperson entsprechende Rätsel-Fragen zuvor mündlich im Klassenverband stellen. Für Kinder mit sprachlichen Schwierigkeiten kann dazu das Frage- und Antwort-Muster visualisiert werden. Im Anschluss an die Verschriftlichung können entsprechende Übungen auch noch einmal mündlich mit dem Partner oder im Klassenverband durchgeführt werden.
Ziel: Einschleifen eines Satzmusters („Die ... steht in der ...".); dabei richtige Verwendung des Artikels im Dativ. Einschleifen des Fragemusters „Welche Zahl ..."

Arbeitsblatt 7a/b: Wo stehen die Zahlen in der Hundertertafel?
7a (s. S. 133); 7b (s. H4-UM: pikas.tu-dortmund.de/044)
Arbeitsblatt 8a/b: Räumliche Beziehungen zwischen Zahlen in der Hundertertafel
8a (s. S. 134); 8b (s. H4-UM: pikas.tu-dortmund.de/045)
→ *links von/zwischen/rechts von; über/unter*
Einsatz: Nach den ersten Orientierungsübungen.
Sollten Kinder Schwierigkeiten haben, die Präpositionen richtig zu verwenden, können diese auch zusätzlich in anderen (nichtmathematischen) Kontexten veranschaulicht und eingeübt werden: In ein 3×3-Feld werden 9 Objekte gelegt. „Die Tasse liegt rechts vom Teller." Schwieriger dürfte das Verständnis der Begriffe *unter* und *über* sein. Die Kinder müssen verstehen, dass es sich um Positionen in einem zweidimensionalen Feld (und nicht im dreidimensionalen Raum) handelt. Leistungsschwächere Kinder tragen zunächst die fehlenden Zahlen auf den Arbeitsblättern ein. Leistungsstärkere Kinder stellen sich diese nur vor. Sprachlich sind die a-Versionen leichter zu verstehen, insbesondere, wenn die Kinder die fehlenden Zahlen vorher nicht eingetragen haben.
Ziel: Sicherung der entsprechenden lokalen Präpositionen. Einschleifen der Redemittel: „Die Zahl ... steht rechts von (zwischen, ...) der Zahl ..."

3. Vertiefende Übungen

Vertiefende Übungen AB 9a–13c

Arbeitsblatt 9a/b: Fehlersuche (s. S. 135/136)
Einsatz: Nach der Erarbeitung der Struktur der Hundertertafel; im Anschluss an ausgiebige Orientierungsübungen.
Die beiden Arbeitsblätter sind unterschiedlich schwierig: Auf dem Arbeitsblatt 9a sollen die Kinder lediglich die bereits markierten fehlerhaften Fachbegriffe durch die richtigen Begriffe ersetzen. Dabei können sie aus dem Angebot der richtigen Begriffe auswählen. Auf dem Arbeitsblatt 9b müssen die Kinder die Fehler und die korrekten Begriffe selbst finden. (Manche Kinder korrigieren allerdings auch das Zahlenmaterial entsprechend.) Die „Fehlersuche" ist eine sehr beliebte Übungsform.
Ziel: Überprüfung/ Sicherung des Verständnisses der eingeführten Begriffe, Förderung des Leseverstehens.

Arbeitsblatt 10: Dem vorgegebenen Zahlenmaterial die passenden Aussagen zuordnen (s. S. 137)
Einsatz: Nach der Erarbeitung der Struktur der Hundertertafel.
Leistungsstärkere Kinder sollten die Übung ohne Zuhilfenahme der Hundertertafel lösen, leistungsschwächere Kinder dürfen diese natürlich nutzen.
Ziel: Schulung des Leseverstehens; Sicherung des Sprachmaterials durch Abschreiben

Arbeitsblatt 11: Lückentext (s. S. 138)
Einsatz: Nach der Erarbeitung der Struktur der Hundertertafel; im Anschluss an ausgiebige Orientierungsübungen.
In den Lückentext sind die richtigen Zahlen und Begriffe einzufügen. Die angesprochenen Sachverhalte sollten zuvor gründlich mit den Kindern erarbeitet und versprachlicht worden sein. Die gemeinsame Erarbeitung mit einem Partnerkind unterstützt das genaue Lesen des umfangreichen Textes und fördert das Begründen von Lösungsvorschlägen und das reflektierte Verwenden des Fachwortschatzes.
Ziel: Überprüfung/Sicherung des Verständnisses der eingeführten Begriffe sowie der erarbeiteten fachlichen Sachverhalte. Förderung des Leseverstehens.

Arbeitsblatt 12a/b: Zuordnen von Begriffspaaren
12a (s. S. 139); 12b (s. H4-UM: pikas.tu-dortmund.de/046)
Einsatz: Zum Ende der Unterrichtsreihe zur Hundertertafel.
Das Erkennen zusammengehöriger Wortfeld-Paare ermöglicht den Kindern die erworbenen sprachlichen Begriffe zu kategorisieren. Damit wird eine Ordnung innerhalb der vielfältigen erarbeiteten Redemittel erkennbar. Die Kinder sollen nach der Identifizierung der Begriffspaare passende Aussagen zur Hundertertafel formulieren. Die vorgegebenen Begriffe dienen als Anregung. Es hat sich gezeigt, dass es den Kindern einfacher fällt lediglich mit den isolierten Fachbegriffen eigene Sätze zu bilden (AB 12a), als vorgegebene Ausdrücke oder Satzteile zu verwenden (AB 12b).
Ziel: Erkennen begrifflicher Kategorien; bewusstes Nutzen der eingeführten Fachbegriffe bei der Formulierung von Aussagen zur Hundertertafel.

Arbeitsblatt 13a–c: Zuordnungsübung: Aussagen – Zahlentripel
(s. S. 140–142)
Einsatz: Am Ende der Unterrichtsreihe zur Hundertertafel.
Dies ist eine anspruchsvolle Übung. Vorbereitend können sprachlich und fachlich leistungsschwächere Kinder (zunächst) die Arbeitsblätter 13a oder 13b bearbeiten. Bei der Bearbeitung von 13c ist es ratsam, dass die Kinder wirklich immer erst alle drei passenden Zahlen den Aussagen zuordnen, ehe sie die Zahlen einkleben oder eintragen. Das gemeinsame Gespräch während der Partnerarbeit über Lösungsmöglichkeiten unterstützt die aktive Verwendung der erworbenen Fachbegriffe.
Ziel: Überprüfung/Sicherung des Leseverstehens sowie der eingeführten Begriffe.

4. Übungsspiele

Spiele
AB 14a–18

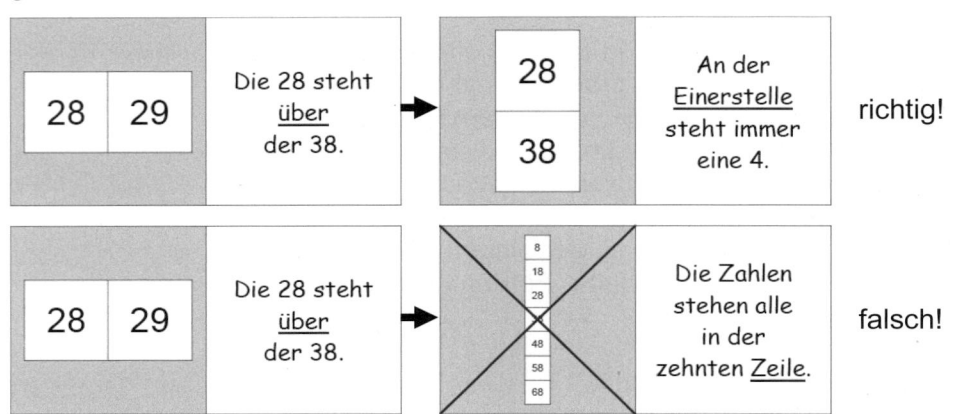

Arbeitsblatt 14a–e: DOMINO-Spiel (s. S. 143–147)
Einsatz: Am Ende der Unterrichtsreihe zur Hundertertafel.
Auf den Domino-Karten sind Aussagen formuliert, die sich auf alle Aspekte des Themas „Hundertertafel" beziehen und den gesamten eingeführten Fachwortschatz umfassen. Das Spiel besteht aus 15 Karten und kann mit 2–3 Spielern durchgeführt werden. Es wird nach der bekannten Domino-Spielregel gespielt. Da es sich um ein „geschlossenes" Domino-Spiel handelt, kann jede Karte als Start verwendet werden. Vor dem eigentlichen Durchführen des Domino-Spiels sollten die Kinder allerdings zunächst einmal die Karten richtig einander zuordnen. Hierbei ist auf Folgendes zu achten:

Wichtig ist, dass die Aussagen auf den Karten immer laut und deutlich vorgelesen werden.
Ziel: Schulung des Lese- und Hörverstehens. Einschleifen der bekannten Fachbegriffe und fachsprachlichen Ausdrucksweisen.

Arbeitsblätter 15a–d/16a–b: LOTTO-Spiel (s. S. 148–153)
Einsatz: Zum Ende der Unterrichtseinheit.
Das Spiel besteht aus vier Spielvorlagen (Hundertertafeln), auf denen jeweils sechs Felder hervorgehoben sind, sowie aus zwei Ausschneidebögen mit Frage-Karten (Zahlenrätsel). Auf der PIK AS-Website unterscheiden sich die Spielvorlagen farblich, so können die Kinder bei mehrmaligen Spieldurchgängen schnell erkennen, welche Vorlage sie bereits verwendet haben (s. H4-UM: pikas.tu-dortmund.de/047). Das Spiel wird in Gruppen mit je fünf Spielern gespielt. Ein Kind, das gut lesen kann, ist Spielleiter und erhält den Stapel mit den Frage-Karten. Die vier anderen

Kinder erhalten je eine Spielvorlage und sechs Plättchen. Diese werden zunächst auf die sechs Piko-Felder unterhalb der Hundertertafel gelegt. Der Spielleiter liest eine Frage vor. Das Kind, auf dessen Spielvorlage die gesuchte Zahl markiert ist, nennt diese und belegt das Feld mit einem Plättchen. Besonders intensiv wird die sprachliche Übung, wenn die Antwort auf die Frage in einem ganzen Satz wiedergegeben wird: „Welche Zahl steht rechts von der 71?" – „Die 72 steht rechts von der 71." Gewonnen hat, wer als Erster seine sechs markierten Felder auf der Spielvorlage belegt hat.

Bei vier Spielern liegen die Fragen auf einem Stapel und können von den Kindern reihum vorgelesen werden.

Bei drei Spielern (und keinem Spielleiter) werden die Spielvorlage und die Fragekarten mit der Nummer 4 herausgenommen.

Bei zwei Spielern kann jeder Spieler zwei Spielvorlagen erhalten.

Ziel: Schulung des Lese- und Hörverstehens. Einschleifen der bekannten Fachbegriffe und fachsprachlichen Ausdrucksweisen.

Arbeitsblätter 17/18: Leerformate LOTTO-Spiel (s. H4-UM; LOTTO-Felder (leer): pikas.tu-dortmund.de/048 und LOTTO-Fragekarten (leer): pikas.tu-dortmund.de/049)

Einsatz: Wenn die Kinder das Spiel mehrmals durchgeführt haben, können sie selbst in Vierergruppen ein eigenes LOTTO-Spiel erstellen. Jedes Kind markiert auf einer der vier Hundertertafeln sechs Felder (AB 17), wobei es günstig ist, wenn jedes Kind andere Zahlen auswählt. Sodann formuliert jedes Kind zu „seinen" sechs Zahlen passende Fragen (AB 18). Nun kann das Spiel mit den eigenen Fragen durchgeführt werden. Im Spiel stellt sich heraus, ob die Fragen zu den markierten Feldern passend und auch eindeutig formuliert wurden.

Ziel: Eigenproduktion von „Fachtexten" zur Hundertertafel; Förderung der Sprachbewusstheit und Sprachgenauigkeit.

5. Plakate

Plakate 1–8c

Die im Folgenden aufgeführten Plakate können auf der PIK AS-Website heruntergeladen und farbig ausgedruckt werden (s. H4-UM: pikas.tu-dortmund.de/042).

Plakat 1: Hundertertafel mit den Fachbegriffen *Zeile, Spalte, Diagonale*

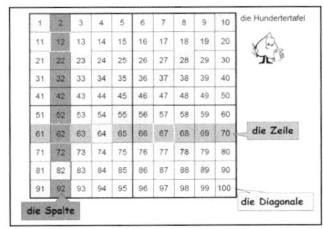

Plakat 2: Veranschaulichung der Fachbegriffe (einzeln): Zeile, Spalte; Diagonale

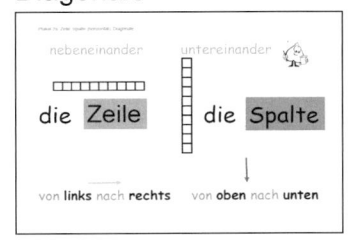

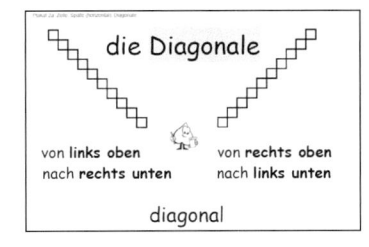

Plakate 3, 4: Veranschaulichung der Fachbegriffe für die räumlichen Beziehungen der Zahlen: *links von, rechts von, über, unter, zwischen*
Satzmuster: „Die ... steht über (unter, rechts/links neben) der ...", „Die ... steht zwischen der ... und der ..."

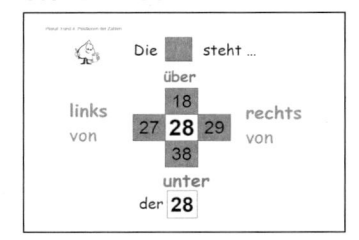

Plakat 5: Veranschaulichung der Fachbegriffe *Einerstelle, Zehnerstelle* sowie des Ausdrucks *an der Einerstelle (Zehnerstelle)*

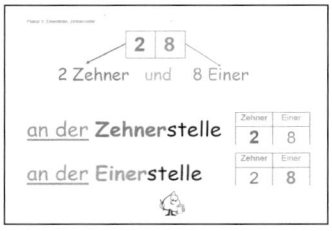

Plakat 6a, b:
6a: Ordnungszahlen als Ziffer und Wort; Hervorhebung des Suffixes *-te* sowie unregelmäßiger Wortbildungen (*dritte*)
6b: sprachliche Wendung *„in der ... Zeile (Spalte)"* mit Hervorhebung des veränderten Suffixes *-ten* (Ordnungszahl im Dativ)

1. erste	6. sechste
2. zweite	7. siebte
3. dritte	8. achte
4. vierte	9. neunte
5. fünfte	10. zehnte

in der	ersten	Zeile
in der	zweiten	Zeile
in der	dritten	Zeile
in der	vierten	Spalte
in der	fünften	Spalte

Plakat 7: Alle eingeführten Fachbegriffe als Glossar für die Kinder

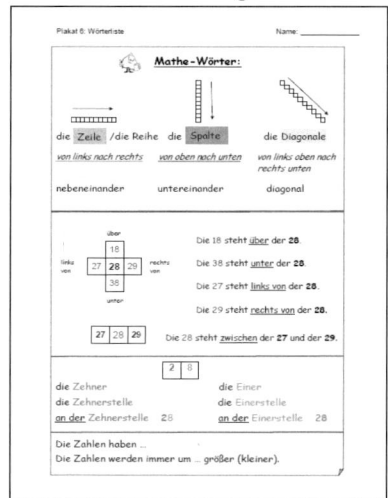

Einsatz: Die Plakate 1–6 sollten auf DIN-A3-Bögen kopiert und nach der jeweiligen Einführung der Fachbegriffe im Klassenraum für alle Kinder gut sichtbar ausgehängt werden. Sie dienen zur Orientierung für das selbstständige Formulieren von Aussagen zur Hundertertafel. Plakat 7 wird auf DIN-A4-Blättern ausgedruckt und jedem Kind ausgehändigt. So hat jedes Kind eine vollständige Wörterliste am Platz, an der es sich bei schriftlichen Eigenproduktionen orientieren kann.

Für einen lernfördernden Einsatz von Wortplakaten gilt ganz allgemein:
- Begriffe immer wieder vorlesen lassen
- Begriffe laut/leise (etc.) im Chor nachsprechen lassen
- Begriffe definieren lassen
- mit den Begriffen ganze Sätze bilden lassen
- Begriffe als Klassenwortschatz der Woche rechtschreiblich sichern
- Begriffe von den Kindern in ein „Glossar"-Heft eintragen lassen (ggf. mit Zeichnungen)
- konsequentes Verweisen auf die Begriffe in entsprechenden Situationen

Ziel: Visualisierung der erarbeiteten Begriffe; Heranführung an den Gebrauch von Wörterlisten.

Plakat 8a–c: PIKOs Tipp, wie man zweistellige Zahlen schreibt und spricht

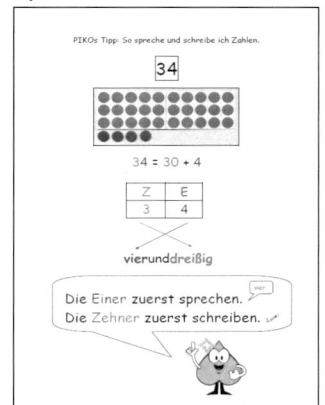

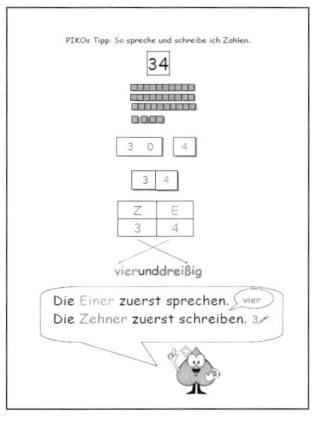

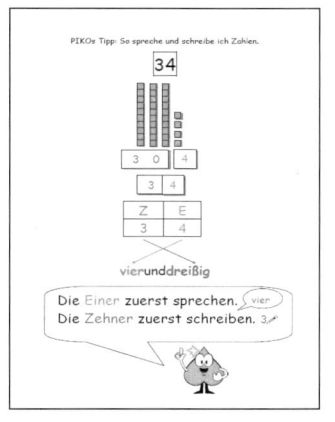

Einsatz: Bereits vor der Thematisierung der Hundertertafel, bei der Zahlenraumerweiterung. Oftmals haben Kinder Schwierigkeiten bei der Orientierung an der Hundertertafel, aber auch beim Verstehen und Versprachlichen von entdeckten Strukturen. Dieses kann gelegentlich auch daran liegen, dass die Kinder die Ziffern beim Sprechen oder Schreiben vertauschen („Zahlendreher"). Die Plakate 8a–c sollen die Sprech- und Schreibweise der zweistelligen Zahlen noch einmal verdeutlichen. Die Zahlen auf den drei Plakaten sind jeweils unterschiedlich dargestellt, abhängig vom jeweils verwendeten Material und dessen Nutzung.

Material PIK — Haus 4 — Orientierung an der Hundertertafel

Name:　　　　　　Klasse:　　　　　　Datum:

Hundertertafel: Untersuchung der Spalten

1. Spalte	2. Spalte	3. Spalte	4. Spalte						
1	2	3	4	5	6	7	8	9	10
11	12	13	14	15	16	17	18	19	20
21	22	23	24	25	26	27	28	29	30
31	32	33	34	35	36	37	38	39	40
41	42	43	44	45	46	47	48	49	50
51	52	53	54	55	56	57	58	59	60
61	62	63	64	65	66	67	68	69	70
71	72	73	74	75	76	77	78	79	80
81	82	83	84	85	86	87	88	89	90
91	92	93	94	95	96	97	98	99	100

1. Nummeriere die Spalten zu Ende.

2. Male die 3. Spalte, die 4. Spalte und die 10. Spalte blau aus.

3. Wie viele Einer haben die Zahlen in den Spalten?

　　a) Die Zahlen in der 3. Spalte haben alle ☐ Einer.

　　b) Die Zahlen in der 4. Spalte haben alle ☐ Einer.

　　c) Die Zahlen in der 10. Spalte haben alle ☐ Einer.

Cornelsen — Schüler-Material — Arbeitsblätter 1–8 — AB 2 — 128

Name: Klasse: Datum:

Hundertertafel: Untersuchung der Zeilen

1. Zeile	1	2	3	4	5	6	7	8	9	10
2. Zeile	11	12	13	14	15	16	17	18	19	20
3. Zeile	21	22	23	24	25	26	27	28	29	30
4. Zeile	31	32	33	34	35	36	37	38	39	40
_____	41	42	43	44	45	46	47	48	49	50
_____	51	52	53	54	55	56	57	58	59	60
_____	61	62	63	64	65	66	67	68	69	70
_____	71	72	73	74	75	76	77	78	79	80
_____	81	82	83	84	85	86	87	88	89	90
_____	91	92	93	94	95	96	97	98	99	100

1. Nummeriere die Zeilen zu Ende.

2. Male die weißen Felder in der 3. Zeile und in der 7. Zeile grün aus.

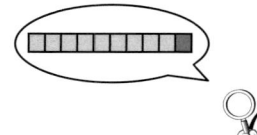

3. 👁 👁 Schau dir die Zahlen in der 3. Zeile genau an: Wie viele **Zehner** haben die Zahlen?
   a) Die Zahlen in den grünen Feldern haben alle ☐ **Zehner**.
   b) Die Zahl im grauen Feld hat ☐ **Zehner**.

4. 👁 👁 Schau dir die Zahlen in der 7. Zeile genau an:
   a) Die Zahlen in den grünen Feldern haben alle ☐ **Zehner**.
   b) Die Zahl im grauen Feld hat ☐ **Zehner**.

Material PIK   Haus 4   Orientierung an der Hundertertafel

Name: Klasse: Datum:

Untersuchung von Zeile und Spalte (allgemein)

Wo stehen welche Zahlen?

✏ Schreibe die Sätze zu Ende
und denke dir selbst noch passende Sätze aus.

In der **dritten Spalte** stehen immer nur Zahlen mit **3 Einern**.

In der **zehnten Spalte** stehen immer nur _____.

In der _____.

_____.

In der **sechsten Zeile** stehen fast immer nur Zahlen mit **5 Zehnern**.

In der **achten Zeile** _____.

_____.

_____.

Welche Zahlen stehen wo?

✏ Schreibe die Sätze zu Ende
und denke dir selbst noch passende Sätze aus.

Alle Zahlen mit **3 Einern** stehen in der **dritten Spalte**.

Alle Zahlen mit **0 Einern** stehen _____.

Alle Zahlen _____.

_____.

Fast alle Zahlen mit **5 Zehnern** stehen in der **sechsten Zeile**.

Fast alle Zahlen mit **8 Zehnern** stehen _____.

_____.

_____.

Schüler-Material
Arbeitsblätter 1–8

AB 4
130

Zuordnung Zeile/Spalte

Die 7 steht	in der 9. Zeile	und in der 10. Spalte.
Die 27 steht	in der 3. Zeile	und in der 9. Spalte.
Die 30 steht	in der 4. Zeile	und in der 4. Spalte.
Die 31 steht	in der 1. Zeile	und in der 5. Spalte.
Die 84 steht	in der 3. Zeile	und in der 1. Spalte.
Die 65 steht	in der 5. Zeile	und in der 7. Spalte.
Die 49 steht	in der 7. Zeile	und in der 7. Spalte.

Material PIK • Haus 4 • Orientierung an der Hundertertafel

Rätsel zu Zeilen in der Hundertertafel

Name des Erfinderkindes: _____

Name des Partnerkindes: _____

58

In welcher Zeile steht die 58?

Die 58 steht in der sechsten Zeile.

✏️ Schreibe selbst ein Rätsel auf wie PIKO.
Gib das Blatt deinem Partnerkind.

Dein Partnerkind schreibt die Antwort unter dein Rätsel.

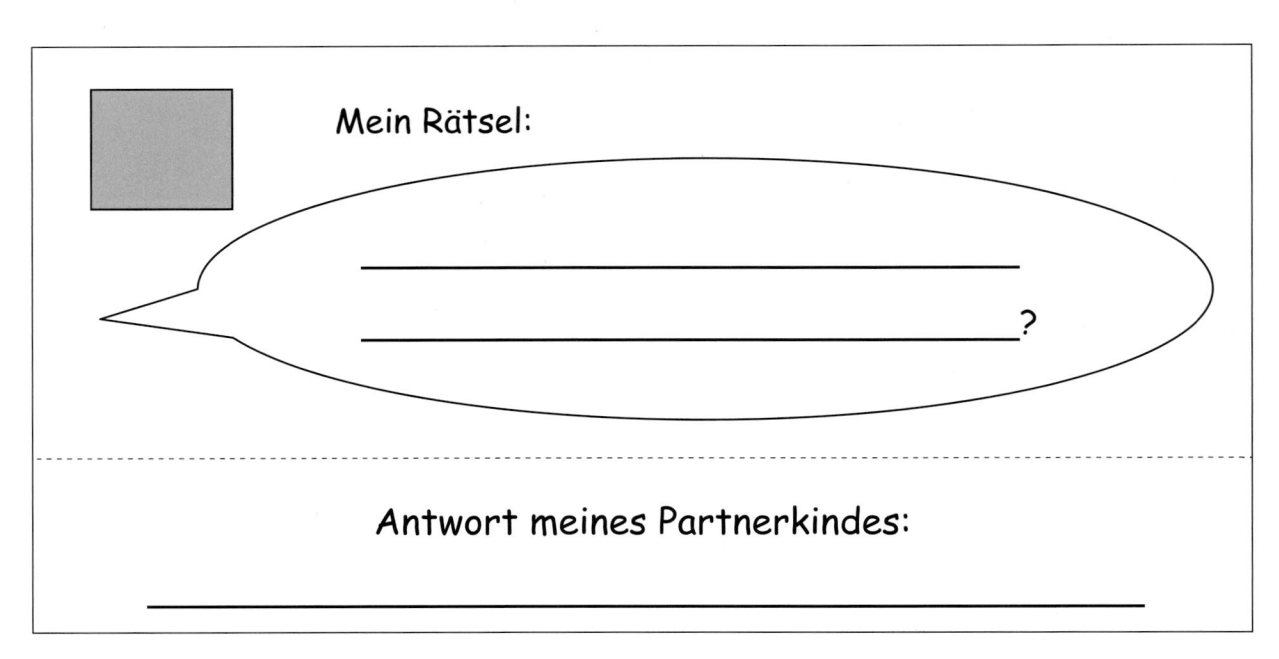

Mein Rätsel:

_____
_____ ?

Antwort meines Partnerkindes:
_____

AB 6

Material PIK Haus 4 Orientierung an der Hundertertafel

Name: Klasse: Datum:

Wo stehen die Zahlen in der Hundertertafel?

links von / zwischen / rechts von

Wichtige Mathe-Wörter!

Vervollständige die Sätze.

1. | 36 | 37 | Die **36** steht **links von** der ____.

2. | | 36 | Die **36** steht **rechts von** der ____.

3. | 35 | 36 | | Die **36** steht **zwischen** der **35** und der ____.

4. | 62 | | Die ____ steht _____ ____ der ____.

5. | | 62 | Die ____ steht _____ ____ der ____.

6. | | 62 | | Die 62 steht _____ der ____ und der ____.

7. | | 79 | _____.

Cornelsen
Schüler-Material
Arbeitsblätter 1–8

AB 7a*
133

Material PIK   Haus 4   Orientierung an der Hundertertafel

Name: Klasse: Datum:

Wo stehen die Zahlen in der Hundertertafel?

unter / über

✏️ Vervollständige die Sätze.

Wichtige Mathe-Wörter!

1. 26 / 36 / 46

   Die **36** steht **unter** der ____.

   Die **36** steht **über** der ____.

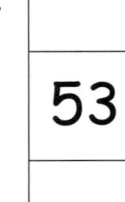

2. ☐ / 53 / ☐

   Die **53** steht _____ der ____.

   Die **53** _____ der ____.

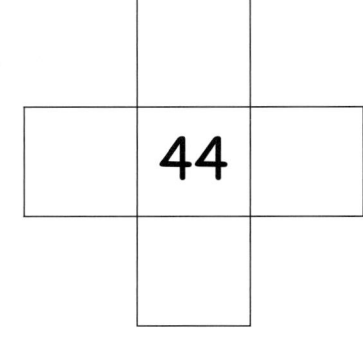

3. 44 (mit Feldern oben, unten, links, rechts)

   rechts von / links von
   unter / über

   Die **44** steht rechts von der ____.

   Die **44** steht _____.

   Die **44** _____.

   Die **44** _____.

Cornelsen   Schüler-Material   AB 8a*
Arbeitsblätter 1–8   134

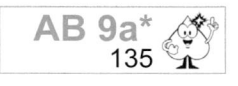

Material PIK | Haus 4 | Orientierung an der Hundertertafel

Name: Klasse: Datum:

Fehlersuche

Achtung! Hier haben sich **Fehler** eingeschlichen!
Streiche die falschen Wörter durch
und schreibe die **richtigen** Mathe-Wörter darüber.

unter
1) Die 47 steht ~~über~~ der 37.

2) Die Zahl 80 steht links von der Zahl 79.

3) Die Zahl 65 steht in der sechsten Zeile.

4) Die Zahlen 41, 42, 43, 44 stehen alle in der fünften Spalte.

5) Bei den Zahlen in einer Spalte sind immer alle Zehner gleich.

6) Die Zahlen 41, 42, 43, 44, 45 haben alle 4 Einer.

7) Die Zahl 30 steht in der vierten Zeile.

8) Alle Zahlen in der fünften Spalte haben 5 Zehner.

| Einer | Einer | Zehner | rechts |
| Zeile | siebten | dritten | ~~unter~~ |

Schüler-Material
Arbeitsblätter 9–13

AB 9a*
135

Material PIK   Haus 4   Orientierung an der Hundertertafel

Name: Klasse: Datum:

Fehlersuche

👀 Achtung! Hier haben sich **5 Fehler** eingeschlichen!
Streiche die falschen Wörter durch und
schreibe die richtigen Wörter darüber.

ü......
1) Die 28 steht ~~unter~~ der 38.

2) Die 36 steht zwischen der 35 und der 37.

3) Die Zahlen 34, 35, 36, 37 stehen alle in der vierten Spalte.

4) Die Zahlen 15, 25, 35, 45 werden immer um 10 größer.

5) Die Zahlen 18, 28, 38, 48 haben alle 8 Zehner.

6) Die Zahl 65 steht in der sechsten Zeile.

7) Bei den Zahlen in einer Spalte sind immer alle Zehner gleich.

8) In der zehnten Spalte stehen nur glatte Zehnerzahlen.

Material PIK | Haus 4 | Orientierung an der Hundertertafel

Name: Klasse: Datum:

Zuordnung: Was passt zu den Zahlen?

Suche die Zahlen **31, 32, 33, 34, 35** auf der Hundertertafel.

Nur drei Sätze passen zu diesen Zahlen.
Schreibe die drei **richtigen** Sätze auf.

- Die Zahlen stehen in derselben Spalte.
- Die Zahlen haben alle 3 Zehner.
- Die Zahlen stehen nebeneinander.
- Die Zahlen werden immer um 1 größer.

_____
_____
_____

Suche die Zahlen **32, 42, 52, 62, 72** auf der Hundertertafel.

Nur drei Sätze passen zu diesen Zahlen.
Schreibe die drei **richtigen** Sätze auf.

- Die Zahlen stehen in derselben Spalte.
- Die Zahlen haben alle 2 Einer.
- Die Zahlen stehen nebeneinander.
- Die Zahlen werden immer um 10 größer.

_____
_____
_____

Cornelsen
Schüler-Material
Arbeitsblätter 9–13

AB 10
137

Material PIK Haus 4 Orientierung an der Hundertertafel

Name: Klasse: Datum:

Lückentext

PIKOs Entdeckungen
an der Hundertertafel

1	2	3	4	5	6	7	8	9	10
11	12	13	14	15	16	17	18	19	20
21	22	23	24	25	26	27	28	29	30
31	32	33	34	35	36	37	38	39	40
41	42	43	44	45	46	47	48	49	50
51	52	53	54	55	56	57	58	59	60
61	62	63	64	65	66	67	68	69	70
71	72	73	74	75	76	77	78	79	80
81	82	83	84	85	86	87	88	89	90
91	92	93	94	95	96	97	98	99	100

In der Hundertertafel stehen alle Zahlen von 1 bis ☐.

Alle Zahlen **in der 5. Spalte** haben ☐ Einer.

In einer **Spalte** werden die Zahlen immer um ☐ größer.

In einer **Zeile** werden die Zahlen immer um ☐ größer.

In der letzten _____ stehen nur glatte Zehnerzahlen.

Bei 9 Zahlen in einer **Zeile** sind die _____ gleich.

Bei den Zahlen in einer **Spalte** sind alle _____ gleich.

In einer Zeile stehen alle Zahlen _____.

Fülle die Lücken aus.

1   5   10   100   Zehner   Einer   nebeneinander   Spalte

AB 11
138

Material PIK — Haus 4 — Orientierung an der Hundertertafel

Name: Klasse: Datum:

Mathe-Wörter-Paare

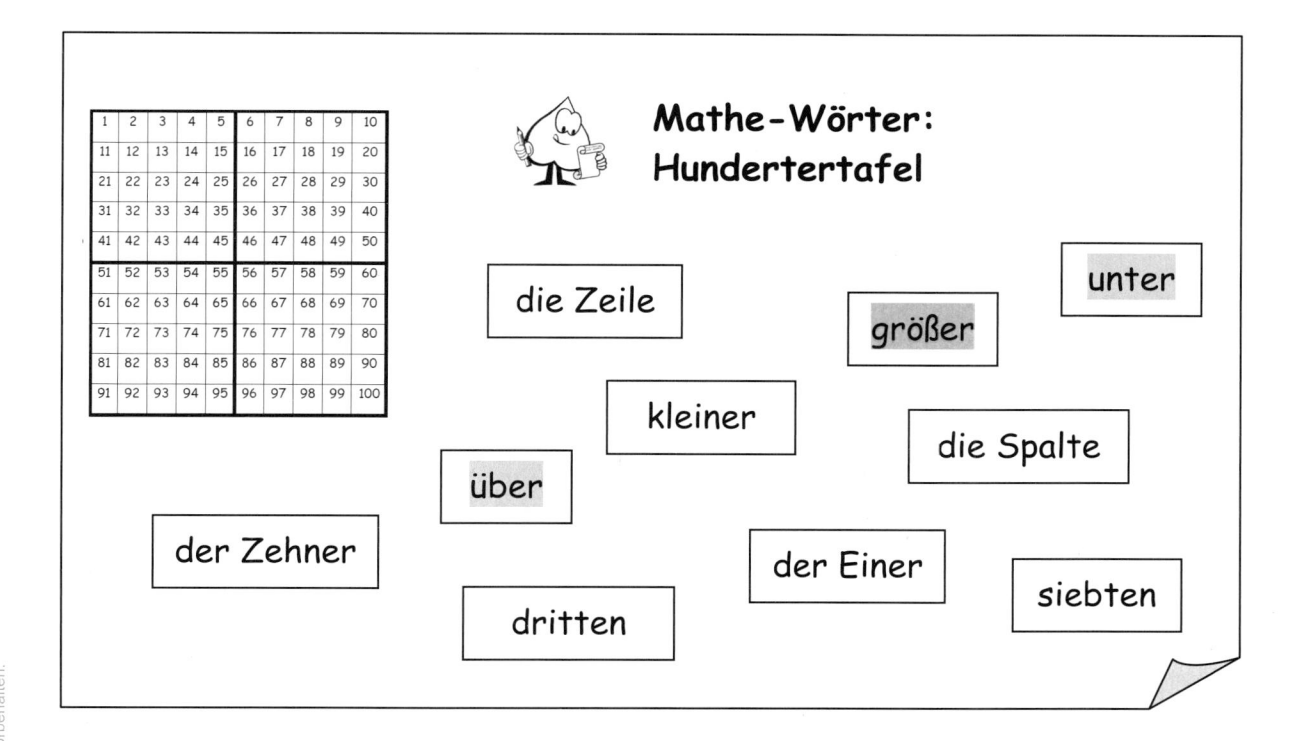

Mathe-Wörter: Hundertertafel

1	2	3	4	5	6	7	8	9	10
11	12	13	14	15	16	17	18	19	20
21	22	23	24	25	26	27	28	29	30
31	32	33	34	35	36	37	38	39	40
41	42	43	44	45	46	47	48	49	50
51	52	53	54	55	56	57	58	59	60
61	62	63	64	65	66	67	68	69	70
71	72	73	74	75	76	77	78	79	80
81	82	83	84	85	86	87	88	89	90
91	92	93	94	95	96	97	98	99	100

die Zeile   größer   unter

kleiner   die Spalte

über

der Zehner   der Einer   siebten

dritten

Immer zwei Mathe-Wörter gehören zusammen.

1. Male diese Wörter mit der gleichen Farbe an.

2. Suche dir eine Zahl auf der Hundertertafel aus.

Meine Zahl: _____

Bilde mit der Zahl Sätze zur Hundertertafel,

in denen **Mathe-Wörter** vorkommen, zum Beispiel:

Die _____ steht unter der _____.

_____

_____

_____

_____

Schüler-Material Arbeitsblätter 9–13   AB 12a*   139

Material PIK   Haus 4   Orientierung an der Hundertertafel

Name: Klasse: Datum:

Immer drei Zahlen gesucht

Immer **drei Zahlen** gehören zusammen.
Ordne zu.

1	2	3	4	5	6	7	8	9	10
11	12	13	14	15	16	17	18	19	20
21	22	23	24	25	26	27	28	29	30
31	32	33	34	35	36	37	38	39	40
41	42	43	44	45	46	47	48	49	50
51	52	53	54	55	56	57	58	59	60
61	62	63	64	65	66	67	68	69	70
71	72	73	74	75	76	77	78	79	80
81	82	83	84	85	86	87	88	89	90
91	92	93	94	95	96	97	98	99	100

Alle drei Zahlen haben **3 Einer**.	78 79 80
Alle drei Zahlen haben **4 Zehner**.	8 18 28
Alle drei Zahlen stehen in der **vierten Spalte**.	4 34 84
Alle drei Zahlen stehen in der **siebten Zeile**.	13 53 93
Alle drei Zahlen stehen direkt **untereinander**.	42 46 47
Alle drei Zahlen stehen direkt **nebeneinander**.	61 65 70

Cornelsen   Schüler-Material
Arbeitsblätter 9–13

AB 13a*
140

Material PIK | Haus 4 | Orientierung an der Hundertertafel

Name: Klasse: Datum:

Immer drei Zahlen gesucht

Immer **drei Zahlen** gehören zusammen.

Alle drei Zahlen haben **3 Einer**. | **13** | | |

Alle drei Zahlen haben **4 Zehner**. | **42** | | |

Alle drei Zahlen stehen in der **vierten Spalte**. | **4** | **34** | |

Alle drei Zahlen stehen in der **siebten Zeile**. | **61** | | **70** |

Alle drei Zahlen stehen direkt **untereinander**. | **8** | | |

Alle drei Zahlen stehen direkt **nebeneinander**. | **78** | | |

| 61 | 34 | 46 | 70 | 13 | 8 | 78 | 4 | 80 |
| 42 | 93 | 28 | 47 | 65 | 53 | 18 | 79 | 84 |

Klebe oder schreibe die **fehlenden Zahlen** in die leeren Kästchen.

Schüler-Material
Arbeitsblätter 9–13

AB 13b**
141

Material PIK | Haus 4 | Orientierung an der Hundertertafel

Name: Klasse: Datum:

Immer drei Zahlen gesucht

Immer drei Zahlen gehören zusammen.

Alle drei Zahlen haben 3 Einer.

Alle drei Zahlen haben 4 Zehner.

Alle drei Zahlen stehen in der vierten Spalte.

Alle drei Zahlen stehen in der siebten Zeile.

Alle drei Zahlen stehen direkt untereinander.

Alle drei Zahlen stehen direkt nebeneinander.

| 61 | 34 | 46 | 70 | 13 | 8 | 78 | 4 | 80 |
| 42 | 93 | 28 | 47 | 65 | 53 | 18 | 79 | 84 |

Klebe oder schreibe immer **drei passende Zahlen** in die leeren Kästchen.

AB 13c***
142

Material PIK   Haus 4   Orientierung an der Hundertertafel

DOMINO

28 29	Die 28 steht <u>über</u> der 38.
28 / 38	An der <u>Einerstelle</u> steht immer eine 4.
4, 14, 24, 34, 44, 54, 64	Die 27 steht <u>zwischen</u> der 26 und der 28.

Schüler-Material
Arbeitsblatt 14

AB 14a

DOMINO

| 26 | 27 | 28 |

Die Zahlen stehen in der sechsten <u>Zeile</u>.

| 51 | 52 | 53 | 54 | 55 | 56 |

Die 29 steht <u>zwischen</u> der 28 und der 30.

| 28 | 29 | 30 |

Die 26 steht <u>links von</u> der 27.

DOMINO

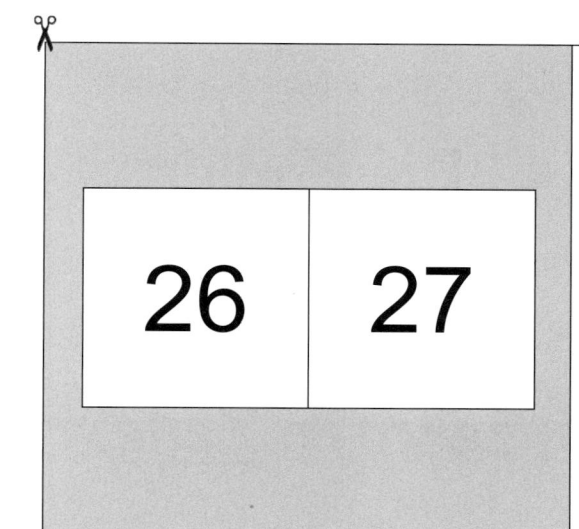

26 27	In der letzten Spalte stehen nur <u>glatte</u> <u>Zehnerzahlen</u>.
10, 20, 30, 40, 50, 60, 70	Die Zahlen haben alle gleich viele <u>Zehner</u> wie <u>Einer</u>.
33, 44, 55, 66, 77	Die Zahlen stehen alle in der achten <u>Spalte</u>.

DOMINO

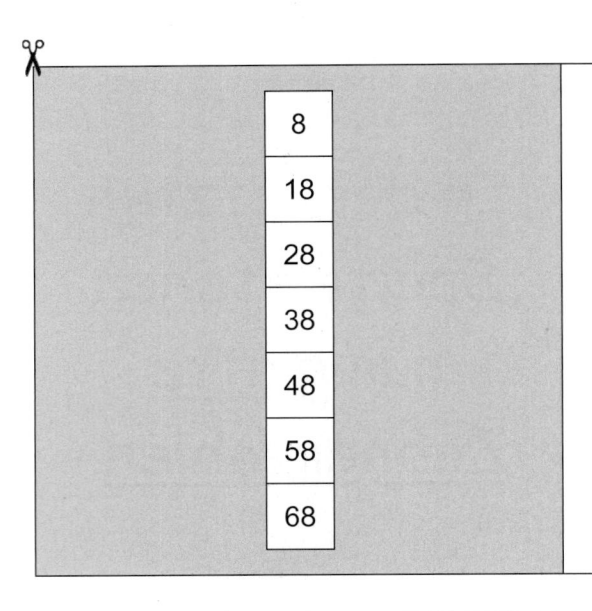

8, 18, 28, 38, 48, 58, 68	Die Zahlen stehen alle in der zehnten <u>Zeile</u>.
95 96 97 98 99 100	Die Zahlen werden immer <u>um 9 größer</u>.
(Ausschnitt mit 10, 19, 28, 37, 46)	Die 28 steht <u>rechts von</u> der 27.

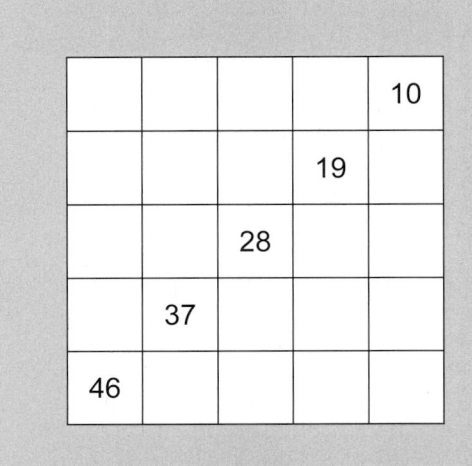

DOMINO

| 27 | 28 | Die 48 steht <u>unter</u> der 38. |

| 38 / 48 | Die 28 steht <u>zwischen</u> der 27 und der 29. |

| 27 | 28 | 29 | Die 28 steht <u>links von</u> der 29. |

Material PIK | Haus 4 | Orientierung an der Hundertertafel

LOTTO-Spielfelder 1

1	2	3	4	5	6	7	8	9	10
11	12	13	14	15	16	17	18	19	20
21	22	23	24	25	26	27	28	29	30
31	32	33	34	35	36	37	38	39	40
41	42	43	44	45	46	47	48	49	50
51	52	53	54	55	56	57	58	59	60
61	62	63	64	65	66	67	68	69	70
71	72	73	74	75	76	77	78	79	80
81	82	83	84	85	86	87	88	89	90
91	92	93	94	95	96	97	98	99	100

Schüler-Material
Arbeitsblatt 15

AB 15a
148

LOTTO-Spielfelder 2

1	2	3	4	5	6	7	8	9	10
11	12	13	14	15	**16**	17	18	19	20
21	22	23	24	25	26	27	28	29	30
31	32	33	34	35	36	37	38	39	40
41	42	**43**	44	45	46	47	48	49	**50**
51	52	53	54	55	56	**57**	58	59	60
61	62	63	64	65	66	67	68	69	70
71	72	73	74	75	76	77	78	79	80
81	**82**	83	84	85	**86**	87	88	89	90
91	92	93	94	95	96	97	98	99	100

Material PIK — Haus 4 — Orientierung an der Hundertertafel

LOTTO-Spielfelder 3

1	2	3	4	5	6	7	8	9	10
11	12	13	14	15	16	17	18	19	20
21	22	23	24	25	26	27	28	29	30
31	32	33	34	35	36	37	38	39	40
41	42	43	44	45	46	47	48	49	50
51	52	53	54	55	56	57	58	59	60
61	62	63	64	65	66	67	68	69	70
71	72	73	74	75	76	77	78	79	80
81	82	83	84	85	86	87	88	89	90
91	92	93	94	95	96	97	98	99	100

© 2012 Cornelsen Schulverlage GmbH, Berlin. Alle Rechte vorbehalten.

Cornelsen — Schüler-Material — Arbeitsblatt 15

AB 15c

Material PIK   Haus 4   Orientierung an der Hundertertafel

LOTTO-Spielfelder 4

1	2	3	4	5	6	7	8	9	10
11	12	13	14	15	16	17	18	19	20
21	22	23	24	25	26	**27**	28	29	30
31	32	33	34	35	36	37	38	39	40
41	42	43	44	**45**	46	47	48	49	50
51	52	53	54	55	56	57	58	59	**60**
61	62	63	64	65	66	**67**	68	69	70
71	72	73	74	75	76	77	78	79	80
81	82	**83**	84	85	86	87	88	**89**	90
91	92	93	94	95	96	97	98	99	100

Cornelsen   Schüler-Material   AB 15d
             Arbeitsblatt 15   151

Material PIK — Haus 4 — Orientierung an der Hundertertafel

LOTTO-Fragekarten

Welche Zahl steht **unter** der 16?	Welche Zahl hat **4 Zehner** und **0 Einer**?	Welche Zahl hat **genauso viele** Zehner wie Einer?
1	1	1/3
Welche Zahl steht **über** der 66?	Welche Zahl steht **rechts von** der 71?	Welche Zahl steht **in der 8. Zeile** und **in der 5. Spalte**?
1	1	1
Welche Zahl steht **über** der 26?	Welche Zahl steht **rechts von** der 42?	Welche Zahl hat **5 Zehner** und **0 Einer**?
2	2	2
Welche Zahl steht **unter** der 47?	Welche Zahl steht **in der 9. Zeile** und **in der 2. Spalte**?	Welche Zahl hat **8 Zehner** und **6 Einer**?
2	2	2

Cornelsen — Schüler-Material — Arbeitsblatt 16 — AB 16a

LOTTO-Fragekarten

Welche Zahl steht **über** der 27?	Welche Zahl hat **3 Zehner** und **0 Einer**?	Welche Zahl hat **genauso viele** Zehner wie Einer?
3	3	1/3
Welche Zahl steht **links von** der 72?	Welche Zahl steht **unter** der 66?	Welche Zahl steht **in der 7. Zeile** und **in der 8. Spalte**?
3	3	3
Welche Zahl steht **rechts von** der 26?	Welche Zahl steht **unter** der 35?	Welche Zahl hat **6 Zehner** und **0 Einer**?
4	4	4
Welche Zahl steht **unter** der 57?	Welche Zahl steht **in der 9. Zeile** und **in der 3. Spalte**?	Welche Zahl hat **8 Zehner** und **9 Einer**?
4	4	4

Haus 5: Individuelles und gemeinsames Lernen

Der Mathematikunterricht sollte von den individuellen Lernvoraussetzungen und Lernmöglichkeiten der Kinder ausgehen und ihnen durch Lernumgebungen gerecht werden, die eigene Lernwege ermöglichen. Das Lernen auf eigenen Wegen profitiert insbesondere auch vom Austausch mit anderen. Die Materialien dieses Hauses befassen sich damit, wie die Spannung von eigenem und fremdem Denkweg produktiv genutzt werden kann.

Rechnen auf eigenen Wegen

Darum geht es – Basisinfos Teil 1–3

Im Verlauf der letzten Jahrzehnte hat sich die Sensibilität für die individuellen Kompetenzen und Defizite der Lernenden deutlich erhöht. Man weiß, dass es kein Lernen im Gleichschritt gibt und nimmt die einzelnen Kinder demzufolge genauer in den Blick.

Aber: Wie soll Unterricht darauf reagieren? Auf den folgenden Seiten finden Sie ein Beispiel für ein mögliches Unterrichtsvorhaben, das einen solchen produktiven Umgang mit der Vielfalt der Schülerinnen und Schüler möglich macht. Wesentliches Leitprinzip ist hierbei das dialogische Lernen, das sog. „Ich-Du-Wir-Prinzip":

Schuljahr 3

Lehrplan-Bezug
Inhaltsbezogene Kompetenzen
Zahlen und Operationen – Schwerpunkte Zahlen- und Ziffernrechnen

Prozessbezogene Kompetenzen
Problemlösen/ kreativ sein, Argumentieren, Darstellen/ Kommunizieren

Das *Ich-Du-Wir-Prinzip* bedeutet …

- … die Schüler dazu zu ermutigen, bei der Bearbeitung von Aufgaben ihr (Vor-)Wissen zu zeigen; die informellen Schülerlösungen bilden den Ausgangspunkt des Unterrichts (das ‚Individuelle'): *„So mache ich es!"*
- … die Schüler dazu anzuregen, über ihre eigenen Vorgehensweisen zu reflektieren und diese mit anderen zu vergleichen (das ‚Soziale'): *„Wie machst du es?"*
- … die Schüler dabei zu unterstützen, zunehmend elegantere, effizientere und weniger fehleranfällige Vorgehensweisen zu erwerben (das ‚Reguläre'): *„Wie machen wir es? Wie macht man es?* oder: *Wie kann man es machen (und wie noch)?"*

(s. H5-IM, Infopapier zum Thema: pikas.tu-dortmund.de/050).

Mündliches, halbschriftliches und schriftliches Rechnen

Traditionell werden drei Hauptmethoden des Rechnens unterschieden: das mündliche, das halbschriftliche und das schriftlichen Rechnen (Algorithmen). Als weitere Methode wird auch die Berechnung von Aufgaben mit Hilfe des Taschenrechners hinzu gezählt.

Der Lehrplan Mathematik (NRW 2008) unterscheidet im Bereich „Zahlen und Operationen" folgende Schwerpunkte: „Schnelles Kopfrechnen", „Zahlenrechnen" und „Ziffernrechnen" (vgl. S. 62). Ziel des Mathematikunterrichtes der Grundschule ist es u.a., dass die Kinder schließlich möglichst aufgabenbezogen eine Strategie des Zahlenrechnens oder Ziffernrechnens wählen („Flexibles Rechnen", ebd., S. 63). Hierfür müssen sie einen „Zahlenblick" bzw. „Aufgabenblick" erwerben können: Schülerinnen und Schüler müssen im Verlauf ihrer Grundschulzeit lernen, diese drei Methoden abhängig von der Aufgabe, aber auch von eigenen Präferenzen, flexibel einsetzen zu können.

Basisinfos

Lernvoraussetzungen

Das in diesem Haus vorgestellte Unterrichtsvorhaben für das 3. Schuljahr kann durchgeführt werden, wenn sich die Kinder im Zahlenraum bis 1 000 sicher orientieren und die notwendigen Anschauungsmittel zur Zahl- und Operationsdarstellung (Rechenstrich, Zehner-System-Blöcke ...) sachgerecht nutzen können. Es ist sinnvoll, den nachstehend skizzierten *Teil 1* („Rechnen auf eigenen Wegen") bereits im zweiten Schuljahr – nach den Orientierungsübungen im Hunderterraum – mit angepasstem Zahlenmaterial analog durchzuführen.

Das gesamte Vorhaben (*Teil 1–3*) lässt sich analog im 4. Schuljahr zur Multiplikation und Division durchführen (zur Multiplikation s. H5-IM, Informationstexte: pikas.tu-dortmund.de/138; zur Division s. Winning 1998).

Zeitbedarf zur Durchführung des gesamten Unterrichtsvorhabens

Die Durchführung dieses Vorhabens *(Teil 1–3)* erstreckt sich – mit entsprechenden Unterbrechungen – in der Regel über mindestens ein Schulhalbjahr hinweg.

Vorschläge zum Aufbau des Lernwegs

Teil 1: Rechnen auf eigenen Wegen – Das „ICH-DU-WIR-Prinzip"
„Wir rechnen mit großen Zahlen und überlegen uns schlaue Rechenwege!": 1. Addition (s. ab S. 160), 2. Subtraktion (s. H5-UM: pikas.tu-dortmund.de/052)
1. Einheit: Eingangs-Standortbestimmung
2. Einheit: So rechne ich! – Wie rechnest du?
3. Einheit: Rechne wie ...
4. Einheit: Rechne möglichst schlau!
5. Einheit: Abschluss-Standortbestimmung

Leitfrage: Wie muss ich als Lehrperson meinen Unterricht planen und durchführen, damit die Kinder „auf eigenen Wegen" rechnen, also Aufgaben mit ihren eigenen Mitteln unter Ausnutzung von Rechengesetzen und Zerlegungsstrategien (möglichst vorteilhaft) mündlich oder halbschriftlich (auch unter Nutzung von Zwischenformen) lösen (vgl. Lehrplan Mathematik 2008, S. 62: „Zahlenrechnen")?

Teil 2. Von den eigenen Wegen zu den schriftlichen Algorithmen
„Wir rechnen halbschriftlich und schriftlich!": 1. Addition, 2. Subtraktion
(s. H5-UM: pikas.tu-dortmund.de/053)
Der „eigene Weg" eines Kindes aus Teil 1, das die Strategie „Stellenweise" (Addition und Subtraktion) bzw. „stellengerechtes Ergänzen" (auch möglich für die Subtraktion) genutzt hat, wird zum schriftlichen Algorithmus in Beziehung gesetzt, damit die Kinder diesen verständig erwerben und nicht nur auswendig lernen.

Leitfrage: Wie erarbeite ich die schriftlichen Rechenverfahren, sodass die Kinder diese verstehen und die einzelnen Rechenschritte an Beispielen in nachvollziehbarer Weise beschreiben können? Wie gestalte ich den Schritt vom *Zahlenrechnen* (vgl. Teil 1) zum verständigen *Ziffernrechnen* (vgl. Lehrplan Mathematik 2008, S. 62), wie können die schriftlichen Verfahren in Beziehung zu den informellen halbschriftlichen Strategien der Kinder gesetzt werden?

Teil 3. Flexibles Rechnen
„Wir überlegen: Im Kopf oder schriftlich?": Addition und Subtraktion
(s. H5-UM: pikas.tu-dortmund.de/054)
Sensibilisierung für Rechenvorteile: „Nicht immer ist es schlau, schriftlich zu rechnen!"

Leitfrage: Wenn das Zahlen- und das Ziffernrechnen den Kindern bekannt sind, wenn sie sich auf eigenen Wegen mit halbschriftlichen Strategien auseinandergesetzt (vgl. Teil 1) und den schriftlichen Algorithmus verständig erlernt haben (vgl. Teil 2): Wie fördere ich das *flexible Rechnen,* den „Zahlenblick" und den „Aufgabenblick", also die aufgabenbezogene oder von eigenen Präferenzen abhängige Nutzung der verschiedenen Verfahren (eine Strategie des Zahlenrechnens, ein schriftliches Normalverfahren oder den Taschenrechner; vgl. Lehrplan Mathematik 2008, S. 63)?

Allgemeine Anmerkungen
- Der bei den einzelnen Einheiten angegebene Zeitbedarf berücksichtigt nicht die *Einführung* der genutzten Methoden (Arbeit mit einem Wortspeicher und einem Lernwegebuch, Durchführung von Mathe-Konferenzen).
- Um auch die Eltern über die anstehenden Inhalte und Unterstützungsmöglichkeiten zu informieren, finden Sie im Informations-Material des Hauses 5 ein Informationspapier zum Thema „Verschiedene Rechenmethoden" (s. H5-IM: pikas.tu-dortmund.de/055).

Nachstehend wird Teil 1 am Beispiel für die Addition erläutert. Detailinformationen zur Sache und Methode zur Subtraktion finden Sie auf der Website (H5-UM: pikas.tu-dortmund.de/056).

Darum geht es – Basisinfos Teil 1
„Wir rechnen mit großen Zahlen und überlegen uns schlaue Rechenwege!"

Hauptstrategien der halbschriftlichen Addition und Subtraktion
Das zentrale Kennzeichen des halbschriftlichen Rechnens ist die Zerlegung von Aufgaben in leichtere Teilaufgaben. Einzelne Rechenschritte werden notiert, bis abschließend das Gesamtergebnis ermittelt ist.
Halbschriftliches Rechnen zeichnet sich durch folgende Charakteristika aus:
- Die Rechenwege sind im Gegensatz zu den schriftlichen Algorithmen nicht vorgegeben.
- Die Notationsweise ist nicht festgelegt. Die Kinder notieren nicht unbedingt alle Teilschritte.
- Welche Lösungsstrategie – aus der Sicht geübter Rechner – sinnvoll oder weniger sinnvoll ist, hängt von den Zahlenwerten der jeweiligen Aufgabe ab.

Die Lösungswege können in der Regel folgenden Hauptstrategien zugeordnet werden, auch wenn die Schülerinnen und Schüler bisweilen deren Zwischen- und Vorformen zum Einsatz bringen.

Schuljahr 3
(mit variiertem Zahlenmaterial ist auch ein Einsatz in Klasse 2 möglich)

Lehrplan-Bezug
Inhaltsbezogene Kompetenzen
Zahlen und Operationen – Schwerpunkt Zahlenrechnen

Prozessbezogene Kompetenzen
Problemlösen/ kreativ sein, Argumentieren

Hauptstrategien der Addition

Strategie	Beschreibung	Beispiel
1. Schrittweise	Ein Summand wird hierbei (meistens in Stellenwerte) zerlegt und schrittweise addiert. Die Vorgehensweisen und Notationen sind dabei durchaus unterschiedlich, z. B.: HZE + H, dann + Z, dann + E *oder* HZE + E, dann + Z, dann + H	399 + 473 = 872 399 + 400 = 799 799 + 70 = 869 869 + 3 = 872
2. Stellenweise	Beide Summanden werden in Stellenwerte zerlegt. H + H, Z + Z, dann E + E *oder* E + E, dann Z + Z, H + H. Anschließend wird die Gesamtsumme ermittelt. Dieses, optimalerweise durch das Dienes-Material (Zehner-System-Blöcke) veranschaulichte, Vorgehen bereitet den schriftlichen Algorithmus der Addition vor, (vgl. Lernweg, Teil 2: „Von den eigenen Wegen zu den schriftlichen Algorithmen"; auch: Haus 5, FM, Modul 5.3).	399 + 473 = 872 300 + 400 = 700 90 + 70 = 160 9 + 3 = 12
3. Mischform aus Stellenweise und Schrittweise	Z. B.: Beide Summanden werden zunächst in Stellenwerte zerlegt, die Zehner oder die Einer miteinander verknüpft, dann folgt schrittweises Vorgehen.	399 + 473 = 872 90 + 70 = 160 160 + 9 = 169 169 + 3 = 172 172 + 300 = 472 472 + 400 = 872
4. Hilfsaufgabe	Die Kinder suchen sich ähnliche Aufgaben, bei denen es leichter ist, das Ergebnis zu ermitteln, und verändern eine Zahl (oder beide Zahlen) beispielsweise zum vollen Zehner oder Hunderter. Dann erfolgt eine nachträgliche Korrektur.	399 + 473 = 872 400 + 473 − 1 = 872
5. Vereinfachen	Vereinfachungen werden beispielsweise durch das gegensinnige Verändern der beiden Summanden vorgenommen.	399 + 473 = 872 400 + 472 = 872

Wie oben erwähnt, hängt es von der jeweiligen Aufgabe ab, welche Lösungsstrategie besonders sinnvoll („geschickt") ist. Eine Studie von Selter (1999) zeigte, dass beim halbschriftlichen Rechnen etwa 80 % der Kinder die Strategien „Stellenweise" und „Schrittweise" verwenden, auch bei Aufgaben, bei denen die Strategien „Hilfsaufgabe" oder „Vereinfachen" aus der Sicht geübter Rechner geschickter wären, wie z. B. 399 + 473.

Das liegt u.a. auch am erteilten Unterricht: Häufig erhalten die Kinder wenig oder keine Gelegenheit, tatsächlich „eigene Rechenwege" zu entwickeln. Da den Kollegen und Kolleginnen die Anregungen fehlen, wie sie das selbstständige Entwickeln von Rechenstrategien initiieren können, werden die beiden Hauptstrategien „Schrittweise" und „Stellenweise" den Schülerinnen und Schülern – wie der schriftliche Algorithmus – „beigebracht". Daher können die Kinder keine Rechenstrategien und Zerlegungsmöglichkeiten nutzen.

Dieses Vorgehen widerspricht den im Lehrplan formulierten Kompetenzerwartungen:

Kompetenzerwartungen am Ende der Klasse 4
(Lehrplan Mathematik Nordrhein-Westfalen, 2008)
- *Zahlen und Operationen – Zahlenrechnen*
  „Die Schülerinnen und Schüler beschreiben und bewerten unterschiedliche Rechenwege unter dem Aspekt des vorteilhaften Rechnens und stellen sie übersichtlich schriftlich dar" (S. 62).
- *Problemlösen/kreativ sein*
  „Die Schülerinnen und Schüler überprüfen Ergebnisse auf ihre Angemessenheit, finden und korrigieren Fehler, vergleichen und bewerten verschiedene Lösungswege (reflektieren und überprüfen)" (S. 59).
- *Argumentieren*
  „Die Schülerinnen und Schüler erklären Beziehungen und Gesetzmäßigkeiten an Beispielen und vollziehen Begründungen anderer nach (begründen)" (S. 60).
- *Darstellen/Kommunizieren*
  „Die Schülerinnen und Schüler entwickeln und nutzen für die Präsentation ihrer Lösungswege, Ideen und Ergebnisse geeignete Darstellungsformen und Präsentationsmedien (…) und stellen sie nachvollziehbar dar (z.B. im Rahmen von Rechenkonferenzen) (präsentieren und austauschen)" (S. 60).

Literaturhinweise

GALLIN, Peter/RUF, Urs (1990): Sprache und Mathematik in der Schule. Auf eigenen Wegen zur Fachkompetenz. Zürich: LCH; 1998 neu verlegt, Seelze: Kallmeyer.

GALLIN, Peter/RUF, Urs (1995): Ich mache das so! Wie machst du es? Das machen wir ab. Zürich: L.K.Z.

GALLIN, Peter/RUF, Urs (1998): Dialogisches Lernen in Sprache und Mathematik. Seelze: Kallmeyer; 2 Bände.

MSW – Ministerium für Schule und Weiterbildung des Landes Nordrhein-Westfalen (Hg., 2008): Richtlinien und Lehrpläne für die Grundschule in Nordrhein-Westfalen.

PADBERG, Friedhelm/BENZ, Christiane (2011): Didaktik der Arithmetik (4. erweiterte, stark überarbeitete Auflage). München: Spektrum Akademischer Verlag.

RUWISCH, Silke (Hg., 2008): Flexibles Rechnen: Multiplizieren & Dividieren. Grundschule Mathematik, H. 17.

SCHIPPER, Wilhelm/SELTER, Christoph (Hg., 2001): Rechnen: Mündlich, schriftlich, halbschriftlich. In: Die Grundschulzeitschrift. Sammelband: Offener Mathematikunterricht: Arithmetik II, S. 4–37.

SELTER, Christoph (1999): Flexibles Rechnen statt Normierung auf Normalverfahren. In: Ders. (Hg.): Flexibles Rechnen. Die Grundschulzeitschrift, H. 125, S. 6–11.

SUNDERMANN, Beate/SELTER, Christoph (1995): Halbschriftliches Rechnen auf eigenen Wegen. In: Müller, Gerhard N./Wittmann, Erich Ch. (Hg.): Mit Kindern rechnen. Frankfurt/M.: Arbeitskreis Grundschule, S. 165–178.

SUNDERMANN, Beate/SELTER, Christoph (2012): Halbschriftliches Subtrahieren auf eigenen Wegen. In: Müller, Gerhard N./Selter, Christoph/Wittmann, Erich Ch. (Hg.): Zahlen, Muster, Strukturen: Spielräume für aktives Lernen und Üben. Leipzig: Klett.

TREFFERS, Adri (1983): Fortschreitende Schematisierung. In: Mathematik lehren H. 1, S. 5–7.

VERBOOM, Lilo (Hg., 2006): Flexibles Rechnen: Addieren & Subtrahieren. Grundschule Mathematik H. 11.

VERBOOM, Lilo (Hg., 2009): Basiswissen: Schriftliches Rechnen. Grundschule Mathematik H. 23.

WINNING, Anita (1998): „Durch-Aufgaben" kurz schreiben. In: Die Grundschulzeitschrift H. 119, S. 44–46.

Weitere Infos

PIK AS-Website

Das Ich-Du-Wir-Prinzip
Haus 5 – Informationsmaterial – Informationstexte – „Ich mache das so! Wie machst du es? Das machen wir ab!"
pikas.tu-dortmund.de/057

Haus 5 – Informationsmaterial – Informationstexte – „Zunehmende Mathematisierung – Das Ich-Du-Wir-Prinzip"
pikas.tu-dortmund.de/058

Flexibles Rechnen
Haus 5 – Informationsmaterial – Informationstexte – Flexibles Rechnen
pikas.tu-dortmund.de/059

Vom halbschriftlichen zum schriftlichen Subtrahieren
Haus 5 – Informationsmaterial – Informationsvideos
pikas.tu-dortmund.de/060

Kira-Website

Material – Arithmetik bis zum 2. Schuljahr – Halbschriftliche Addition
  kira.tu-dortmund.de/061
Material – Arithmetik bis zum 2. Schuljahr – Halbschriftliche Subtraktion
  kira.tu-dortmund.de/062
Material – Arithmetik im 3. und 4. Schuljahr – Schriftliche Addition
  kira.tu-dortmund.de/063
Material – Arithmetik im 3. und 4. Schuljahr – Schriftliche Subtraktion
  kira.tu-dortmund.de/064

Unterrichtsmaterial

Hinweise zur Unterrichtsplanung

„Wir rechnen mit großen Zahlen und überlegen uns schlaue Rechenwege!" – Teil 1 (Addition)

Einheit 1 (Rechenwege 1, RW 1): „Was wir schon wissen!" – Erheben der Vorkenntnisse der Kinder *(Eingangs-Standortbestimmung)*
Die Kinder bearbeiten in Einzelarbeit auf einem Arbeitsblatt Additionsaufgaben, die – aus der Sicht des geübten Rechners – unterschiedliche halbschriftliche Rechenstrategien nahelegen. Das Arbeitsblatt sammelt die Lehrperson im Anschluss ein und wertet es aus (AB 1, s. S. 166). Die Aufgaben sind im Bereich der weiterführenden Anforderungen „Überforderungsaufgaben", da sie im Unterricht vorab noch nicht thematisiert wurden.

Ziele

a) Erheben und Nutzen von Vorkenntnissen zur Planung der gezielten Förderung: Die Lehrperson kann Kompetenzen im Vorfeld der Reihe erfassen und analysieren (Was können welche Kinder schon? Was noch nicht?) und diagnostizieren, welche unterschiedlichen Rechenwege die Schüler nutzen, um anschließend zu entscheiden, wie sie die Vorkenntnisse nutzen kann und welche Differenzierungsmaßnahmen (für welche Kinder) ergriffen werden müssen:
- Welche Kompetenzen bringen die Kinder aus dem 2. Schuljahr mit? Welche Kenntnisse über die verschiedenen halbschriftlichen Strategien haben sie?
- Sind sie dazu in der Lage, diese Kompetenzen anzuwenden und auf den neuen Zahlenraum zu übertragen? Werden die Analogien erkannt und genutzt?
- Welche Strategien wählen sie? Wählen sie verschiedene Strategien oder stets die gleiche? Sind die gewählten Strategien – aus der Sicht des geübten Rechners – „geschickt", also haben die Kinder bereits einen „Zahlen- und Aufgabenblick" oder eher nicht?
- * Können sie der gewählten Strategie bereits einen passenden Namen geben?
- * Können sie analoge Eigenproduktionen erstellen?

b) Die Schüler und Schülerinnen erhalten Transparenz über das neue Thema und können ggf. lernen einzuschätzen, was sie bereits können und was sie noch lernen müssen.

Zeit
1 Schulstunde (ohne Kinder-Sprechstunde)

Darum geht es
Durch die Gegenüberstellung von Additions-Aufgaben aus dem bekannten Hunderterraum als Grundanforderung gegenüber solchen aus dem neuen Tausenderraum als weiterführende Anforderung erfolgt eine Differenzierung, die das Erkennen und Nutzen von Analogien anregen kann.

Schuljahr 3
(mit variiertem Zahlenmaterial ist auch ein Einsatz in Klasse 2 möglich)

Lehrplan-Bezug
Inhaltsbezogene Kompetenzen
Zahlen und Operationen – Schwerpunkt Zahlenrechnen

Prozessbezogene Kompetenzen
Problemlösen/ kreativ sein, Argumentieren, Darstellen/ Kommunizieren

Material
Lehrperson
- LM 1 Übersicht Rechenwege Addition
- * Reihenverlauf-Themenleine
- * AB PIKO-Funktionen
- * LM 2 Standortbestimmung – Auswertungsbogen
- * LM 3 Plakat „Forschermittel"

Schüler
- AB 1 Eingangs-Standortbestimmung „Was wir schon wissen!"
- „Forschermittel": Zehner-System-Blöcke, Zahlenstrahl, bunte Stifte, Rechengeld, …

Nr.	Aufgaben	Mögliche Strategie geschickten Rechnens	Überträge
1	13 + 36 / *613 + 236	keine (Schrittweise, Stellenweise …)	0
2	27 + 99 / *427 + 399	Hilfsaufgabe (+ 100 – 1 / + 400 – 1 …)	2
3	25 + 26 / *325 + 326	Hilfsaufgabe/Vereinfachen (versch. Möglichkeiten: z. B. Verdoppeln + 1)	1
*	Angebot zur Erstellung von analogen Eigenproduktionen (im Heft)		

So kann es gehen

Einstiegsphase/Problemstellung

1. Transparenz über die Reihe: Hilfreich ist es, den Kindern vorab *Ziel- und Prozesstransparenz* zu geben. Dies kann mündlich erfolgen oder durch eine „Themenleine" anschaulich gemacht werden (H5-UM, Materialien Teil 1–3: pikas.tu-dortmund.de/065), z. B.: „Wir kennen uns nun schon gut mit den Zahlen bis 1 000 aus. Jetzt wollen wir mit ihnen rechnen und uns dabei möglichst schlaue Rechenwege überlegen."

2. Transparenz über die 1. Einheit: Den Kindern muss unbedingt deutlich gemacht werden, dass es sich bei der Eingangs-Standortbestimmung nicht um einen Test handelt, sondern um eine Hilfe für sie selbst und die Lehrperson. Daher sollte es auch so den Kindern erklärt werden, z. B.: „Ich stelle dir heute auch Aufgaben, die erst bald im Unterricht dran kommen werden. Es ist also ganz normal, wenn du sie noch nicht lösen kannst. Wenn du versuchst, sie zu lösen, können wir beide erfahren, was du schon alles kannst und was du noch lernen musst. Und wir können gemeinsam überlegen, was wir machen können, damit du bald ein Profi für das Thema ,Schlaue Rechenwege' bist." Die Aufgaben sollten kurz vorgestellt werden, z. B. können sie an der Tafel oder via OHP visualisiert werden. Sofern nicht bekannt, sollte erarbeitet werden, dass es Grundanforderungen gibt, die alle Kinder bearbeiten sollen, und weiterführende Anforderungen (*), die nicht bearbeitet werden müssen, aber deren Bearbeitung möglichst versucht werden sollte. Ferner sollte daran erinnert werden, dass die Kinder ihre Rechenwege nicht ausschließlich als Zahlensatz notieren sollen, sondern dass auch „Forschermittel" verwendet werden sollten, wie z. B. Rechengeld, Zehner-System-Blöcke oder der Rechenstrich (s. LM 3, Plakat Forschermittel S. 165).

Günstig ist es, wenn vorab geklärt wird, an welcher Aufgabe die Kinder weiterarbeiten können, wenn sie die Standortbestimmung abschließend bearbeitet haben (z. B. Weiterarbeit im Wochenplan), um die anderen Kinder nicht zu stören. Des Weiteren kann es hilfreich sein, vorab zwei oder drei Kinder als „Helferkinder" auszubilden, die ggf. bei Rückfragen zu diesen weiteren Aufgaben als Ansprechpartner fungieren können. Wenn die Lehrperson erklären möchte, wer die Leitfigur auf den Arbeitsblättern ist, kann sie das AB „PIKO Funktionen" benutzen (s. H5-UM, Materialien Teil 1–3: pikas.tu-dortmund.de/066).

Arbeitsphase

Die Kinder arbeiten in Einzelarbeit. Die Lehrperson sollte ihnen „Forschermittel" zur Verfügung stellen und sie dazu anregen, diese zu nutzen. (Die Erfahrung zeigt, dass viele Kinder Anschauungsmittel nicht nutzen wollen, weil diese als „Hilfe" für Schwächere verstanden werden, ein Nutzen also defizitär interpretiert wird. Insofern ist es eine zentrale Aufgabe der Lehrperson, diese im Unterrichtsalltag „aufzuwerten" und deutlich zu machen, dass mit diesen entdeckt, beschrieben und bewiesen, also „geforscht", werden kann.) Der Zeitrahmen sollte, den Fähigkeiten der Kinder entsprechend, flexibel angelegt sein. Die Lehrperson sollte ggf. Hilfestellungen geben, um das Aufkommen einer „Testatmosphäre" zu verhindern.

Differenzierung
Auf dem Arbeitsblatt (s. S. 166) sind Grundanforderungen (GA) und weiterführende Anforderungen (WA = *-Aufgaben) ausgewiesen.
GA: Durch das Nutzen der „Forschermittel" werden die Kinder darin unterstützt, Rechenwege zu ermitteln und darzustellen.
WA: Da Eigenproduktionen für die Lehrperson besonders informativ sein können, werden die Kinder im Rahmen der weiterführenden Anforderungen dazu aufgefordert, analoge Additionsaufgaben zu erfinden.

Schlussphase
Im Sinne prozesstransparenten Arbeitens sollte zum Abschluss der Stunde ein Ausblick auf die Weiterarbeit gegeben werden; hierzu kann auf die Themenleine verwiesen werden, indem z. B. eine Wäscheklammer oder ein Pfeil von der ersten Themenkarte zur zweiten umgesteckt wird. Am Ende der Einheit kann mit den Kindern auch über das Arbeitsblatt und die gewählten Strategien reflektiert werden, um eine Überleitung zur Folgestunde herzustellen. Hierzu sollten die Aufgaben, wie bereits in der Einstiegsphase, visualisiert werden. Es kann auch eine „Kinder-Sprechstunde" durchgeführt werden, in deren Rahmen den einzelnen Kindern eine stärkenorientierte Rückmeldung zur erbrachten Leistung gegeben wird (vgl. Sundermann & Selter [3]2011 und H10-UM, Rückmeldungen geben: pikas.tu-dortmund.de/067).
Wichtig: Da die Standortbestimmung ein ausschließlich diagnostisches Instrument ist, sollten keine „Korrekturen" auf den Arbeitsblättern vorgenommen werden – auch, um den Kindern zum Abschluss der Reihe einen selbstständigen Vergleich von Eingangs- und Abschluss-Standortbestimmung zu ermöglichen. Dadurch können die Kinder ihre Lernzuwächse bewusst wahrnehmen.

Weiterarbeit
Bei der Diagnose der Kompetenzen und der Erstellung eines Planes für Fördermaßnahmen kann der Auswertungsbogen (LM 2, s. S. 164) hilfreich sein, da dieser einen systematischeren Überblick über die individuellen Leistungen ermöglicht. Die Erfahrung zeigt, dass es viele Kinder gibt, die die Analogien nutzen und die gestellten weiterführenden Aufgaben lösen können, obwohl dies im Unterricht vorab noch nicht thematisiert wurde. Ob es bereits ein Bewusstsein für „geschickte" Strategien gibt, hängt stark von der im zweiten Schuljahr geleisteten Vorarbeit ab.

Literatur
SUNDERMANN, Beate/SELTER, Christoph ([3]2011): Beurteilen und Fördern im Mathematikunterricht. Gute Aufgaben – Differenzierte Arbeiten – Ermutigende Rückmeldungen. Berlin: Cornelsen Scriptor.

Übersicht Rechenwege Addition

Einheit	Nr./AB	Aufgaben	Mögliche Strategie geschickten Rechnens	Überträge
RW 1	1	13 + 36 / 613 + 236	keine (Schrittweise, Stellenweise …)	0
	2	27 + 99 / 427 + 399	Hilfsaufgabe (+ 100 – 1 / + 400 – 1 …)	2
	3	25 + 26 / 325 + 326	Hilfsaufgabe/Vereinfachen (versch. Möglichkeiten: z. B. Verdoppeln + 1)	1
RW 2	AB 1	24 + 53 / 124 + 553 42 + 37 / 142 + 437	keine (Schrittweise, Stellenweise..)	0
	AB 2	56 + 37 / 256 + 137 65 + 56 / 765 + 156	keine	1–2
	AB 3	27 + 99 / 527 + 399 14 + 98 / 314 + 498	Hilfsaufgabe (+ 100 – 1 / + 400 – 1 ...)	2
	AB 4	49 + 51 / 249 + 251 23 + 47 / 623 + 147	Hilfsaufgabe/Vereinfachen (versch. Möglichkeiten: z. B. Zusammenfassen, 50 + 50; 30 + 40 oder 20 + 40 + 10)	1–2
RW 3	AB 1	235 + 478 / 337 + 276 …	keine hier: Schrittweise	0–3
	AB 2	135 + 224 / 347 + 135 …	keine hier: Stellenweise	0–3
	AB 3	654 + 99 / 128 + 97 …	Hilfsaufgabe (+ 100 – 1 / + 100 – 3 …)	2–3
	AB 4	251 + 149 / 128 + 97 …	Hilfsaufgabe/Vereinfachen hier: 200 + 200 / 125 + 100	2–3
RW 4	1	368 + 517	keine (Schrittweise, Stellenweise …)	1
	2	623 + 99	Hilfsaufgabe (+ 100 – 1)	2
	3	449 + 451	Hilfsaufgabe/Vereinfachen (versch. Möglichkeiten: z. B. Zusammenfassen, 450 + 450)	2
	4	* 252 + 848	Hilfsaufgabe/Vereinfachen (versch. Möglichkeiten: z. B. Zusammenfassen, 250 + 850)	2
RW 5	Siehe RW 1			

Material PIK Haus 5 Rechnen auf eigenen Wegen

Auswertung
Eingangs-/Abschluss-Standortbestimmung
(Nichtzutreffendes bitte streichen)

Rechenwege Addition

Klasse 3 ____ Datum _____

Name	13 + 36	* 613 + 236	27+99	* 427 + 399	25 + 26	* 325 + 326	* Eigenproduktionen	Kommentar z. B. Analogie erkannt und genutzt? Verwendete Strategie(n)?

© 2012 Cornelsen Schulverlage GmbH, Berlin. Alle Rechte vorbehalten.

Cornelsen Teil 1 (Addition) – Lehrer-Material
Auswertungsbogen – Einheit 1 und 5

LM 2

So rechne ich!

Rechne möglichst schlau!
Schreibe deine Rechenwege und Erklärungen so auf, dass andere Kinder sie verstehen können!

Diese Forschermittel können dir helfen!

Schreibe auf, wie du gerechnet hast.

mit Zahlen	38 + 25 = 38 + 20 = 58 oder 38 + 25 = 58 + 5 = 63 30 + 20 = 50 8 + 5 = 13
mit dem Rechenstrich	38 —20→ 58 —5→ 63
mit Hunderterplatten, Zehnerstangen und Einerwürfeln	
mit Worten	Ich habe die 25 in 20 und 5 zerlegt, ...
mit Pfeilen	Z E 38 + 25
mit bunten Stiften	38 + 25 30 + 20 8 + 5
mit ...	

Nutze die Forschermittel auch bei diesen Aufgaben:

- Was ist gleich? Was ist verschieden?
* Was ist dein Rechentrick? Warum hast du so gerechnet?

Material PIK — Haus 5 — Rechnen auf eigenen Wegen

Name: Klasse: Datum:

Was wir schon wissen!

Rechne möglichst schlau! Schreibe deine Rechenwege so auf, dass andere Kinder sie verstehen können!

Immer zwei Aufgaben gehören zusammen.

13 + 36	* 613 + 236
	** Welchen Namen gibst du deinem Rechenweg?
27 + 99	* 427 + 399
	** Welchen Namen gibst du deinem Rechenweg?
25 + 26	* 325 + 326
	** Welchen Namen gibst du deinem Rechenweg?

* Denke dir selbst zwei ähnliche Plus-Aufgaben aus!

+	* +
	** Welchen Namen gibst du deinem Rechenweg?

Teil 1 (Addition) – Schüler-Material
Eingangsstandortbestimmung – Einheit 1

AB 1
166

Unterrichtsmaterial

Hinweise zur Unterrichtsplanung

„Wir rechnen mit großen Zahlen und überlegen uns schlaue Rechenwege!" – Teil 1 (Addition)

Einheit 2 (RW 2): „So rechne ich! – Wie rechnest du?"

Ziele
Initiierung eigener Lösungswege unter Nutzung von „Forschermitteln" (Zehner-System-Blöcke, Rechenstrich, …). Austausch über verschiedene Rechenwege in Mathe-Konferenzen (s. S. 272 ff. oder H8-UM: pikas.tu-dortmund.de/027).

Zeit
3–4 Schulstunden

Darum geht es
Die verschiedenen Arbeitsblätter legen, durch die Verwendung unterschiedlicher Zahlenwerte, jeweils eine Rechenstrategie besonders nahe (AB 1–4, s. S. 175–178). Natürlich können die Kinder aber auch ihren eigenen Präferenzen folgen. Die Kinder sollten dazu ermuntert werden, ihrem Rechenweg einen Namen zu geben, da dies die Bewusstheit für die Unterschiedlichkeit der verschiedenen Rechenwege schärfen und die Kommunikation über die verschiedenen Strategien erleichtern kann.

AB	Aufgaben	Mögliche Strategie geschickten Rechnens	Überträge
AB 1	24 + 53 / 124 + 553 42 + 37 / 142 + 437	keine (Schrittweise, Stellenweise …)	0
AB 2	56 + 37 / 256 + 137 65 + 56 / 765 + 156	keine	1–2
AB 3	27 + 99 / 527 + 399 14 + 98 / 314 + 498	Hilfsaufgabe (+ 100 – 1 / + 400 – 1…)	2
AB 4	49 + 51 / 249 + 251 23 + 47 / 623 + 147	Hilfsaufgabe/Vereinfachen (versch. Möglichkeiten: z. B. Zusammenfassen, 50 + 50; 30 + 40 oder 20 + 40 + 10)	1–2
AB 5*	Angebot zur Erstellung von analogen Eigenproduktionen (im Heft)		

So kann es gehen

Einstiegsphase/Problemstellung
Transparenz über die 2. Einheit: Den Kindern sollte wiederum zunächst *Ziel-* und *Prozesstransparenz* gegeben werden, z. B. nach der Anknüpfung an die Vorstunde (ggf. über die Themenleine, s. H5-UM: pikas.tu-dortmund.de/065): „Wir wollen in den nächsten Stunden herausfinden, welche Rechenwege für welche Aufgaben besonders schlau sein können!

Material

Lehrperson
* Reihenverlauf-Themenleine
• LM 3 Plakat „Forschermittel"
• LM 4 Plakat „Satzanfänge"
• LM 5 Plakat „Wortspeicher"
* LM 6 Plakat „Ideen für das Lernwegebuch"
* Plakat „Mathe-Konferenz – Leitfaden"
* Anmeldeliste „Mathe-Konferenz"

Schüler
* AB 0 Deckblatt „Rechenwege-Buch"
• AB 1–4, *5 „So rechne ich!", AB 6 „Wortspeicher"
* AB 7 „Lernwegebuch"
• „Forschermittel": Zehner-System-Blöcke, Zahlenstrahl, bunte Stifte, …
* Rollenkarten Mathe-Konferenz
* Reiter „Mathe-Konferenz. Bitte nicht stören!"
* weißes Papier, Eddings
* Protokollbogen Mathe-Konferenz

Dazu soll jedes Kind Plusaufgaben mit seinem eigenen Rechenweg lösen. Anschließend wollen wir uns unsere Rechenwege in Mathe-Konferenzen und im Sitzkreis gegenseitig vorstellen."

Problemstellung: Die Lehrperson präsentiert an der Tafel die verschiedenen Aufgaben (z. B. gruppiert nach Arbeitsblättern (linke Tafelhälfte AB 1, Tafelmitte AB 2 und 3, rechte Tafelhälfte AB 4) auf je einem DIN-A4-Blatt, sodass anschließend noch Rechenwege darunter notiert werden können) und gibt den Kindern die Gelegenheit, erste Überlegungen zu äußern, wie diese geschickt lösbar sein können. Es sollte an dieser Stelle bereits deutlich werden, dass es „schlau" sein kann, unterschiedliche Rechenwege zu wählen, je nachdem welche Zahlenwerte in einer Aufgabe zu finden sind. Anschließend weist sie auf die (z. B. an der passenden Stelle direkt unter der Tafel) ausliegenden fünf Arbeitsblätter hin. Es kann hier auch hilfreich sein, in der ersten Stunde eines der Arbeitsblätter (vorzugsweise ein solches, bei dem ein besonderer „Rechentrick" naheliegt, also z. B. AB 3 Strategie „Hilfsaufgabe") als „Pflichtaufgabe" bearbeiten zu lassen, damit (spätestens) zum Abschluss der Stunde allen Kindern noch einmal deutlich wird, worauf sie achten sollen. Wichtig ist der Hinweis, dass jedes Kind versuchen sollte, seine Rechenwege so aufzuschreiben, dass die anderen Kinder diese verstehen können. Hierzu kann die Lehrperson auf die Plakate zur Anregung der Nutzung von „Forschermitteln" und zur Unterstützung der Verbalisierung hinweisen. Diese Plakate verstehen sich als Möglichkeit der Ideenstiftung und können mit den Kindern vervollständigt oder auch gemeinsam im Prozess erstellt werden. Wenn die Kinder es nicht gewohnt sind, mit „Forschermitteln" zu arbeiten, sollte dieses ggf. zunächst an einem Beispiel aufgegriffen werden. Darüber hinaus sollten die Kinder ggf. an den Ablauf und die Regeln zur Durchführung von Mathe-Konferenzen erinnert werden (s. S. 279 oder H8-UM: pikas.tu-dortmund.de/068).

Arbeitsphase

Die Kinder bearbeiten zunächst ein Arbeitsblatt in Einzelarbeit. Die Lehrperson gibt individuelle Hilfestellungen. Sobald ein Kind glaubt, sein Arbeitsblatt vollständig bearbeitet zu haben, meldet es sich zur Mathe-Konferenz an, indem es z. B. seinen Namen in eine Liste unter dem passenden AB an der Tafel einträgt (s. H8-UM: pikas.tu-dortmund.de/094). Sobald sich (mindestens) drei Kinder eingetragen haben, kommen sie zu einer Mathe-Konferenz zusammen. Hat sich eine Gruppe an einem ruhigen Platz zusammengefunden, kann der Austausch beginnen. Hierzu können die Kinder zunächst *Rollenkarten* (Leiter, Schreiber, Zeitwächter) verteilen (s. S. 280–281). Die Schülerinnen und Schüler sollen in den Mathe-Konferenzen ihre Ergebnisse vergleichen und diskutieren. Im Rahmen der Mathe-Konferenz werden die Kinder herausgefordert, die Gedankengänge ihrer Mitschüler nachzuvollziehen sowie ihr eigenes Vorgehen und ihre Entdeckungen darzustellen und zu begründen. Zudem müssen sie sich ggf. mit unterschiedlichen Herangehensweisen argumentativ auseinandersetzen. So können sich die Kinder gegenseitig unterstützen und voneinander profitieren. Es ist auch möglich, dass die Kinder erst hier überlegen, welche Namen sie für die verschiedenen Rechenwege als passend erachten.

Die Ergebnisse dieser Konferenzen können in einem *Protokoll* (s. S. 283) festgehalten werden.

Günstig ist es, wenn jedes Konferenz-Team abschließend (mindestens) einen besonders „schlauen" Rechenweg (z. B. auf einem weißen Blatt Papier möglichst mit dickem Stift) an der für das Tafelbild passenden Stelle zur Vorbereitung der Reflexionsphase festhält.

Differenzierung
GA: Durch das Nutzen der „Forschermittel" werden die Kinder darin unterstützt, Rechenwege zu ermitteln und darzustellen. Auch der Austausch in den Mathe-Konferenzen kann sich unterstützend auswirken.
WA: Die Kinder werden im Rahmen der weiterführenden Anforderungen dazu aufgefordert, adressatenbezogen analoge Eigenproduktionen zu erstellen (*AB 5: Aufgaben erfinden für ein anderes Kind, s. S. 179). Um zu gewährleisten, dass das Erfinderkind die Aufgaben selbst lösen kann, notiert es zunächst im oberen Teil des Arbeitsblatts seinen Rechenweg. Anschließend schreibt es nur die Aufgabe auf den unteren Teil ab, schneidet diesen ab, gibt diesen einem anderen Kind (z. B. durch Auslegen auf dem „Mathe-Tisch" oder Aushängen an der „Knobel-Leine"), welches dort seinen Lösungsweg notiert. Abschließend vergleichen beide Kinder ihre Rechenwege und tauschen sich, wie in den Mathe-Konferenzen, darüber aus, warum sie diesen Rechenweg gewählt haben.

Schlussphase/Reflexion
Für die Förderung der fachlichen Kompetenzen ist es unerlässlich, mit den Kindern über ihr Mathematiktreiben zu reflektieren. Insofern kommt der Reflexionsphase eine besondere Bedeutung zu. Hier sollte auf jeden Fall *inhaltlich* reflektiert werden: Um die Schreibmotivation zu erhalten und die Arbeit des Verfassens einer schriftlichen Darlegung des Rechenweges zu würdigen, ist es sinnvoll, dass in der Reflexionsphase einige Kinder/Konferenz-Teams die Gelegenheit erhalten, ihre Ergebnisse vorzulesen. Darüber hinaus sollten die Kinder ihre Rechenwege am Tafelbild visualisieren und darlegen können, warum sie bestimmte Wege für „schlauer" halten als andere. Abschließend kann mit den Kindern – z. B. wenn die eingesetzten Methoden für die Lerngruppe neu sind – auch *methodisch* z. B. der Umgang mit den Forschermitteln oder das Durchführen der Mathe-Konferenzen reflektiert werden, um ihre Methodenkompetenz auszubauen (z. B.: „Wir haben mit Forschermitteln gearbeitet. Was hat dir geholfen? Was nicht? Warum?" „Ihr habt heute in der Mathe-Konferenz mit Rollenkarten gearbeitet. Wie hat das geklappt? Brauchen wir noch zusätzliche Verabredungen?" etc.).

Weiterarbeit
Zum Abschluss der Einheit kann ein Ausblick auf die Weiterarbeit gegeben werden (z. B. „In den folgenden Stunden wollen wir die Rechenwege anderer Kinder ausprobieren"). Hierzu kann auf die Themenleine verwiesen werden, indem z. B. eine Wäscheklammer oder ein Pfeil von der zweiten Themenkarte zur dritten umgesteckt wird. Die Kinder können ihre AB zu einem „Rechenwege-Buch" zusammenstellen, wenn ihnen Heftstreifen und das *Deckblatt* zur Verfügung gestellt werden (AB 0, s. S. 174). Begleitend kann – nicht nur innerhalb dieser Unterrichtsreihe – der Einsatz eines Lernwegebuches erfolgen (AB 7, s. S. 181). Durch den Einsatz dieses Instrumentes soll eine Auseinandersetzung des Kindes mit seinen eigenen Ideen und Gedanken initiiert und eine Bewusstheit über den eigenen Lernprozess geschaffen werden. Hierdurch kann das Kind

dazu angeregt werden, zunehmend Mit-Verantwortung für das eigene Lernen zu übernehmen. Unterstützung beim Verfassen solcher Lernberichte gibt das *Lernwegebuch-Plakat* (LM 6, s. S. 173).

Es bietet sich an, ein solches Lernwegebuch ritualisiert zum Ende einer Stunde (wenn es fachbezogen geführt werden soll) oder eines Schultages (wenn es fachübergreifend geführt werden soll) führen zu lassen.

> Datum: 4.2.10
> Das habe ich gelernt: ☒ ☺ ☹
> das es viele verschiedene rechenwege gibt die man an einer einzigen aufgabe anwenden kann.

> Das habe ich gelernt: ☒ ☺ ☹
> „Der Weg ist das Ziel"

> Datum: 1.3.2010
> Das habe ich gelernt: ☒ ☺ ☹
> das man mit dem Ergebnis weiter rechnen kann

Die Schülerergebnisse werden anschließend eingesammelt, damit die Lehrperson sich einen Überblick darüber verschaffen kann, welche Kinder welche Rechenwege gewählt haben. Besonders „geschickte" Wege werden in der folgenden Einheit von der Lehrperson favorisiert und mit allen Kindern thematisiert.

Diese **Satzanfänge** können dir helfen, deinen Rechenweg mit Worten aufzuschreiben!

- Ich habe mir überlegt, dass …
- Ich habe zuerst … Dann … Zum Schluss …
- Zuerst habe ich gedacht, dass … Danach …
- Mir ist aufgefallen, dass …
- Wenn …, dann …
- Gleich ist, dass …
- Verschieden ist, dass …
- Ich habe so gerechnet, weil …
- Ich finde diesen Rechenweg schlau, weil …
- Man könnte auch …
- Ich kann mir vorstellen, dass …
- Ich vermute, dass …
- …

Im Wortspeicher können wir wichtige Wörter sammeln!

der Rechentrick (die Strategie), …

der Einer, der Zehner, der Hunderter, der Tausender, …
der Einer-Würfel, die Zehner-Stange,
die Hunderter-Platte, der Tausender-Würfel, …
der Rechenstrich, der Zahlenstrahl, …

die erste Zahl, die zweite Zahl, die dritte Zahl, …
die Ziffer

das Ergebnis, die Summe (das Ergebnis einer Plusaufgabe),
die Differenz (das Ergebnis einer Minusaufgabe), …

addieren (plus rechnen),
subtrahieren (minus rechnen), …

wechseln, eintauschen, gegen etwas tauschen,
wegnehmen, abziehen, vermindern, ergänzen, auffüllen,
dazutun, dazulegen, dazurechnen,
verschieben, verändern, erhöhen,
erhalten, …

gleich,
verschieden,
weniger, mehr, größer, kleiner,
nah beieinander, weit auseinander, …
…
…

| Material PIK | Haus 5 | Rechnen auf eigenen Wegen |

**Wir rechnen mit großen Zahlen
und überlegen uns schlaue Rechenwege!**

Lernwegebuch von _____

Datum: _____

Das habe ich gelernt:

| ☺ viel | 😐 mittel | ☹ wenig |

Mit einem Lernwegebuch kannst du Experte für dein eigenes Lernen werden!
Hierüber kannst du etwas in dein Lernwegebuch schreiben ...

- Was hast du heute gemacht?
- Wie bist du bei der heutigen Aufgabe vorgegangen?
- Welche Rechenwege hast du heute kennengelernt?
- Gab es einen Rechenweg, den du besonders schlau findest? Wenn ja: Warum?
- Was hat dir gefallen? Was hat dir nicht gefallen? Warum?
- Hattest du Probleme? Wenn ja: Welche? Wie hast du dir geholfen?
- Hast du mit anderen Kindern zusammengearbeitet? Mit wem? Wie hat es geklappt?
- Bist du mit deiner Arbeit zufrieden? Oder nicht? Warum?
- Was nimmst du dir für deine Weiterarbeit vor?
- Welche Wünsche oder Ideen hast du für unsere gemeinsame Weiterarbeit?
- ...

Cornelsen
Materialien Teil 1–3 – Lehrer-Material
Plakat Lernwegebuch – Einheit 1–5

LM 6
173

Wir rechnen mit großen Zahlen und überlegen uns schlaue Rechenwege!

Rechenwege-Buch

von

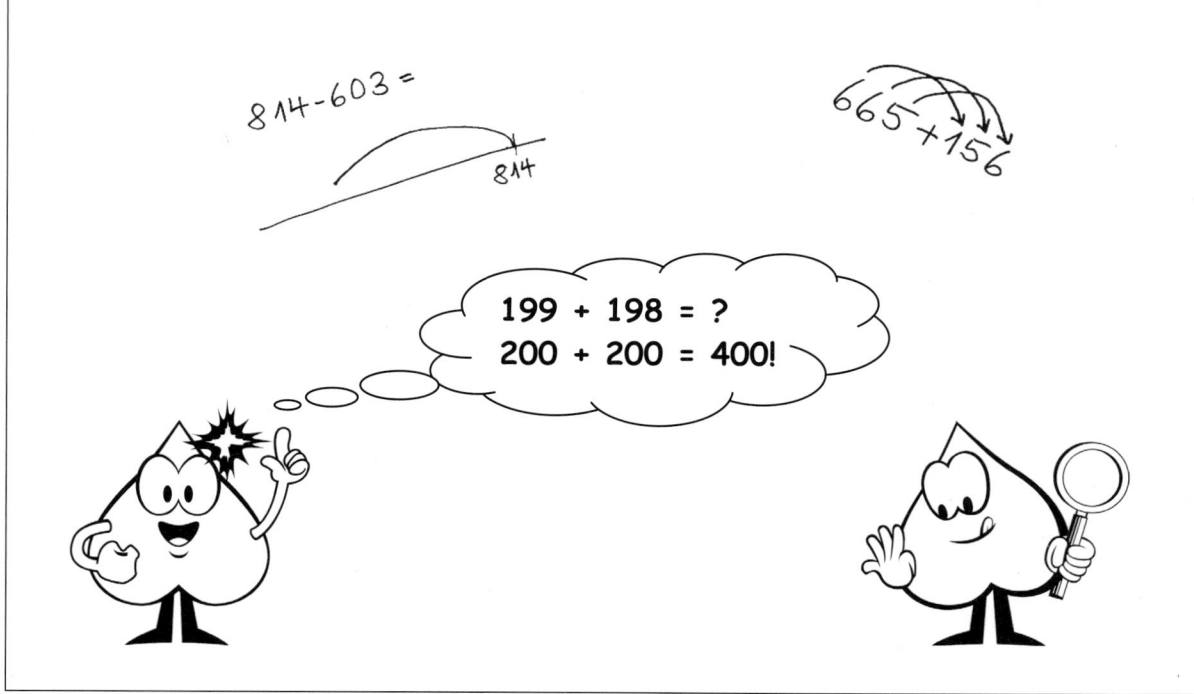

_____

$$199 + 198 = ?$$
$$200 + 200 = 400!$$

Name:	Klasse:	Datum:

So rechne ich!

Schau dir die Zahlen genau an! Bietet sich für diese Zahlen ein besonderer Rechentrick an? ☐ ja ☐ nein

Wenn ja: Beschreibe, welche Besonderheit dir auffällt!

Rechne dann möglichst schlau!
Schreibe deine Rechenwege so auf, dass andere Kinder sie verstehen können!

Aufgabe 1

24 + 53	124 + 553

☺ Erkläre deinen Rechenweg! Warum hast du so gerechnet?
☺ ☺ Welchen Namen gibst du deinem Rechenweg?

Aufgabe 2

42 + 37	142 + 437

Material PIK　　　　　　　　Haus 5　　　　　　　　Rechnen auf eigenen Wegen

| Name: | Klasse: | Datum: |

So rechne ich!

Schau dir die Zahlen genau an! Bietet sich für diese Zahlen ein besonderer Rechentrick an?　☐ ja　☐ nein

Wenn ja: Beschreibe, welche Besonderheit dir auffällt!

Rechne dann möglichst schlau!
Schreibe deine Rechenwege so auf, dass andere Kinder sie verstehen können!

Aufgabe 1

| 56 + 37 | 256 + 137 |

☺　Erkläre deinen Rechenweg! Warum hast du so gerechnet?
☺ ☺　Welchen Namen gibst du deinem Rechenweg?

Aufgabe 2

| 65 + 56 | 765 + 156 |

Teil 1 (Addition) – Schüler-Material
Arbeitsblätter 1–5 – Einheit 2

AB 2
176

So rechne ich!

Schau dir die Zahlen genau an! Bietet sich für diese Zahlen ein besonderer Rechentrick an? ☐ ja ☐ nein

Wenn ja: Beschreibe, welche Besonderheit dir auffällt!

Rechne dann möglichst schlau!
Schreibe deine Rechenwege so auf, dass andere Kinder sie verstehen können!

Aufgabe 1

| 27 + 99 | 527 + 399 |

☺ Erkläre deinen Rechenweg! Warum hast du so gerechnet?
☺ ☺ Welchen Namen gibst du deinem Rechenweg?

Aufgabe 2

| 14 + 98 | 314 + 498 |

Material PIK   Haus 5   Rechnen auf eigenen Wegen

Name: Klasse: Datum:

So rechne ich!

Schau dir die Zahlen genau an! Bietet sich für diese Zahlen ein besonderer Rechentrick an? ☐ ja ☐ nein

Wenn ja: Beschreibe, welche Besonderheit dir auffällt!

Rechne dann möglichst schlau!
Schreibe deine Rechenwege so auf, dass andere Kinder sie verstehen können!

Aufgabe 1

| 49 + 51 | 249 + 251 |

☺ Erkläre deinen Rechenweg! Warum hast du so gerechnet?
☺ ☺ Welchen Namen gibst du deinem Rechenweg?

Aufgabe 2

| 23 + 47 | 623 + 147 |

Teil 1 (Addition) – Schüler-Material
Arbeitsblätter 1–5 – Einheit 2

AB 4

Material PIK — Haus 5 — Rechnen auf eigenen Wegen

Name: Klasse: Datum:

So rechne ich!

Denke dir selbst zwei Plus-Aufgaben aus, die etwas miteinander zu tun haben. Bietet sich für diese Zahlen ein besonderer Rechentrick an? ☐ ja ☐ nein

Wenn ja: Beschreibe, welche Besonderheit dir auffällt!

☺ ☺ Löse deine Aufgaben wie gewohnt. Schreibe sie dann auf den unteren Teil des Blattes ab, schneide diesen ab und gib deine Aufgaben einem anderen Kind. Habt ihr den gleichen Rechenweg gewählt?

Meine Aufgaben mit Lösung

+		+

✂--

Name des Erfinder-Kindes: _____ Datum: _____

Name des Erprober-Kindes: _____ Datum: _____

Meine Aufgaben ohne Lösung für ein Erprober-Kind

Schau dir die Zahlen genau an! Bietet sich für diese Zahlen ein besonderer Rechentrick an? ☐ ja ☐ nein

Begründe deine Antwort!

+		+

Teil 1 (Addition) – Schüler-Material
Arbeitsblätter 1–5 – Einheit 2

AB 5*

Wir rechnen mit großen Zahlen und überlegen uns schlaue Rechenwege!

Wortspeicher

von _____

**Wir rechnen mit großen Zahlen
und überlegen uns schlaue Rechenwege!**

Lernwegebuch von _____

Datum: _____

Das habe ich gelernt: ☺ viel | ☐ mittel | ☹ wenig

Datum: _____

Das habe ich gelernt: ☺ viel | ☐ mittel | ☹ wenig

Datum: _____

Das habe ich gelernt: ☺ viel | ☐ mittel | ☹ wenig

Datum: _____

Das habe ich gelernt: ☺ viel | ☐ mittel | ☹ wenig

Unterrichtsmaterial

Hinweise zur Unterrichtsplanung

„Wir rechnen mit großen Zahlen und überlegen uns schlaue Rechenwege!" – Teil 1 (Addition)

Einheit 3 (RW 3): „Rechne wie ..."

Ziele
Das Ziel der 3. Unterrichtseinheit ist die Sensibilisierung der Kinder für die Vielfalt möglicher Rechenwege. Es geht aber nicht darum, dass alle Kinder sämtliche Strategien geläufig beherrschen sollen!

Zeit
3–4 Schulstunden

Darum geht es
Die Lehrperson favorisiert im Anschluss an die zweite Einheit – abhängig von den gegebenen Zahlenwerten – „schlaue" Strategien, damit die Kinder einen „Zahlen- und Aufgabenblick" gewinnen können: Sie wertet im Vorfeld der 3. Einheit die in der 2. Einheit erstellten Arbeitsergebnisse der Kinder aus und ordnet den auf den *Arbeitsblättern 1–4* dieser Einheit befindlichen wesentlichen Strategien jeweils den Namen eines Kindes zu, das tatsächlich so gerechnet hat (s. S. 185–188). Das namentliche Zuordnen stärkt die Identifikation der Klasse mit der Arbeit am Rechenwegebuch und natürlich das genannte Kind in seinem Selbstbewusstsein. Falls eine wesentliche Strategie nicht verwendet wurde, ergänzt die Lehrperson diese und ordnet ihr einen (fiktiven) Namen zu. Falls es weitere Strategien gibt, die die Lehrperson thematisieren will – etwa weil sie auch andere Rechenwege ihrer Schülerinnen und Schüler würdigen möchte – kann sie die *Leervorlage (AB 5*)* nutzen (s. S. 189). Die Kinder vollziehen zunächst die „schlauen" Strategien (anderer Kinder) aktiv nach und sind anschließend aufgefordert, diese zu bewerten und zu überlegen, bei welchen Zahlenwerten sie diese anwenden würden.

Wichtig: Die Strategie „Stellenweise" (AB 2, s. S. 186) sollten alle Kinder verstanden haben, da sie die Grundlage für die Überleitung zum schriftlichen Algorithmus bildet (s. H5-UM: pikas.tu-dortmund.de/053). Aus diesem Grund wird hier bewusst mit der kleinsten Stelle begonnen (E + E, Z + Z, H + H). Die Nutzung von Zehner-System-Blöcken sollte den Kindern hierbei ermöglicht werden, damit sie die Aufgaben zunächst auch auf der Handlungsebene lösen können. Es hat sich als hilfreich erwiesen, die Notation des Bündelungsprozesses auf der Zeichenebene (Strich-Punkt-Darstellung) zunächst verschiedenfarbig darzustellen (rot: weggenommen, grün: gebündelt, blau: verbleibender Rest = Ergebnis).

Material

Lehrperson
* Reihenverlauf-Themenleine
• LM 3 Plakat „Forschermittel"
• LM 4 Plakat „Satzanfänge"
• LM 5 Plakat „Wortspeicher"
* Plakat „Mathe-Konferenz-Leitfaden"
* Anmeldeliste „Mathe-Konferenz"
* LM 6 Plakat „Ideen für das Lernwegebuch

Schüler
• AB 1–4 „Wir rechnen, wie andere Kinder rechnen!"
* AB 5* Leervorlage
• „Forschermittel": Zehner-System-Blöcke, Zahlenstrahl, bunte Stifte, ...
* AB Lernwege-Buch (s. S. 181)
* Rollenkarten Mathe-Konferenz
* Reiter „Mathe-Konferenz. Bitte nicht stören!"
* Protokollbogen Mathe-Konferenz

AB	Aufgaben	Mögliche Strategie geschickten Rechnens	Überträge
AB 1	235 + 478 / 337 + 276 …	keine hier: Schrittweise	0–3
AB 2	135 + 224 / 347 + 135 …	keine hier: Stellenweise	0–3
AB 3	654 + 99 / 128 + 97…	Hilfsaufgabe (+ 100 – 1 / + 100 – 3…)	2–3
AB 4	251 + 149 / 128 + 97…	Hilfsaufgabe/Vereinfachen hier: 200 + 200 / 125 + 100	2–3

So kann es gehen

Einstiegsphase/Problemstellung

Transparenz über die 3. Einheit: Den Kindern sollte wiederum zunächst *Ziel-* und *Prozesstransparenz* gegeben werden, z. B. nach der Anknüpfung an die Vorstunden (ggf. über die Themenleine s. H5-UM: pikas.tu-dortmund.de/065): „In den folgenden Stunden werdet ihr einige Rechenwege von Kindern aus unserer Klasse kennenlernen, die aus meiner Sicht besonders geschickt sind. Ihr sollt diese Rechenwege selbst an einigen Aufgaben ausprobieren und dann bewerten, wie ihr diese Strategien („Rechentricks") findet. Ihr könnt außerdem überlegen, bei welchen Aufgaben diese Strategien („Rechentricks") aus eurer Sicht besonders geeignet sind. Darüber wollen wir uns dann zum Schluss gemeinsam austauschen."

Problemstellung: Je nachdem, über welche fachlichen und methodischen Kompetenzen die Schülerinnen und Schüler bereits verfügen, kann die Lehrperson entweder …

1. (beginnend mit AB 1, s. S. 185) alle Rechenwege nacheinander thematisieren und anschließend über die jeweiligen Besonderheiten der einzelnen Strategien („Rechentricks") in Abhängigkeit vom gegebenen Zahlenmaterial im Plenum reflektieren oder

2. alle Arbeitsblätter von Beginn an auslegen. Bei Variante 2 wählen die Kinder selbst die Reihenfolge der Bearbeitung aus, und eine gemeinsame Reflexion im Plenum findet erst zum Abschluss der Einheit statt.

Bei beiden Varianten können die auf den Arbeitsblättern genannten Kinder als „Experten" für „ihren" Rechenweg fungieren. Falls die Kinder noch nicht in „Expertenarbeit" gearbeitet haben, empfiehlt es sich, dass die Lehrperson Regeln für diese mit den Kindern erarbeitet (s. H8-UM: pikas.tu-dortmund.de/069).

Der gewählten Variante entsprechend präsentiert die Lehrperson die Aufgaben der Arbeitsblätter nacheinander oder zugleich und erläutert die übergeordnete Aufgabenstellung (s. o.: *Transparenz*). Das jeweilige „Expertenkind" kann dann seinen Rechenweg anhand der ersten Beispielaufgabe, die sich jeweils im oberen Teil des Arbeitsblatts befindet, an der Tafel allen Kindern der Klasse vorstellen oder auch nur der Gruppe von Kindern, die sich diese Unterstützungsleistung wünscht (zeitlich differenzierter Beginn der Arbeitsphase). Anschließend können die anderen Kinder anhand des zweiten Beispiels diesen Rechenweg aktiv nachvollziehen. Es ist auch möglich, dass die Kinder zunächst versuchen, sich die

Rechenwege selbst zu erschließen und sich bei Rückfragen an die Lehrperson oder das Expertenkind wenden.

Arbeitsphase
Die Kinder erarbeiten sich eigenständig, eventuell mit Unterstützung der Lehrperson bzw. der „Experten", die einzelnen Rechenwege. Sie bewerten diese anschließend innerhalb der Smiley-Skala und überlegen ggf., bei welcher Aufgabe sie welchen Rechenweg für geeignet halten. Bei beiden Varianten sollten die Kinder die Gelegenheit erhalten, sich vor der Reflexion im Plenum mit anderen Kindern über die Besonderheiten der Rechenwege austauschen zu können.

Differenzierung
GA: Durch das Nutzen der „Forschermittel" werden die Kinder darin unterstützt, Rechenwege zu ermitteln und darzustellen.
WA: Die Zahlenwerte der jeweils letzten Aufgabe sind so gewählt, dass der Tausenderraum überschritten wird. Darüber hinaus ist die abschließende Aufgabe als weiterführende Anforderung gekennzeichnet, da die Kinder hier Zusammenhänge herstellen, verallgemeinern und reflektieren müssen (vgl. Anforderungsbereiche der Bildungsstandards der KMK 2004, beispielhaft illustriert z. B. in Walther u. a. 2008).

Schlussphase/Reflexion
Abschließend sollte die Lehrperson mit den Kindern über die Besonderheiten der einzelnen Rechenwege reflektieren: Es sollte herausgestellt werden, wann welcher Rechenweg besonders „schlau" sein kann. Durch den Austausch sollte gewährleistet werden, dass Begründungen dargelegt werden, warum bei den verschiedenen Aufgaben unterschiedliche Strategien naheliegen (Abhängigkeit der Strategie vom gegebenen Zahlenmaterial); weniger „schlaue" Rechenwege sollten von den Kindern als solche identifiziert werden können. Wichtig ist hier auch das Benennen der einzelnen Strategien, um das Bewusstsein der Kinder für deren Unterschiedlichkeit zu schärfen. Für die Weiterarbeit ist es hilfreich, wenn über die Namen der einzelnen Wege Konsens hergestellt wird, damit die Verständigung vereinfacht wird. Die Namen können an der Tafel gesammelt und/oder auf einem Lernplakat festgehalten werden. Es sollte im Rahmen dieser Phase aber auch deutlich werden, dass es persönliche Vorlieben für bestimmte Rechenwege geben kann und darf.

Literatur
WALTHER, Gerd u. a. (Hg., 2008): Bildungsstandards für die Grundschule: Mathematik konkret. Berlin: Cornelsen Scriptor.

Material PIK   Haus 5   Rechnen auf eigenen Wegen

Name: Klasse: Datum:

Wir rechnen, wie andere Kinder rechnen!

_____ rechnet so:

| 235 + 478 | 337 + 276 |

$235 + 478 = 713$
$235 + 400 = 635$
$635 + 70 = 705$
$705 + 8 = 713$

$337 + 276 =$
$337 + 200 = 537$
$537 + 70 = 607$
$607 + 6 = 613$

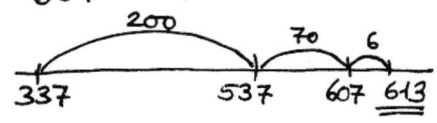

Rechne wie _____

| 321 + 176 | 714 + 267 |
| 376 + 553 | * 1327 + 658 |

Wie findest du diesen Rechentrick? Begründe!

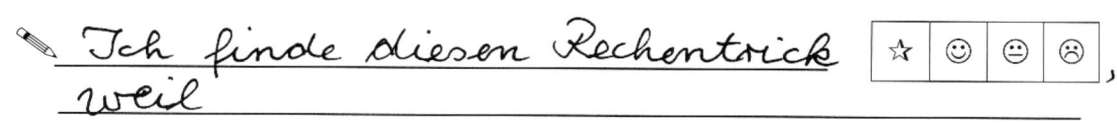

✎ Ich finde diesen Rechentrick ☆ ☺ 😐 ☹ ,
weil _____

* Was meinst du: Für welche Aufgaben ist er besonders geeignet?

✎ _____

Teil 1 (Addition) – Schüler-Material
Arbeitsblätter 1–5 – Einheit 3

AB 1

Material PIK Haus 5 Rechnen auf eigenen Wegen

Name: Klasse: Datum:

Wir rechnen, wie andere Kinder rechnen!

_____ rechnet so:

| 135 + 224 | 347 + 135 |

135 + 224 =
5 + 4 = 9
30 + 20 = 50
100 + 200 = 300
135 + 224 = 359

347 + 135 =
7 + 5 = 12
40 + 30 = 70
300 + 100 = 400
347 + 135 = 482

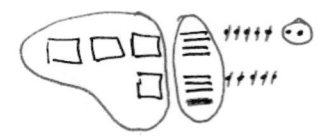

Rechne wie _____

| 317 + 221 | 734 + 167 |

| 567 + 354 | * 974 + 867 |

Wie findest du diesen Rechentrick? Begründe!

Ich finde diesen Rechentrick ☆ ☺ 😐 ☹ ,
weil _____

* Was meinst du: Für welche Aufgaben ist er besonders geeignet?

_____

Teil 1 (Addition) – Schüler-Material
Arbeitsblätter 1–5 – Einheit 3

AB 2
186

Material PIK   Haus 5   Rechnen auf eigenen Wegen

Name: Klasse: Datum:

Wir rechnen, wie andere Kinder rechnen!

_____ rechnet so:

| 654 + 99 | 128 + 97 |

654 + 99 = 654 + 100 − 1 = 753   128 + 97 = 128 + 100 − 3 = 225

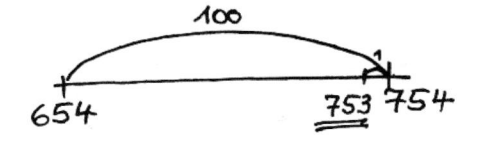

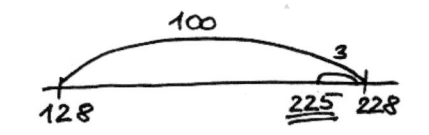

Rechne wie _____

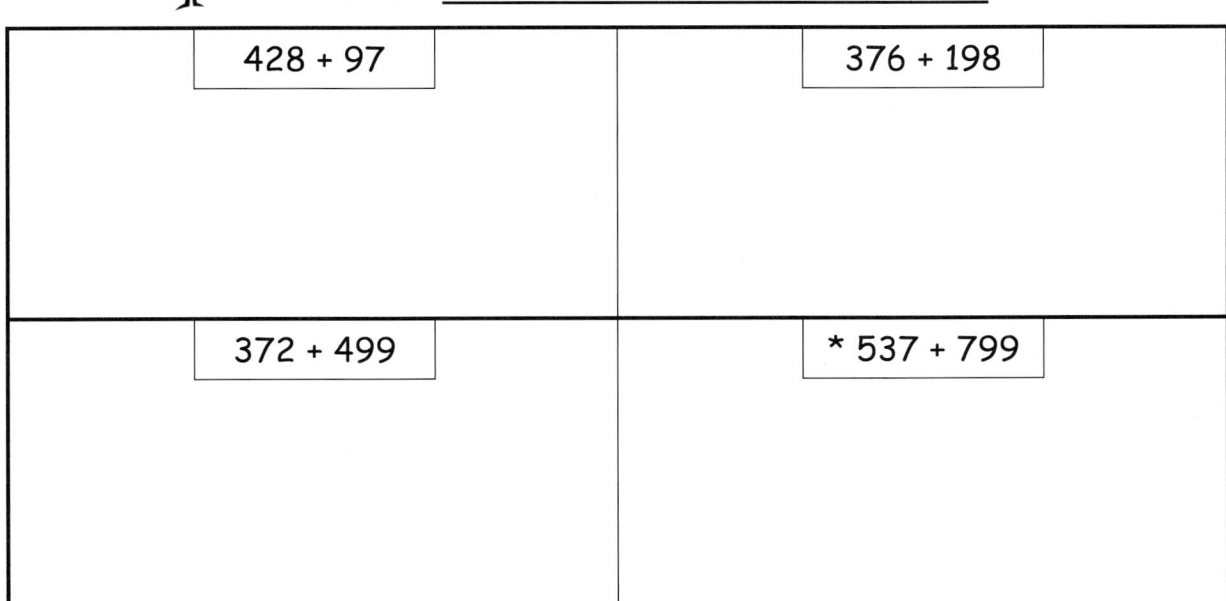

| 428 + 97 | 376 + 198 |

| 372 + 499 | * 537 + 799 |

Wie findest du diesen Rechentrick? Begründe!

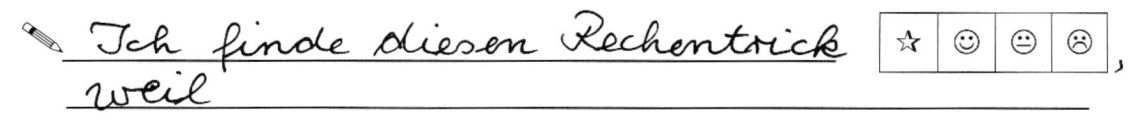

✎ Ich finde diesen Rechentrick [★][☺][😐][☹],
weil _____

* Was meinst du: Für welche Aufgaben ist er besonders geeignet?

✎ _____

Teil 1 (Addition) – Schüler-Material
Arbeitsblätter 1–5 – Einheit 3

AB 3
187

Material PIK   Haus 5   Rechnen auf eigenen Wegen

Name: Klasse: Datum:

Wir rechnen, wie andere Kinder rechnen!

_____ rechnet so:

| 251 + 149 | 128 + 97 |

$\overset{+51}{\curvearrowright}$
$251 + 149 = 200 + 200 = \underline{400}$

$\overset{+3}{\curvearrowright}$
$128 + 97 = 125 + 100 = \underline{\underline{225}}$

Rechne wie _____

351 + 349	217 + 98
335 + 465	* 797 + 533

Wie findest du diesen Rechentrick? Begründe!

✎ Ich finde diesen Rechentrick [☆][☺][😐][☹] ,
weil _____

* Was meinst du: Für welche Aufgaben ist er besonders geeignet?

✎ _____

_____

Teil 1 (Addition) – Schüler-Material
Arbeitsblätter 1–5 – Einheit 3

AB 4
188

Material PIK   Haus 5   Rechnen auf eigenen Wegen

Name: Klasse: Datum:

Wir rechnen, wie andere Kinder rechnen!

_____ rechnet so:

| + | | + |

Rechne wie _____

| + | | + |

| + | | + |

Wie findest du diesen Rechentrick? Begründe!

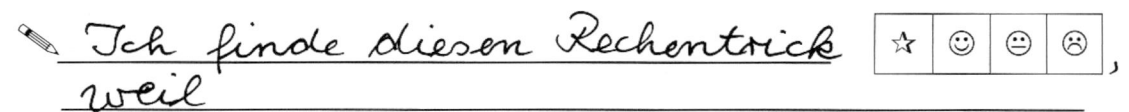

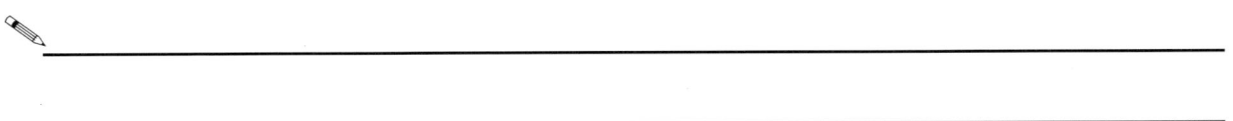

✏️ _Ich finde diesen Rechentrick_ ☆ ☺ 😐 ☹ ,
weil _____

* Was meinst du: Für welche Aufgaben ist er besonders geeignet?

✏️ _____
_____

Teil 1 (Addition) – Schüler-Material
Arbeitsblätter 1–5 – Einheit 3

AB 5*
189

Unterrichtsmaterial

Hinweise zur Unterrichtsplanung

„Wir rechnen mit großen Zahlen und überlegen uns schlaue Rechenwege!" – Teil 1 (Addition)

Einheit 4 (RW 4): „Rechne möglichst schlau!"

Ziele
Selbstständige Einordnung und Bewertung eigener und fremder Strategien hinsichtlich ihrer Effizienz.

Zeit
1–2 Schulstunden

Darum geht es
Die verschiedenen Aufgaben des Arbeitsblattes (s. S. 192–193) legen durch die unterschiedlichen Zahlenwerte jeweils eine Rechenstrategie besonders nahe.

Nr.	Aufgaben	Mögliche Strategie geschickten Rechnens	Überträge
1	368 + 517	keine (Schrittweise, Stellenweise..)	1
2	623 + 99	Hilfsaufgabe (+ 100 – 1)	2
3	449 + 451	Hilfsaufgabe/Vereinfachen (versch. Möglichkeiten: z. B. Zusammenfassen, 450 + 450)	2
4	* 252 + 848	Hilfsaufgabe/Vereinfachen (versch. Möglichkeiten: z. B. Zusammenfassen, 250 + 850)	2
*	Angebot zur Erstellung von analogen Eigenproduktionen (im Heft)		

Die Kinder können hier aber auch wiederum (möglichst begründet) ihren eigenen Präferenzen folgen.

So kann es gehen

Einstiegsphase/Problemstellung
Transparenz über die 4. Einheit und Problemstellung: Den Kindern sollte wiederum zunächst *Ziel-* und *Prozesstransparenz* gegeben werden, z. B. nach der Anknüpfung an die Vorstunden (ggf. über die Themenleine s. H5-UM: pikas.tu-dortmund.de/065): „Wir haben in den vergangenen Stunden viele verschiedene Rechenwege kennengelernt und überlegt, wann welche Strategien („Rechentricks") schlau sein können. Nun gibt es noch einmal neue Aufgaben. Ihr sollt hier überlegen, ob sich auch für diese Aufgaben jeweils ein besonderer „Rechentrick" anbietet oder nicht. Erklärt und begründet dann, warum ihr diese Rechenwege gewählt habt. Zum Schluss wollen wir wieder gemeinsam darüber sprechen, welche Rechenwege ihr für besonders schlau haltet." Alle vier Aufgaben sollten hierzu an der Tafel visualisiert werden (z. B. Aufgabe 1 ganz links, Aufga-

---

Material

Lehrperson
* Reihenverlauf-Themenleine
• LM 3 Plakat „Forschermittel"
• LM 4 Plakat „Satzanfänge"
• LM 5 Plakat „Wortspeicher"
* Plakat „Mathe-Konferenz-Leitfaden"
* Anmelde-Liste „Mathe-Konferenz"
* LM 6 Plakat „Ideen für das Lernwegebuch"

Schüler
• AB 1 „Rechne möglichst schlau!"
* AB Lernwege-Buch (s. S. 181)
* Rollenkarten Mathe-Konferenz
* Reiter „Mathe-Konferenz. Bitte nicht stören!"
* Protokollbogen Mathe-Konferenz

be 2 und 3 in der Mitte und Aufgabe 4 rechts), sodass unter ihnen Platz für die Lösungen der Kinder bleibt.

Arbeitsphase
Die Kinder bearbeiten zunächst in Einzelarbeit die einzelnen Aufgaben. Hierzu können sie die Arbeitsblätter der Vorstunden heranziehen. Anschließend sollten sie sich mit anderen Kindern (z. B. im Rahmen von Mathe-Konferenzen) über ihre Rechenwege austauschen und versuchen, jeweils zu begründen, warum sie ihre Rechenwege „schlau" finden. Abschließend können die Kinder zu einer oder mehreren Aufgaben jeweils eine „besonders schlaue" Strategie für die Reflexionsphase schriftlich vorbereiten.

Differenzierung
GA: Durch das Nutzen der „Forschermittel" werden die Kinder darin unterstützt, Rechenwege zu ermitteln und darzustellen.
WA: Auf dem zweiseitigen Arbeitsblatt sind Grundanforderungen und weiterführende Anforderungen (*-Aufgaben) ausgewiesen: Die Zahlenwerte der letzten Aufgabe sind so gewählt, dass der Tausenderraum überschritten wird. Darüber hinaus wird auch hier zur Erstellung analoger Eigenproduktionen aufgefordert.

Schlussphase/Reflexion
Einen solchen Austausch über die Begründung des Nutzens verschiedener Strategien wie in den Mathe-Konferenzen (in der Arbeitsphase) sollte auch die Reflexionsphase leisten. Hierzu können einzelne Kinder oder auch Konferenz-Teams ihre Ergebnisse an der Tafel jeweils unter der passenden Aufgabe visualisieren, erklären, begründen und zur Diskussion stellen.

Material PIK   Haus 5   Rechnen auf eigenen Wegen

Name: Klasse: Datum:

Rechne möglichst schlau!

Schau dir die Zahlen genau an!
Bietet sich für diese Zahlen ein besonderer Rechentrick an?
Rechne dann möglichst schlau!
Erkläre deine Rechenwege so, dass andere Kinder sie verstehen können!

---

368 + 517

Bietet sich für diese Zahlen ein besonderer Rechentrick an?   ☐ ja   ☐ nein

Erkläre deinen Rechenweg!

---

623 + 99

Bietet sich für diese Zahlen ein besonderer Rechentrick an?   ☐ ja   ☐ nein

Erkläre deinen Rechenweg!

Teil 1 (Addition) – Schüler-Material
Arbeitsblatt – Einheit 4

AB 1a
192

Material PIK Haus 5 Rechnen auf eigenen Wegen

449 + 451	Bietet sich für diese Zahlen ein besonderer Rechentrick an? ☐ ja ☐ nein Erkläre deinen Rechenweg!
* 252 + 848	Bietet sich für diese Zahlen ein besonderer Rechentrick an? ☐ ja ☐ nein Erkläre deinen Rechenweg!

* Denke dir (auf der Rückseite) selbst Plusaufgaben aus, die du mit verschiedenen Rechentricks lösen kannst und schreibe deinen Rechentrick daneben.

Teil 1 (Addition) – Schüler-Material
Arbeitsblatt – Einheit 4

AB 1b

Unterrichtsmaterial

Hinweise zur Unterrichtsplanung

„Wir rechnen mit großen Zahlen und überlegen uns schlaue Rechenwege!" – Teil 1 (Addition)

Einheit 5 (RW 5): „Was wir dazugelernt haben!" – Erheben des Lernzuwachses der Kinder *(Abschluss-Standortbestimmung)*

Ziele
Im Vergleich der beiden Standortbestimmungen können individuelle Lernzuwächse bestimmt und ggf. weitere Fördermaßnahmen ergriffen werden. Hierzu kann wiederum der *Auswertungsbogen* genutzt werden.

Zeit
1–3 Schulstunden, je nachdem, ob die Kinder in die Auswertung mit einbezogen werden, eine Kindersprechstunde (vgl. H10-IM, Informationsvideos: pikas.tu-dortmund.de/111) und ein abschließender gemeinsamer Rückblick auf die Reihe durchgeführt wird oder nicht.

Darum geht es
Um den Vergleich leisten zu können, werden auf dem *AB Abschluss-Standortbestimmung* (s. S. 197–198) die gleichen Aufgaben wie in der Eingangs-Standortbestimmung gestellt; das Material bietet jedoch Platz für die Notation der Beschreibung und Begründung des gewählten Lösungsweges. Den Kindern sollte anschließend ein selbstständiger Vergleich ihrer Eingangs- und Abschluss-Standortbestimmung angeboten werden, um ihnen ihre Lernfortschritte bewusst machen zu können (Schreiben eines Lernberichtes oder Eintrag in das Lernwegebuch).

So kann es gehen

Einstiegsphase/Problemstellung
Transparenz über die 5. Einheit: Den Kindern sollte wiederum zunächst *Transparenz* darüber gegeben werden, was sie erwartet, z. B. nach der Anknüpfung an die Vorstunden (ggf. über die Themenleine s. H5-UM: pikas.tu-dortmund.de/065 oder visualisierte Ergebnisse der Vorarbeit): „Wir wollen heute (in den nächsten Stunden) darüber nachdenken, was wir dazugelernt haben (und über die Rechenwege-Reihe sprechen)". Die Lehrperson zeigt hierzu das bereits zu Beginn der Reihe bearbeitete Arbeitsblatt (*Eingangs-Standortbestimmung*, s. S. 166) und das neue Arbeitsblatt (*Abschluss-Standortbestimmung*, s. S. 197–198) und informiert die Kinder darüber, dass es sich bei diesem im Prinzip um das gleiche Arbeitsblatt handelt wie zu Beginn der Reihe und dass sie heute ihre Eingangs- mit ihrer Abschluss-Standortbestimmung vergleichen sollen, um festzustellen, was sie dazugelernt haben und was sie eventuell noch üben müssen. Anschließend erklärt sie die einzelnen Arbeitsschritte. Da sich die Kinder viel merken müssen, empfiehlt es sich, diese Arbeitsschritte (nachstehend *kursiv* gesetzt) an der Tafel – am besten durch Piktogramme unterstützt – schriftlich festzuhalten.

Material

Lehrperson
* Reihenverlauf-Themenleine
• LM 3 Plakat „Forschermittel"
• LM 4 Plakat „Satzanfänge"
• LM 5 Plakat „Wortspeicher"
* LM 6 Plakat „Ideen für das Lernwegebuch"

Schüler
• AB 1 Abschluss-Standortbestimmung „Was wir dazugelernt haben!"
• „Forschermittel": Zehner-System-Blöcke, Zahlenstrahl, bunte Stifte, …
* AB Lernwege-Buch (s. S. 181)
* AB 2 Lernbericht

1. AB berechnen, Rechenweg beschreiben und benennen
2. AB kontrollieren
3. Sei dein eigener Lehrer: Vergleiche! Die Lehrperson erklärt: Wer das Arbeitsblatt kontrolliert hat, holt sich seine Eingangs-Standortbestimmung vorne ab, sieht sie durch und korrigiert ggf. mit einem andersfarbigem Stift, damit sichtbar wird, was zu Beginn noch nicht gekonnt wurde.
Nach der Korrektur der Eingangs-Standortbestimmung vergleichen die Kinder diese mit ihrer Abschluss-Standortbestimmung, um abschließend einen Lernbericht zu schreiben.
4. Lernbericht schreiben: Die Lehrperson zeigt ggf. das *Arbeitsblatt Lernbericht* (AB 2, s. S. 199). Wenn die Kinder regelmäßig ein Lernwegebuch führen, so können sie den Lernbericht auch in diesem verfassen.
*5. Kindersprechstunde: Die Lehrperson erklärt: Kinder, die alle Arbeiten erledigt haben, können sich zur Kindersprechstunde anmelden.
Das Verfahren des Eintragens in eine an der Tafel vorbereitete Liste ist den Kindern ggf. aus der Einheit 1 bekannt.
Wenn keine Kindersprechstunde durchgeführt wird, geben die Kinder ihre Standortbestimmungen und ihren Lernbericht der Lehrperson zur Kenntnis.
*6. FA (Freiarbeit, Wochenplan oder eine andere Aufgabe): Die Lehrperson erklärt: Wer diese Arbeiten erledigt hat, arbeitet an zuvor festgelegten Aufgaben weiter, um die anderen Kinder nicht zu stören.

Arbeitsphase
Der Zeitrahmen sollte wiederum, den Fähigkeiten der Kinder entsprechend, flexibel angelegt sein. Die Lehrperson gibt ggf. Hilfestellungen, um das Aufkommen einer „Testatmosphäre" zu verhindern.
* Kinder, welche die ersten vier Arbeitsschritte geleistet haben, melden sich zur Kindersprechstunde an. Hierzu tragen sie sich in eine an der Tafel vorbereitete Liste ein. Im Rahmen dieser Sprechstunde gibt die Lehrperson den einzelnen Kindern Rückmeldung zur erbrachten Leistung. Im Sinne dialogischer Lernbeobachtung und -förderung erhalten die Kinder hier ihrerseits die Gelegenheit, Rückfragen an die Lehrperson zu stellen oder auch Grundsätzliches mitzuteilen. Ggf. können Gesprächsergebnisse gemeinsam (von der Lehrperson oder/und dem Kind) schriftlich im Kindersprechstunden-Protokollbogen festgehalten werden.

Differenzierung
GA: Durch das Nutzen der „Forschermittel" werden die Kinder darin unterstützt, Rechenwege zu ermitteln und darzustellen.
WA: Erstellen analoger Eigenproduktionen.

Schlussphase/Reflexion
Am Ende der Einheit kann ein Erfahrungsaustausch im Sitzkreis erfolgen, z. B.:
1. Rückmelderunde zur letzten Einheit
Zunächst kann ein „Blitzlicht" durchgeführt werden, um den Kindern Gelegenheit zu geben, ihre Meinungen und Erfahrungen mitteilen zu können: Ein Gegenstand (z. B. ein kleiner Kieselstein) ist der „Erzähl-Gegenstand" („Erzähl-Stein"). Dieser wird im Kreis von einem zum nächsten Kind weitergereicht. Nur dasjenige Kind, das diesen in der Hand hat, darf zu einer vorab gestellten Frage sprechen; hier z. B.: „Wie hast du die Stunde heute erlebt? Wie war das heute für dich?". Dabei sollte darauf

geachtet werden, dass die Kinder „Ich-Botschaften" formulieren (z. B.: „Ich fand es gut, dass ...", „Ich meine, dass wir ..."). Alle anderen Kinder (und die Lehrperson) hören zu und nehmen diese Aussagen (ggf. zunächst) unkommentiert an. Es dürfen lediglich Verständnisfragen gestellt werden. Vorteil dieser Methode ist, dass alle Kinder aufgefordert sind, etwas zu sagen. Kinder, die jedoch nichts sagen möchten, sollten in dieser Situation auch nicht explizit dazu aufgefordert werden – sie geben den Erzählgegenstand weiter an das nächste Kind. Wenn alle etwas gesagt haben, kann ggf. über angesprochene Aspekte diskutiert und überlegt werden, ob ggf. Konsequenzen gezogen werden müssen.

2. Rückmelderunde zur Unterrichtsreihe
Die Lehrperson bittet die Kinder, auf die Reihe zurückzublicken. Dazu kann sie noch einmal alle entstandenen Produkte präsentieren (Plakate, Rechenwegebücher der Kinder) und ggf. die Impulskarten (s. H5-UM: pikas.tu-dortmund.de/070) in die Mitte des Kreises legen. Mögliche Reflexions-Aspekte sind: Was haben wir dazugelernt? Was hat gut geklappt? Was noch nicht? Wie sollten wir weiterarbeiten (z. B. hinsichtlich der genutzten Methoden)? Welche Wünsche haben wir? Was ist wichtig?
Ggf. hält die Lehrperson (oder ein „Sekretär-Kind") diese Rückmeldungen schriftlich auf Zetteln oder im Klassentagebuch fest, um sie für die Weiterarbeit zu nutzen.

Weiterarbeit
Falls keine Kinder-Sprechstunde durchgeführt wird, gibt die Lehrperson jedem Kind zeitnah (schriftlich oder/und mündlich) eine kurze Rückmeldung zu seiner Abschluss-Standortbestimmung (und zur Arbeit mit seinem Rechenwegebuch). Bei der Diagnose der abschließend gezeigten Kompetenzen kann wiederum der Auswertungsbogen hilfreich sein, da dieser – im Vergleich mit der von der Lehrperson zu Beginn der Reihe erstellten Auswertung – einen systematischeren Gesamtüberblick über die individuellen Lernzuwächse ermöglicht. Die Lehrperson kann sich abschließend – nach Durchsicht der Rechenwegebücher – in ihren Unterlagen zur Leistungsbeurteilung notieren, mit welchem Erfolg die einzelnen Kinder innerhalb dieser Unterrichtsreihe – ggf. nicht nur unter Berücksichtigung des Lernzuwachses bezüglich ihrer Sach-, sondern auch ihrer Methoden-, Sozial- und Selbstkompetenz – gearbeitet haben (s. S. 320 oder H10-UM, Beispiel-Beobachtungsbogen: pikas.tu-dortmund.de/071).

Fortführung des Unterrichtsvorhabens
Hieran sollte sich eine Phase des *beziehungsreichen Übens der halbschriftlichen Addition* anschließen, bevor andere Inhalte des Mathematikunterrichtes thematisiert werden. Anschließend wird – analog zum Vorgehen bei der Addition – eine Unterrichtsreihe zum *halbschriftlichen Subtrahieren* durchgeführt. Wichtig ist es bei dieser folgenden Reihe, dass sich die Lehrperson bereits im Vorfeld entscheidet, welches Verfahren der schriftlichen Subtraktion die Kinder erlernen sollen, da es für die Subtraktion diesbezüglich – im Unterschied zur Addition – verschiedene Möglichkeiten gibt (s. H5-UM, Teil 1, Subtraktion, Planung: pikas.tu-dortmund.de/052).

Was wir dazu gelernt haben!

Rechne möglichst schlau!
Schreibe deine Rechenwege so auf, dass andere Kinder sie verstehen können!

| 13 + 36 | 613 + 236 |

Erkläre deinen Rechenweg! Warum hast du so gerechnet? Welchen Namen gibst du deinem Rechenweg?

| 27 + 99 | 427 + 399 |

Erkläre deinen Rechenweg! Warum hast du so gerechnet? Welchen Namen gibst du deinem Rechenweg?

Material PIK — Haus 5 — Rechnen auf eigenen Wegen

| 25 + 26 | 325 + 326 |

Erkläre deinen Rechenweg! Warum hast du so gerechnet?
Welchen Namen gibst du deinem Rechenweg?

* Denke dir selbst zwei ähnliche Plus-Aufgaben aus!

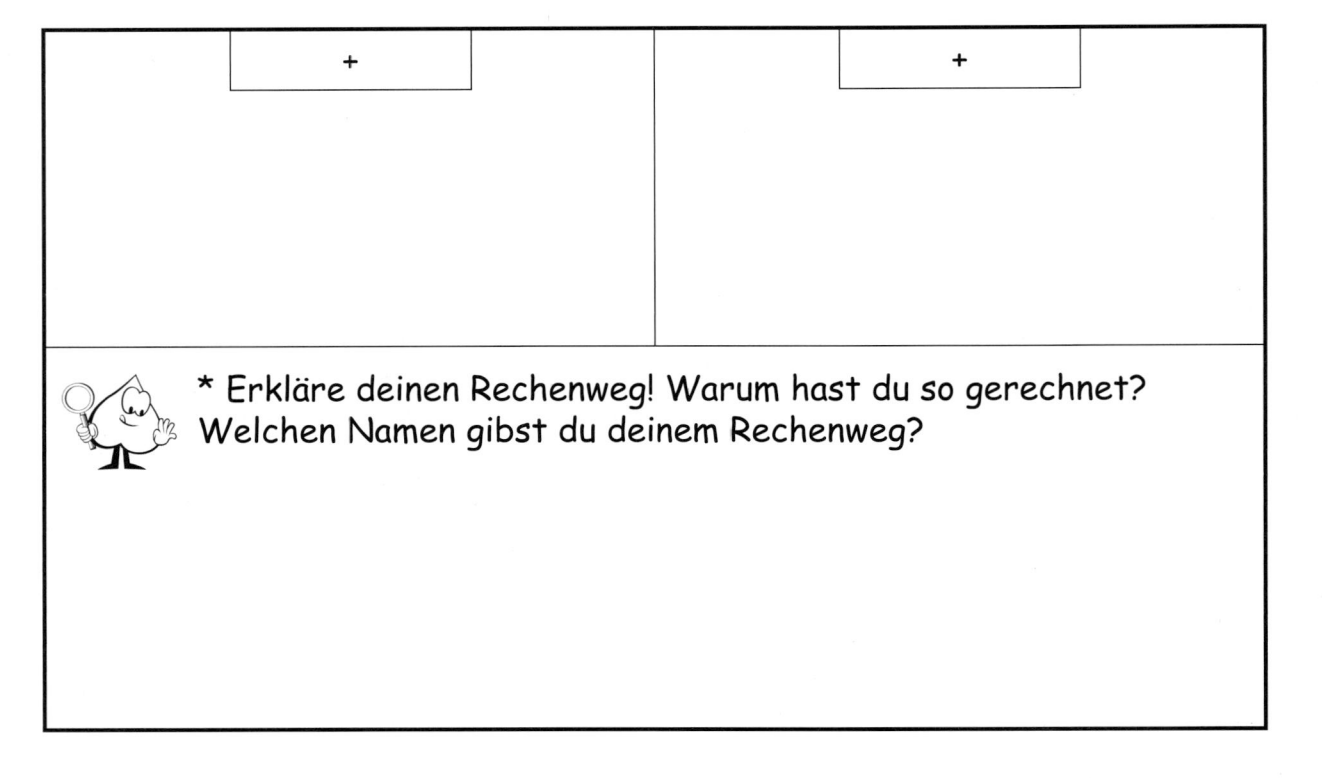

| + | + |

* Erkläre deinen Rechenweg! Warum hast du so gerechnet?
Welchen Namen gibst du deinem Rechenweg?

Name:	Klasse:	Datum:

**Wir rechnen mit großen Zahlen
und überlegen uns schlaue Rechenwege!**

Lernbericht

Das habe ich gelernt

Daran muss ich noch weiter arbeiten

Das möchte ich sonst noch sagen

HAUS 6: Heterogene Lerngruppen

Aufgabe der Grundschule ist es, so die Richtlinien NRW, die Vielfalt der gemeinsamen Schule für alle Kinder als gemeinsame Chance zu begreifen und sie durch eine umfassende und differenzierte Bildungs- und Erziehungsarbeit für das gemeinsame Lernen der Kinder zu nutzen. Im hierarchisch aufgebauten Fach Mathematik erweist sich das – zum Beispiel im jahrgangsgemischten Unterricht – bisweilen als recht schwierig. Die Materialien dieses Hauses thematisieren die Probleme und leisten Beiträge zu deren Überwindung.

Arithmetikunterricht in der Schuleingangsphase – Organisation und Unterrichtsbeispiele

Darum geht es – Basisinfos

Arithmetische Themen im Anfangsunterricht sowohl in jahrgangsbezogenen als auch in jahrgangsgemischten Lerngruppen so zu gestalten und zu organisieren, dass man allen Kindern gerecht wird, indem man eine Balance zwischen dem *Lernen auf eigenen Wegen* und dem *Lernen von- und miteinander* schafft, stellt oft eine Herausforderung für die Lehrperson dar.

Beim *Lernen auf eigenen Wegen* bekommt jedes Kind zum einen die Möglichkeit, seinen Fähigkeiten und Vorkenntnissen entsprechend im eigenen Tempo zu lernen und dabei eigene Lösungswege zu entwickeln und mathematische Entdeckungen zu machen. Zum anderen wird jedem Kind Gelegenheit gegeben, seinen eigenen Lernprozess zu reflektieren, mit dem Ziel diesen zunehmend eigenverantwortlich zu steuern. Daher müssen die Lernangebote so differenziert werden, dass sie allen Kindern einer Lerngruppe einen individuellen Zugang ermöglichen, während der Arbeitsaufwand für die Lehrperson aber gerechtfertigt ist.

Den Kindern die Möglichkeit zu geben, *von- und miteinander zu lernen*, heißt, ihnen Raum zu geben, miteinander zu kommunizieren und zu interagieren sowie sich gegenseitig zu unterstützen. So wird den Kindern Anlass gegeben, sich über erste Einfälle und Lösungsideen auszutauschen, ihre Vorgehensweisen und Entdeckungen gegenseitig – auch mit Hilfe von Forschermitteln – zu beschreiben.

Im Unterrichtsmaterial zu Haus 6 der PIK AS-Website befindet sich die Beschreibung eines Konzeptes, das in Anlehnung an Rathgeb-Schnierer (2010) entwickelt wurde, hier aber nicht weiter beschrieben wird (s. H6-UM, Basisinfo: pikas.tu-dortmund.de/072). Darüber hinaus wird – hier nur beispielhaft – eine Möglichkeit aufgezeigt, wie mit ausgewählten Unterrichtsbeispielen im arithmetischen Anfangsunterricht bei allen Kindern von Anfang an sowohl inhaltsbezogene als auch prozessbezogene Kompetenzen gefordert und gefördert werden können und dabei die oben angesprochene Balance zwischen dem Lernen auf eigenen Wegen und dem Lernen von- und miteinander erzeugt und aufrecht erhalten werden kann.

Organisation und Durchführung der arithmetischen Unterrichtsreihe

Die Reihe ist organisatorisch so aufgebaut, dass die Aufgabenformate und Spiele ca. bis zu den Herbstferien zunächst mit allen Kindern einer

Lerngruppe (auch jahrgangsgemischt) eingeführt werden. In zweijährigen Jahrgangsmischungen (1/2) könnten einige Lernangebote jährlich und somit für die Kinder zweimal durchgeführt werden. Dadurch würde allen Schülern ein Lernen mit einem lebendigen Spiralprinzip angeboten, das sowohl vorausschauendes als auch rückblickendes Lernen beinhaltet. In der wiederkehrenden Auseinandersetzung mit dem Unterrichtsstoff erfahren die Kinder diesen von verschiedenen Seiten, sodass Phasen der Orientierung/Einführung, Übung, Vertiefung sowie Erweiterung zeitgleich von verschiedenen Kindern durchlaufen werden können (vgl. Nührenbörger, 2006).

Ziel der gemeinsamen Einführung der Materialien nacheinander ist, dass alle Kinder wissen, wie mit dem jeweiligen Material eigenständig gearbeitet wird. Da das Material für die Phasen des Bausteins des *Eigenständigen Lernens* (s. dazu H6-UM: pikas.tu-dortmund.de/072) nach der Einführung ins Mathe-Regal gestellt wird bzw. sich in jahrgangsgemischten Klassen bereits dort befindet, wird den Kindern bei der Einführung gezeigt, wie sie das Material sowohl inhaltlich als auch methodisch nutzen – also: *Wie arbeite ich mit dem Material? Wo finde ich das Material?* etc. Dabei lernen sie Schritt für Schritt selbstständig zu arbeiten.

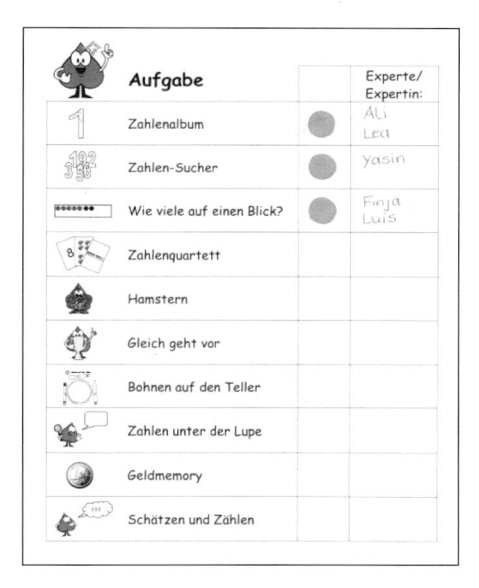

Arbeitsplakat Klassenübersicht

Zur Übersicht der bereits eingeführten Materialien kann ein Arbeitsplakat dienen (s. H6-UM: pikas.tu-dortmund.de/132). Wird ein Aufgabenformat im Unterricht mit der gesamten Lerngruppe eingeführt, so kann dieses in der zweiten Spalte entsprechend mit Klebepunkten oder Kreuzen markiert werden. Die Kinder können sich so an dem Plakat orientieren und wissen, an welchen Materialien sie in den Freiarbeitsphasen selbstständig arbeiten dürfen. Da sich die Einführung des Materials gerade im Hinblick auf das *Von-und-miteinander-Lernen* über die *Expertenarbeit* anbietet, können in einer weiteren Spalte Expertenkinder aufgelistet werden (s. H8-UM: pikas.tu-dortmund.de/013).

Für die Phasen des *Eigenständigen Lernens* erhält jedes Kind einen Arbeitsplan (s. H6-UM: pikas.tu-dortmund.de/073), der ausgehend von der arithmetischen Eingangs-Standortbestimmung (s. H9-UM: pikas.tu-dortmund.de/074) erstellt werden kann. Der Arbeitsplan kann später Grundlage für Gespräche über den Lernprozess z.B. im Rahmen einer Kinder-Sprechstunde sein (s. Haus 10, mündliche Rückmeldung: S. 307 ff.) und kann durch die Unterschrift der Lehrperson und ggf. durch einen Stempel gewürdigt werden. Es kann ebenfalls überlegt werden, ob zusätzlich mit den Kindern besprochen wird, ob diese und ggf. die Eltern den Arbeitsplan unterzeichnen.

Auf den folgenden Seiten werden das Spiel „Gleich geht vor" vorgestellt sowie unterrichtspraktische Anregungen zum Einsatz des „Zahlenquartetts" gegeben. Die weiteren Materialien der arithmetischen Unterrichtsreihe befinden sich auf der PIK AS-Website (H6-UM: pikas.tu-dortmund.de/075).

Literaturhinweise

NÜHRENBÖRGER, Marcus (2006): „Neue" Anfänge im Mathematikunterricht der Grundschule. In: Die Grundschulzeitschrift H. 195/196, S. 4–8.
RATHGEB-SCHNIERER, Elisabeth (Hg.) (2010): Mathematiklernen in der jahrgangsübergreifenden Eingangsstufe. Gemeinsam aber nicht im Gleichschritt. München: Oldenbourg Schulbuchverlag.

Weitere Infos

PIK AS-Website

Eingangsstandortbestimmung
Haus 9 – Unterrichtsmaterial – Leistungen wahrnehmen – Klasse 1 oder 1/2
   pikas.tu-dortmund.de/074

Expertenarbeit
Haus 8 – Unterrichtsmaterial – Expertenarbeit
   pikas.tu-dortmund.de/013

Kindersprechstunde
Haus 10 – Unterrichtsmaterial – Rückmeldungen geben
   pikas.tu-dortmund.de/067

Wortspeicher
Haus 4 – Informationsmaterial – Informationsvideos
   pikas.tu-dortmund.de/028

Offene Aufgaben
Haus 6 – Unterrichtsmaterial – Offene Aufgaben – Offene Aufgaben Klasse 1 und 2
   pikas.tu-dortmund.de/076

Kira-Website

Material – Arithmetik bis zum 2. Schuljahr
   kira.tu-dortmund.de/077
Material – „Unterricht – offen & zielorientiert" – Offene Aufgaben
   kira.tu-dortmund.de/078

Unterrichtsmaterial

Hinweise zur Unterrichtsplanung

„Gleich geht vor"

Ziele

Die Schülerinnen und Schüler
- erkennen Würfelbilder und zählen Mengen bis 6 ab, indem sie zu der gewürfelten Augenzahl die entsprechende Menge an Plättchen nehmen bzw. Striche auf ihrer Strichliste hinzufügen sowie ggf. auf dem Spielplan mit der Spielfigur vorrücken,
- entwickeln Strategien, wie sie möglichst schnell gleich viele Plättchen bzw. Striche bekommen,
- vergleichen Mengen und bestimmen Unterschiede der Plättchen- bzw. Strichanzahlen zwischen den beiden Teammitgliedern,
- überlegen bzw. berechnen, welche Augenzahl ein Spieler würfeln muss, damit sie gleich viele Plättchen haben,
- stellen ihre Spielstrategien den anderen Kindern vor und diskutieren diese,
- wenden die Mathe-Wörter zu „Gleich geht vor" an und nehmen sie in ihren Wortschatz auf (s. LM 3 Wortspeicher S. 207),
- erfinden kreative, weiterführende Spielregeln, notieren diese und probieren sie aus. Anschließend stellen die Kinder ihre erfundenen Spielregeln vor, diskutieren mit anderen über diese, machen ggf. Verbesserungsvorschläge und überarbeiten ihre Spielideen.

Zeit

ca. **45 min**, wenn die Kinder eigene Spielideen entwickeln und formulieren länger

Schuljahr 1, 1/2, 1/4 oder 1–4

Lehrplan-Bezug
<u>Inhaltsbezogene Kompetenzen</u>
Zahlen und Operationen: Zahlvorstellungen, Operationsvorstellungen, Zahlenrechnen

<u>Prozessbezogene Kompetenzen</u>
Darstellen/ Kommunizieren, Argumentieren, Problemlösen/ *Kreativ sein

So kann es gehen

Möglicher Arbeitseinstieg:

Einführung mit einer Lerngruppe

Die Kinder finden sich im Sitzkreis zusammen. Bevor das Spiel gespielt wird, stellt die Lehrperson die Spielregeln (LM 1 und 2, s. S. 205–206) für die Kinder anschaulich vor (s. Spielregeln H6-UM: pikas.tu-dortmund.de/ 147). Anschließend spielt sie zusammen mit einer Gruppe von drei Kindern (die vier Personen bilden zwei Teams) das Spiel im Sitzkreis vor. Es muss darauf geachtet werden, dass alle Kinder das Spielfeld sehen und dem Spielverlauf folgen können. Unklare Begriffe der Spielregeln werden geklärt und ggf. im Wortspeicher festgehalten (s. S. 207); diese Wörter werden evtl. durch weitere Begriffe ergänzt, die die Kinder der Lerngruppe noch nicht kennen. (Hinweis: Wird das Spiel in einer jahrgangsbezogenen Klasse 1 eingeführt, kann der Wortspeicher als Übersicht für die Lehrperson genutzt werden.) Die Lehrperson gibt anschließend Ausblick auf die Schlussphase. Es bietet sich an, die Reflexionsphase zu nutzen, um über Spielstrategien zu sprechen, z. B.: „Welche Strategie/Trick habt ihr in eurem Team benutzt, damit ihr möglichst schnell gleich viele Plättchen/Striche bekommen habt?", es können aber auch Schwierigkeiten thematisiert werden, z. B.: „Gab es Probleme? Weshalb? Wie kann man diese lösen?", *„Habt ihr Vorschläge für andere oder weitere Spielregeln?"

Einführung mit Experten
Kinder, die das Spiel kennen, z. B. ältere Kinder in einer jahrgangsübergreifenden Klasse, erklären den Kindern als Experten das Spiel oder gehen als Experten jeweils in eine Gruppe mit Kindern, die das Spiel noch nicht kennen, und bringen es ihnen bei. Diese Form der Organisation bietet sich insbesondere dann an, wenn die Kinder z. B. einen Arbeitsplan bearbeiten, bei dem das Spiel eine mögliche Aufgabe ist. Falls noch keine Kinder das Spiel kennen, ist es auch denkbar, dass die Lehrperson eine Gruppe von Kindern mit den Spielregeln vertraut macht und dass diese dann als Experten anderen Kindern das Spiel erklären.

Arbeitsphase/Differenzierung
In der Arbeitsphase spielen jeweils zwei Teams das Spiel gegeneinander. Um Schwierigkeiten entgegenzuwirken und um die Spieldauer für den Einstieg zu verkürzen, bietet sich an, das Spiel zunächst mit dem verkürzten Spielplan (bis 10) einzuführen (s. H6-UM: pikas.tu-dortmund.de/079). Durch die Team- und Gruppenzusammensetzung kann evtl. Überforderung entgegengewirkt werden, da Kinder z. B. als Experten anderen helfen können. Sollten die beiden Würfelphasen (1. Würfeln, um gleich viele Plättchen zu bekommen, 2. Würfeln, um die Spielfigur zu setzen) den Kindern Schwierigkeiten bereiten, so empfiehlt es sich, diese deutlicher voneinander zu unterscheiden. So kann eine Würfelphase z. B. durch das Ziehen von Ziffernkarten ersetzt werden. Es können aber auch für die jeweiligen Würfelphasen unterschiedlich farbige Würfel genutzt werden.

Schlussphase
Falls es Schwierigkeiten gab, werden diese zunächst angesprochen und es wird gemeinsam nach Lösungsmöglichkeiten gesucht (ggf. auch: „Sollten die Spielregeln verändert werden, um die Probleme zu lösen?"). Der Schwerpunkt der Schlussphase sollte auf der Reflektion der Spielstrategien liegen (s. o.). Die Kinder bemerken, dass es günstig ist, wenn das Kind, das die geringere Anzahl an Plättchen bzw. Strichen hat, mit dem Würfeln beginnt. Kann es ausgleichen, darf das Team sofort würfeln und auf dem Spielplan vorziehen. Würfelt es zu viel, kann der Teampartner evtl. gleichziehen. Wenn es zu wenig würfelt, verzichtet der Teampartner auf seinen Wurf, damit der Unterschied zwischen den Anzahlen nicht noch größer wird. Diese Situationen sollten auch mit Demo-Material verdeutlicht werden. Falls Kinder eigene Spielregeln überlegt und formuliert haben, sollte darüber gesprochen werden, wie die Spielideen bei den anderen Kindern ankommen und ob die Regeln verständlich formuliert wurden. Die „Spiele-Erfinder" überarbeiten anschließend ihre Regeln.

Weiterarbeit
Das Spiel „Gleich geht vor" wird für die freie Lernzeit in das Mathe-Regal eingestellt. Wenn das Reflektieren über Spielstrategien weiter angeregt werden soll, bietet sich insbesondere das Spiel „Bohnen auf den Teller – 3" an (s. H6-UM: pikas.tu-dortmund.de/080). Die Kinder werden ermuntert, zu „Gleich geht vor" weitere Spielregeln zu erfinden, aufzuschreiben, zu erproben und ggf. zu überarbeiten. Zudem könnten die Kinder angeregt werden, weitere Mathe-Spiele zu erfinden. Dabei sollten sie anschließend erklären können, welche Kenntnisse, Fertigkeiten und Fähigkeiten bei ihrem Spiel besonders geübt werden können.

Material

Lehrperson
- LM 3 „Gleich geht vor"-Wortspeicher zu Demonstrationszwecken für den Einstieg
- vergrößerter Spielplan oder auf Folie für den OHP
- LM 1 und 2 Spielregeln zu Demonstrationszwecken für die Reflexionsphase
- Plättchen-Ordnungshilfen (20er-Feld bzw. 100er-Feld) in groß auf Papier oder auf Folie für den OHP

für jede Spielgruppe
- AB 0 Spielplan
- ggf. Spielplan bis 10
- ein Würfel
- Plättchen

oder
- Papier und Stift zum Führen einer Strichliste
* LM 1 Spielregeln (Klasse 1/2, 2)

für jedes Team
- eine Spielfigur (AB 1)
* ggf. zwei Plättchen-Ordnungshilfen (20er- (AB 2) oder 100er-Punktefeld)

Material PIK   Haus 6   Arithmetikunterricht in der Schuleingangsphase

Spielregeln „Gleich geht vor"

Ziel des Spieles:
Jedes Teammitglied muss gleich viele Plättchen sammeln.
Erst dann darf die Spielfigur auf dem Feld weitergehen.
Das Team, das zuerst das Ziel erreicht, hat gewonnen.

Anzahl der Spieler: 4–6
Klasse: 1/2
Spieldauer: ca. 10 Min.

Das Spielmaterial:

- ein Spielplan

- ein Würfel

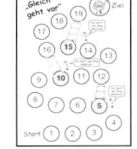

- für jedes Team eine Spielfigur

- Plättchen
  oder
  Papier und Stift für eine Strichliste

* Zwanzigerfeld
  oder
  Hunderterfeld

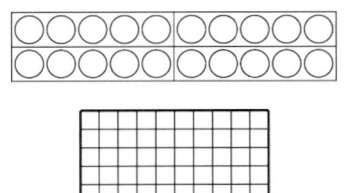

„Gleich geht vor" – Lehrer-Material
Spielregeln

Die Spielanleitung

Bildet Zweierteams ☺ ☺.
Das Team, das die höchste Augenzahl würfelt, darf beginnen.

Beide Teammitglieder dürfen nacheinander würfeln.
Das Team entscheidet bei jedem Spielzug:
    Wer würfelt zuerst?
    Möchte das zweite Teammitglied auch würfeln oder nicht?

Jedes Teammitglied nimmt sich so
viele Plättchen, wie es gewürfelt hat
(oder ergänzt so viele Striche auf
einer Strichliste).

> Ihr könnt eure Plättchen auf dem Zwanzigerfeld oder Hunderterfeld ordnen.

Danach ist das andere Team dran.

Wenn beide Teammitglieder gleich viele Plättchen (oder Striche) haben, geht eure Spielfigur auf dem Feld vor.
Einer von euch würfelt und ihr zieht eure Spielfigur so viele Felder vor, wie die Augenzahl des Würfels anzeigt.
Danach könnt ihr eure Plättchen abräumen und in der nächsten Runde von vorne mit dem Plättchensammeln (oder mit einer neuen Strichliste) beginnen.

Wenn ein Teammitglied eine 6 würfelt, nimmt es sich 6 Plättchen und gewinnt einen zusätzlichen dritten Wurf für das Team.
Wer den Wurf ausführt, darf das Team entscheiden.

Gelangt ihr genau auf ein PIKO-Sonderfeld, habt ihr Glück:

Ihr dürft den Weg über die Leiter abkürzen.

Wenn ihr für eure Spielfigur eine 6 würfelt, habt ihr auch Glück:
Ihr dürft die 6 Felder mit der Spielfigur vorziehen,
noch einmal würfeln und wieder vorziehen.

Das Team, das zuerst im Ziel ist, hat gewonnen.

Das Ziel-Feld muss nicht genau getroffen werden.

> * Habt ihr andere gute Spielideen zu diesem Spiel?
> Schreibt die Spielregeln auf und spielt das Spiel nach euren Regeln.
> Was sagen die anderen Kinder zu euren Spielregeln?
> • Habt ihr alles verständlich aufgeschrieben?
> • Wie finden sie eure Ideen?

Unser Wortspeicher „Gleich geht vor"

der Spielplan

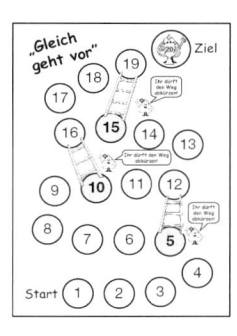

die Spielregel

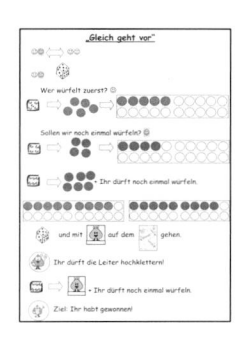

der Würfel
würfeln

die Augenzahl

der Mitspieler

die Spielstrategie
geschickt

der Start

das Ziel

das Piko-Sonderfeld

gleich viel   mehr als 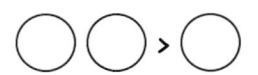   weniger als

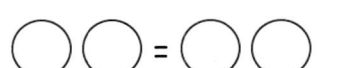

das Zwanzigerfeld

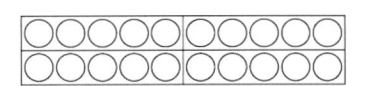

das Hunderterfeld

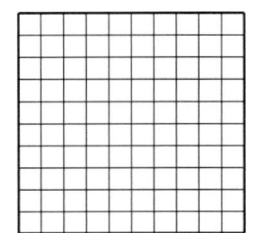

die Strichliste

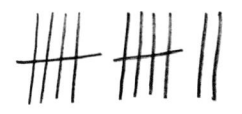

Material PIK — Haus 6 — Arithmetikunterricht in der Schuleingangsphase

"Gleich geht vor"

Ziel (20)

Ihr dürft den Weg abkürzen!

19 · 18 · 17 · 16 · 15 · 14 · 13 · 12 · 11 · 10 · 9 · 8 · 7 · 6 · 5 · 4 · 3 · 2 · 1 · **Start**

Ihr dürft den Weg abkürzen!

Ihr dürft den Weg abkürzen!

"Gleich geht vor" – Schüler-Material
Spielplan

AB 0
208

Material PIK Haus 6 Arithmetikunterricht in der Schuleingangsphase

Spielfiguren

Pro Team wählt ihr euch eine Spielfigur aus. Wenn ihr das erste Mal spielt, müsst ihr sie euch zunächst zusammenbasteln: An der durchgezogenen Linie müsst ihr die Figur ausschneiden, an der gestrichelten Linie müsst ihr sie falten. Die Figur hält besser, wenn du noch etwas Kleber auf die beiden großen Flächen, die zusammengefaltet werden, verstreichst.

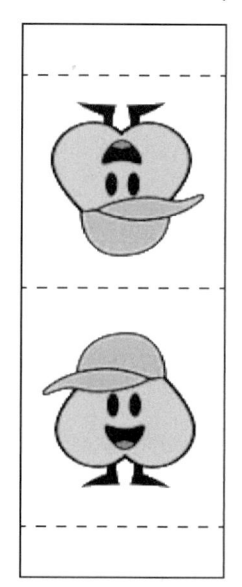

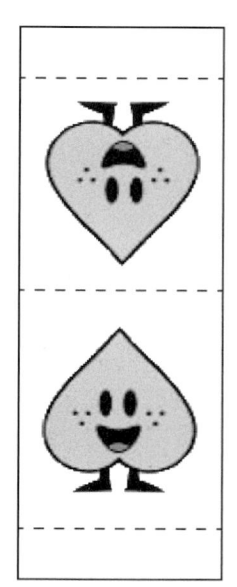

Pro Team wählt ihr euch eine Spielfigur aus. Wenn ihr das erste Mal spielt, müsst ihr sie euch zunächst zusammenbasteln: An der durchgezogenen Linie müsst ihr die Figur ausschneiden, an der gestrichelten Linie müsst ihr sie falten. Die Figur hält besser, wenn du noch etwas Kleber auf die beiden großen Flächen, die zusammengefaltet werden, verstreichst.

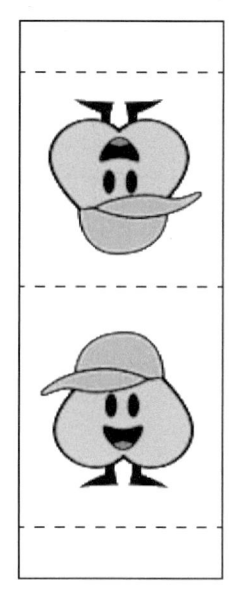

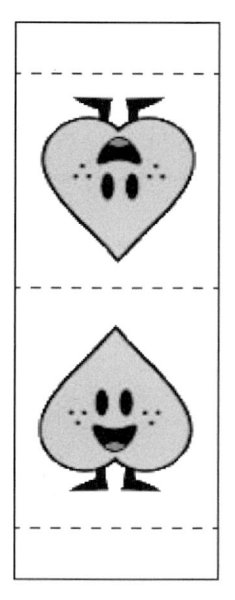

„Gleich geht vor" – Schüler-Material
Spielfiguren

AB 1
209

Plättchen-Ordnungshilfe

Auf dem Zwanzigerfeld kannst du deine Plättchen ordnen.
So kannst du schneller erkennen,
ob du und dein Partner gleich viele Plättchen haben.

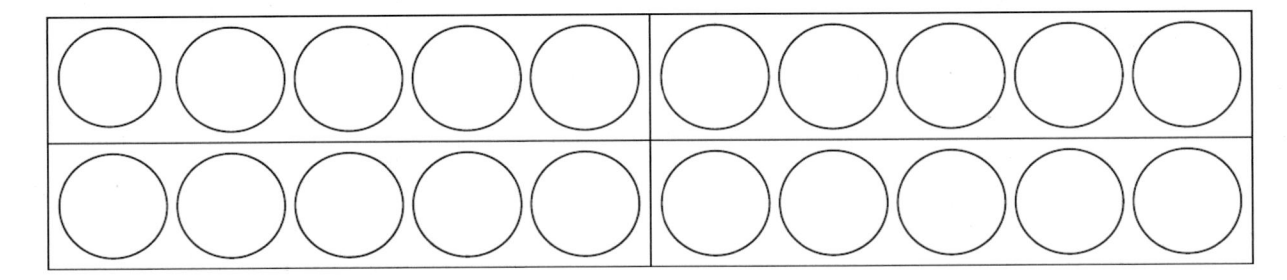

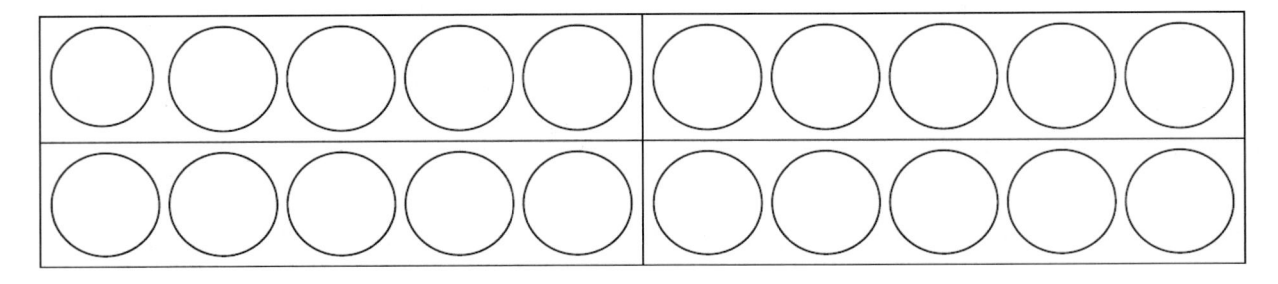

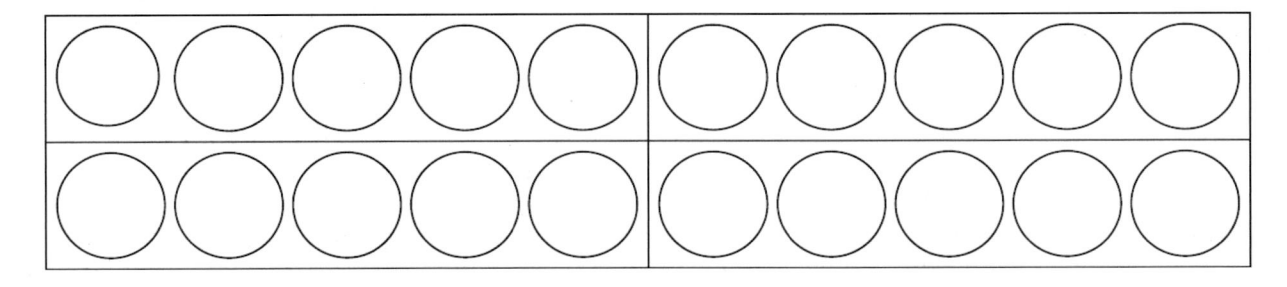

Auf dem Zwanzigerfeld kannst du deine Plättchen ordnen.
So kannst du schneller erkennen,
ob du und dein Partner gleich viele Plättchen haben.

Auf dem Zwanzigerfeld kannst du deine Plättchen ordnen.
So kannst du schneller erkennen,
ob du und dein Partner gleich viele Plättchen haben.

Unterrichtsmaterial

Hinweise zur Unterrichtsdurchführung

„Zahlenquartett"

Ziele
Die Schülerinnen und Schüler
- üben das Erkennen verschiedener Zahlbilder,
- üben die Zuordnung unterschiedlicher Zahlbilder,
- verwenden fachgerechte Begriffe für die Benennung der Zahlbilder,
- finden weitere/eigene Zahlbilder,
- überlegen und begründen, wie sie möglichst schnell ein Zahlbild erkennen.

Material
Das Zahlenquartett besteht aus insgesamt 48 Karten, also 12 × 4 Karten mit unterschiedlichen Darstellungen für die Zahlen von 1 bis 12.
Ein Quartett (s. Bsp. für die Zahl 8) setzt sich aus folgenden vier Zahlbildern zusammen:

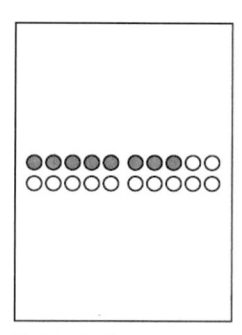

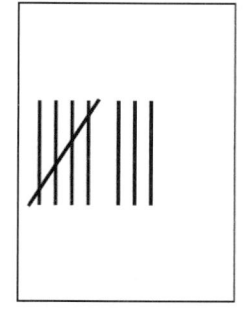

| Zahlsymbol „geschriebene Zahl" | Zahl als Piko | Zahl als Punkte im 20er-Punktefeld | Zahl als Striche in der Strichliste |

Vorbereitung
Es empfiehlt sich, das Material **einmal** für die Schule bzw. für die Matheregale der Klassen 1 bzw. 1/2 herzustellen und ggf. untereinander auszutauschen. Wird das Material gemeinsam für die Schule angefertigt, sind der Zeit- und Kostenfaktor für die Erstellung des Materials vergleichsweise gering.

Zahlenquartett für das Matheregal (1–3 Kartensätze): Das „Zahlenquartett farbig" (s. H6-UM: pikas.tu-dortmund.de/082) wird ausgedruckt, die Karten werden ausgeschnitten und auf Blanko-Memory-Karten geklebt oder laminiert. Zu Demonstrationszwecken vor allem zur Einführung empfiehlt es sich, das „Zahlenquartett demo" (s. H6-UM: pikas.tu-dortmund.de/083) zu nutzen oder das „Zahlenquartett farbig" für den OHP auf Folie zu drucken.

Zahlenquartett als Klassensatz (10–20 Kartensätze) zur gemeinsamen Einführung: Das Zahlenquartett wird in schwarz-weiß (AB 6, s. S. 223–225) ggf. auf stärkeres Papier kopiert bzw. farbig ausgedruckt, die Karten werden ausgeschnitten und evtl. auf Blanko-Memory-Karten geklebt oder laminiert.

Für jedes Kind: Die Zahlenquartett-Karten „20er-Punktefeld" (AB 7, s. S. 226) werden für die Kinder auf stärkeres Papier kopiert. Die Kinder schneiden die Karten ggf. unterstützt durch die Eltern aus.

Schuljahr 1 bzw. auch **1/2**

Lehrplan-Bezug
Inhaltsbezogene Kompetenzen
Zahlen und Operationen:
Zahlvorstellung

Prozessbezogene Kompetenzen
Kommunizieren/
*Darstellen,
*Argumentieren

Material
- AB 1–5
- Zahlenquartett farbig
- Zahlenquartett demo
- AB 6 Zahlenquartett schwarz-weiß
- Zahlenquartett blanko
- AB 7 20er-Punktefeld
- LM 1 Wortspeicher

* Die Kinder wählen ihre eigene Punktedarstellung für die jeweiligen Zahlen. Hierbei sind unterschiedliche Darstellungen denkbar, z. B. zur 8:

●●●●● ●●●○○	●●●●○ ○○○○○	●●●●● ○○○○○
○○○○○ ○○○○○	●●●●○ ○○○○○	●●●○○ ○○○○○
linear nebeneinander	gleichwertig untereinander	5er-Struktur untereinander

Es ist wichtig, gemeinsam mit den Kindern über **geeignete** Anordnungen zu sprechen. Dabei werden auch weitere eigene Ideen der Kinder für die Punkte-Darstellungen aufgegriffen.

* Weiterhin bietet es sich an, dass die Kinder das Quartett durch weitere Zahlbilder erweitern, sodass ein Quintett oder Sextett entsteht. (Hierbei wird u. a. die prozessbezogene Kompetenz „Darstellen" berücksichtigt.) Dafür kann die Vorlage „Zahlenquartett blanko" (s. H6-UM: pikas.tu-dortmund.de/081) genutzt werden. Bei der Wahl der Zahl-Darstellungen sollte den Kindern möglichst viel Freiraum gegeben werden. Es ist wichtig, auch in diesem Zusammenhang über geeignete Darstellungen – speziell über die Anordnung/Strukturierung von Objekten – zu sprechen, die ein schnelles Erkennen der Zahl ermöglichen, z. B. unter der Fragestellung: „Wie kannst du die Zahl darstellen, sodass du und die anderen Kinder die Zahl ganz schnell erkennen?". Werden dabei (evtl. anhand von gesammelten/erarbeiteten Kriterien) Begründungen formuliert, wann eine Zahl schnell zu erkennen ist und wann nicht, so wird neben der Kompetenz des Darstellens die prozessbezogene Kompetenz „Argumentieren" gefördert.

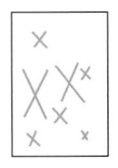

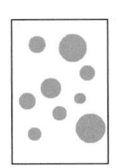

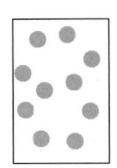

Bei diesen Zahl-Darstellungen ist die Anzahl der Kreuze bzw. Punkte weder simultan noch quasi-simultan, sondern nur durch (Weiter-)Zählen bestimmbar.

Damit die im Folgenden vorgeschlagenen Spiele sprachbegleitend gespielt werden können, müssen die ergänzten Zahlbilder von den Kindern benannt werden (ggf. werden diese Begriffe/Namen für die Karten – wie beispielsweise „geschriebene Zahl" für das Zahlsymbol – in der Klasse 1/2 in den Wortspeicher aufgenommen, der in Klasse 1 als Übersicht für die Lehrperson zu verstehen ist (LM 1, s. S. 215).

So kann es gehen – mögliche Spielanleitungen

Quartett (Quintett oder Sextett) ☺☺ – ☺☺☺☺

Die Karten werden gemischt und gleichmäßig, verdeckt an die Kinder verteilt. Wer ein passendes Quartett (Quintett oder Sextett) bei sich entdeckt, kann dieses direkt vor sich auf einem Stapel ablegen. Durch Fragen versuchen nun alle Kinder reihum, fehlende Karten zu bekommen. Das erste Kind fragt ein anderes Kind nach einer ihm fehlenden Karte z. B.: „Lukas, hast du die 7 als geschriebene Zahl?". Wenn das angesprochene Kind die genannte Karte hat, muss es sie abgeben. Das angesprochene Kind ist als nächstes an der Reihe. Es wird so lange weiter gefragt, bis alle Quartette komplett sind. Wer die meisten Quartette vor sich liegen hat, hat gewonnen.

Karten zuordnen ☺/☺☺
Alle Karten werden gemischt und mit der Bildseite nach oben ausgelegt. Die Kinder suchen alleine oder zusammen bzw. abwechselnd mit einem Partner die passenden Quartette zusammen.

Wer hat die passende Karte? ☺☺ – ☺☺☺☺☺ und ein Spielleiter
Ein Spielleiter behält alle Karten einer Zahl-Darstellung (z. B. alle Karten mit dem Zahlsymbol) und verteilt die übrigen Karten gleichmäßig an die Kinder. (Abhängig von der Spieleranzahl können/sollten weniger Karten verteilt werden). Jedes Kind legt seine Karten offen vor sich auf den Tisch. Nacheinander wird allen Kindern eine Karte gezeigt und z. B. gefragt: „Wer hat diese Zahl?". Da es nun sein kann, dass mehrere Kinder eine passende Karte haben, darf das Kind, das am schnellsten seine Karte zeigt, diese vor sich auf einen Stapel legen. Wenn der Spielleiter alle Karten einmal gezeigt hat, werden seine Karten gemischt und erneut gezeigt. Das Spiel endet, sobald ein Kind alle Karten ablegen konnte (beim Quartett höchstens drei Spielrunden).
Spielvariante: Der Spielleiter behält unterschiedliche Zahlbilder, die übrigen Karten werden gleichmäßig verteilt. Es wird wie oben beschrieben gespielt.

Anmerkung: Um die Zahlbilder möglichst schnell erkennen bzw. zuordnen zu können, bieten sich mehrere Möglichkeiten der Anordnung auf dem Tisch an. Die Kinder sollten dazu angeregt werden, zu überlegen und zu begründen, wie sie möglichst schnell ein Zahlbild erkennen können (z. B.: „Wie kannst du die Karten hinlegen, sodass du die Zahlen ganz schnell erkennst?"). Hierbei werden die prozessbezogenen Kompetenzen „Kommunizieren" und „Argumentieren" geschult.

Geeignete Anordnungen der Karten:
- der Größe nach:
▶ gleiche Zahlbilder zusammen:

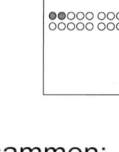

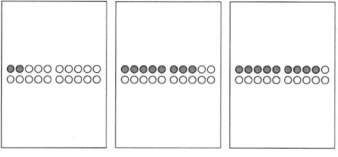

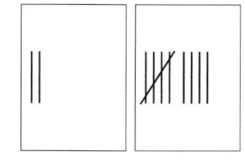

▶ gleiche Zahlen zusammen:

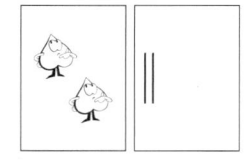

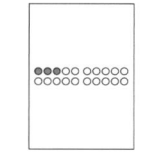

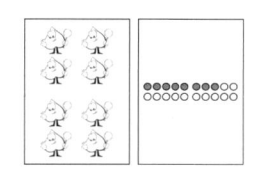

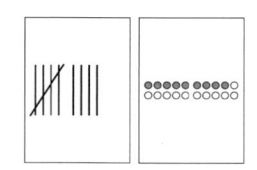

Zahlenreihen legen ☺ – ☺☺
Die Karten werden sortiert. Es wird mit einem ausgewählten Zahlbild gespielt. In Einzel- oder Partnerarbeit werden nun die Zahlenreihen gelegt (von 1–12).
Spielvariante (☺☺): Ein Kind/die Lehrperson legt mit einem Zahlbild eine Zahlreihe mit Lücken. Ein anderes Kind benennt die fehlenden Zahlen.

Weiterarbeit

Das „Zahlenquartett" wird in das Matheregal eingestellt und die Kinder spielen es in freien Arbeitsphasen. Die Kinder können die Arbeitsblätter 1–5 (s. S. 216–222) bearbeiten, die vor allem weitere Zuordnungsübungen zu den Zahlbildern bieten.

AB1a: Karten zuordnen (jeweils vier Zahlbilder für die Zahlen von 1–5)
AB1b: Karten zuordnen (jeweils vier Zahlbilder für die Zahlen von 6–10)
AB 2: Karten zuordnen (jeweils zwei Zahlbilder (Zahlsymbol und weiteres Zahlbild) für die Zahlen von 1–12)
AB3a: Fehlendes Zahlbild ergänzen
AB3b: Fehlende Zahlbilder ergänzen
AB4: Fehler finden und fehlendes Zahlbild ergänzen
AB5: Eigenproduktion

Das Zahlenquartett kann mit der vorgeschlagenen Variante gespielt werden. Zudem können die Kinder eigene Spielideen entwickeln, ausprobieren, aufschreiben, diskutieren und überarbeiten oder weitere Mathe-Spiele erfinden oder erproben (z. B. die Spiele „Gleich geht vor" (s. S. 203 ff) und „Bohnen auf den Teller" (s. H6-UM: pikas.tu-dortmund.de/080).

Unser Wortspeicher „Zahlenquartett"

das Zahlenquartett

die Darstellungen 1, , , |

die Karte  8   die Karten 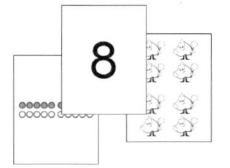   der Stapel

mischen   verteilen

Ich brauche die ...

Hast du **die geschriebene 8**?

Hast du die 8 als **Piko**?

Hast du die 8 als **Punkte im 20er-Feld**?

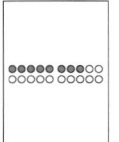

Hast du die 8 als **Striche in der Strichliste**?

Material PIK — Haus 6 — Arithmetikunterricht in der Schuleingangsphase

Name: Klasse: Datum:

Welche Karten gehören zusammen? Verbinde.

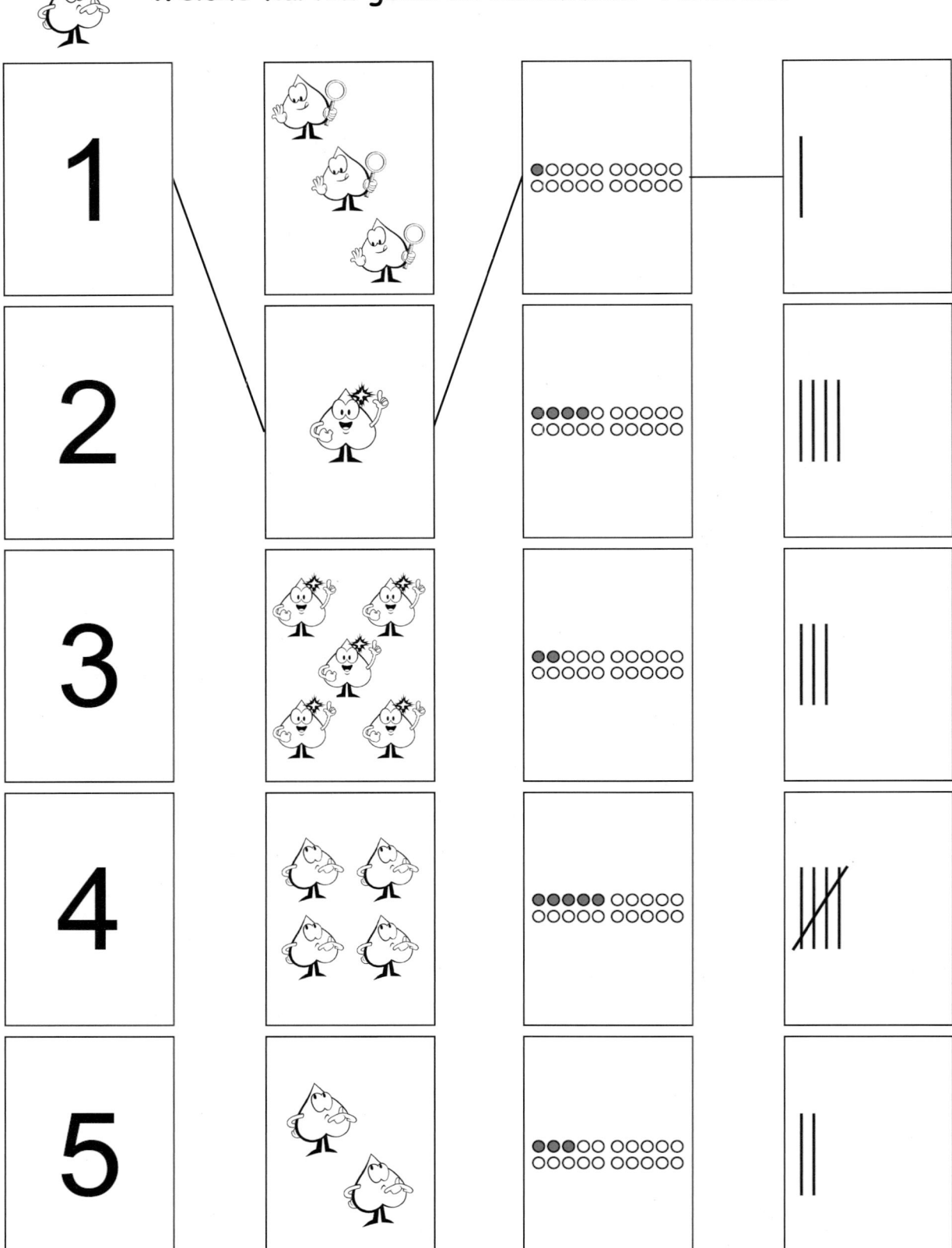

Material PIK Haus 6 Arithmetikunterricht in der Schuleingangsphase

Name: Klasse: Datum:

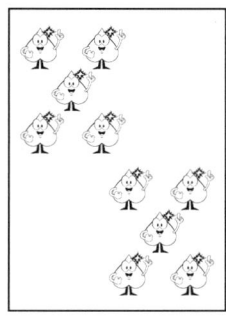

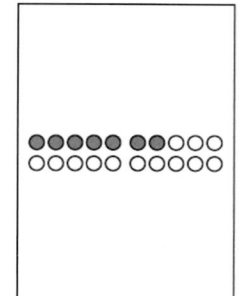

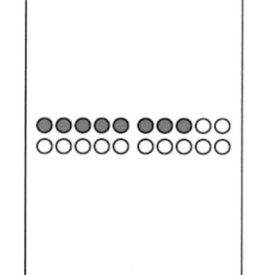

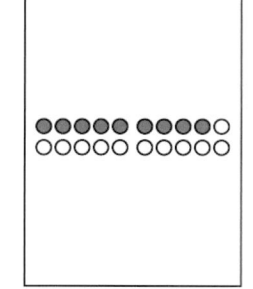

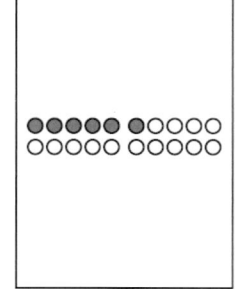

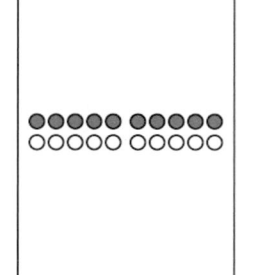

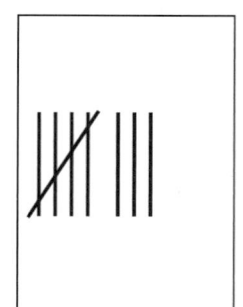

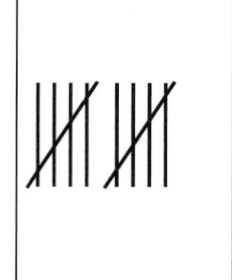

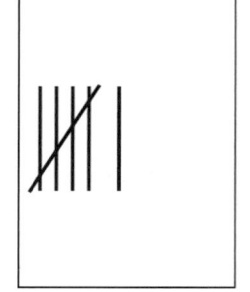

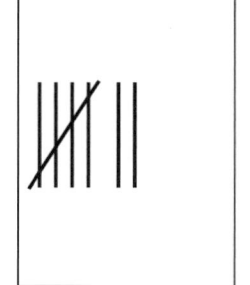

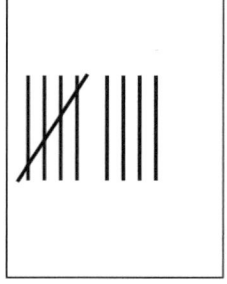

Welche Karten gehören zusammen? Verbinde.

6.			
7			
8			
9.			
10			

„Zahlenquartett" – Schüler-Material
Arbeitsblätter 1–5

AB 1b
217

Material PIK Haus 6 Arithmetikunterricht in der Schuleingangsphase

Name: Klasse: Datum:

Verbinde.

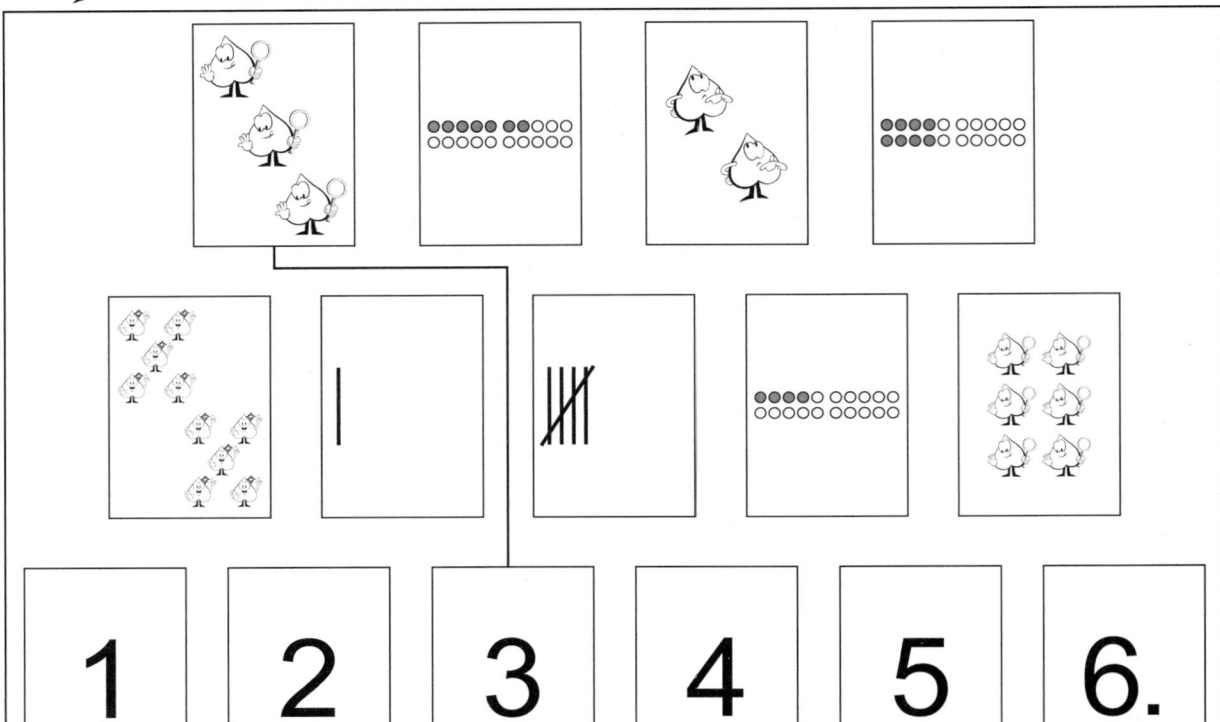

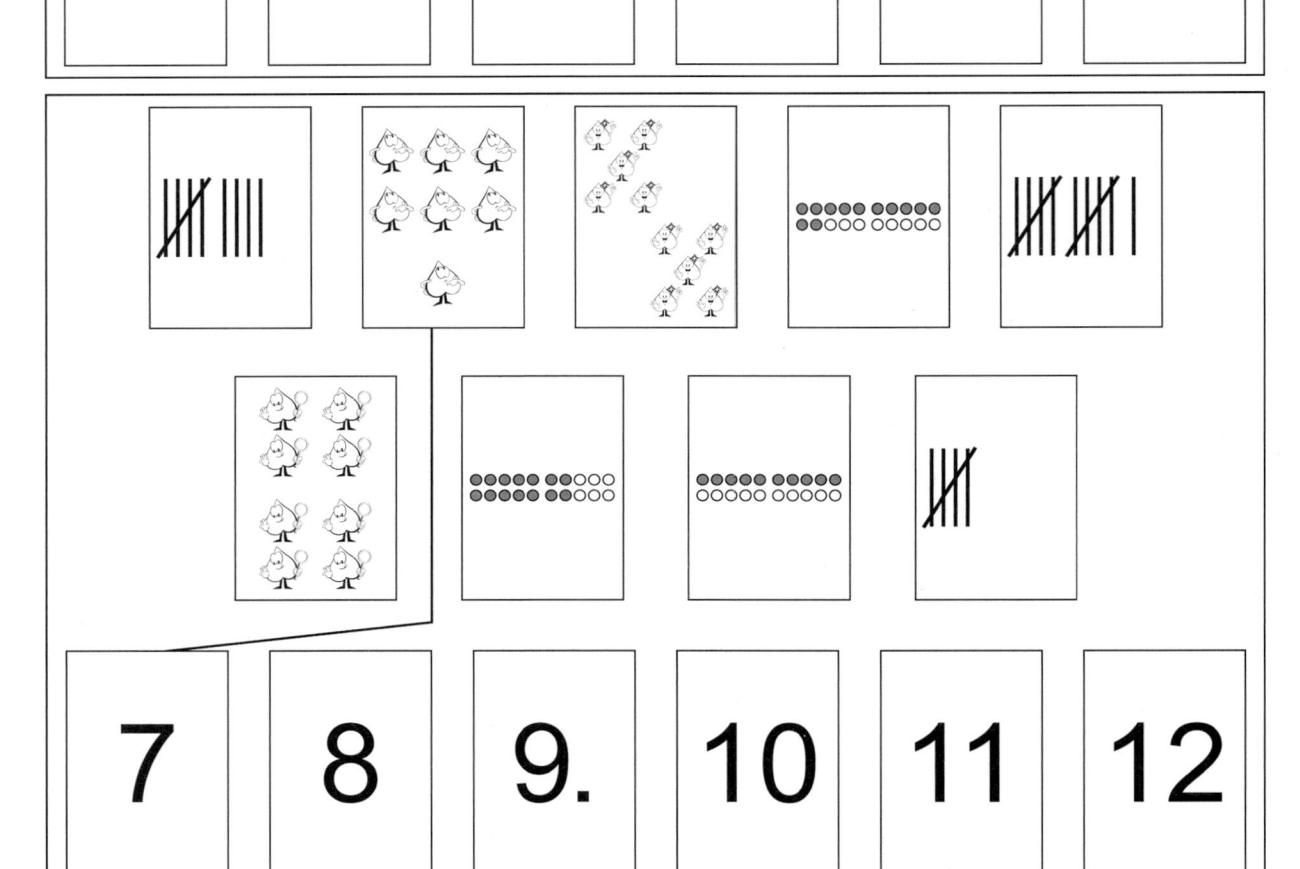

AB 2
218

Material PIK — Haus 6 — Arithmetikunterricht in der Schuleingangsphase

| Name: | Klasse: | Datum: |

Zeichne die fehlende Karte.

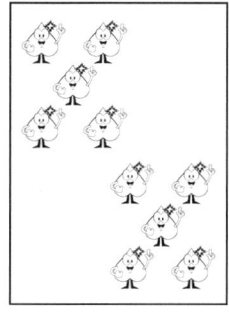

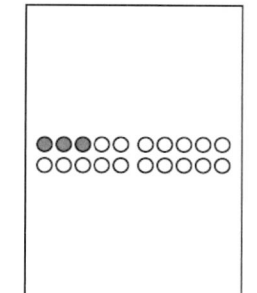

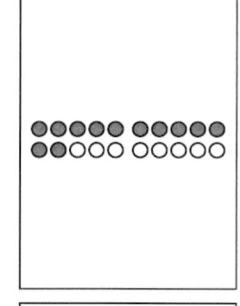

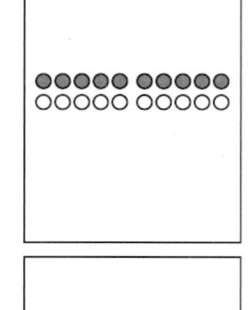

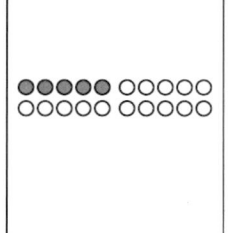

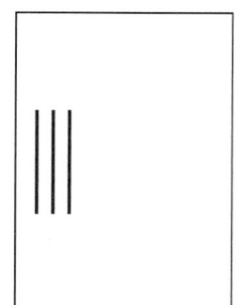

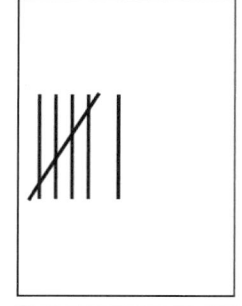

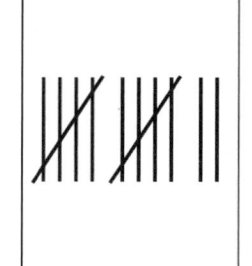

"Zahlenquartett" – Schüler-Material
Arbeitsblätter 1–5

AB 3a
219

Material PIK — Haus 6 — Arithmetikunterricht in der Schuleingangsphase

Name: Klasse: Datum:

Zeichne die fehlende Karte.

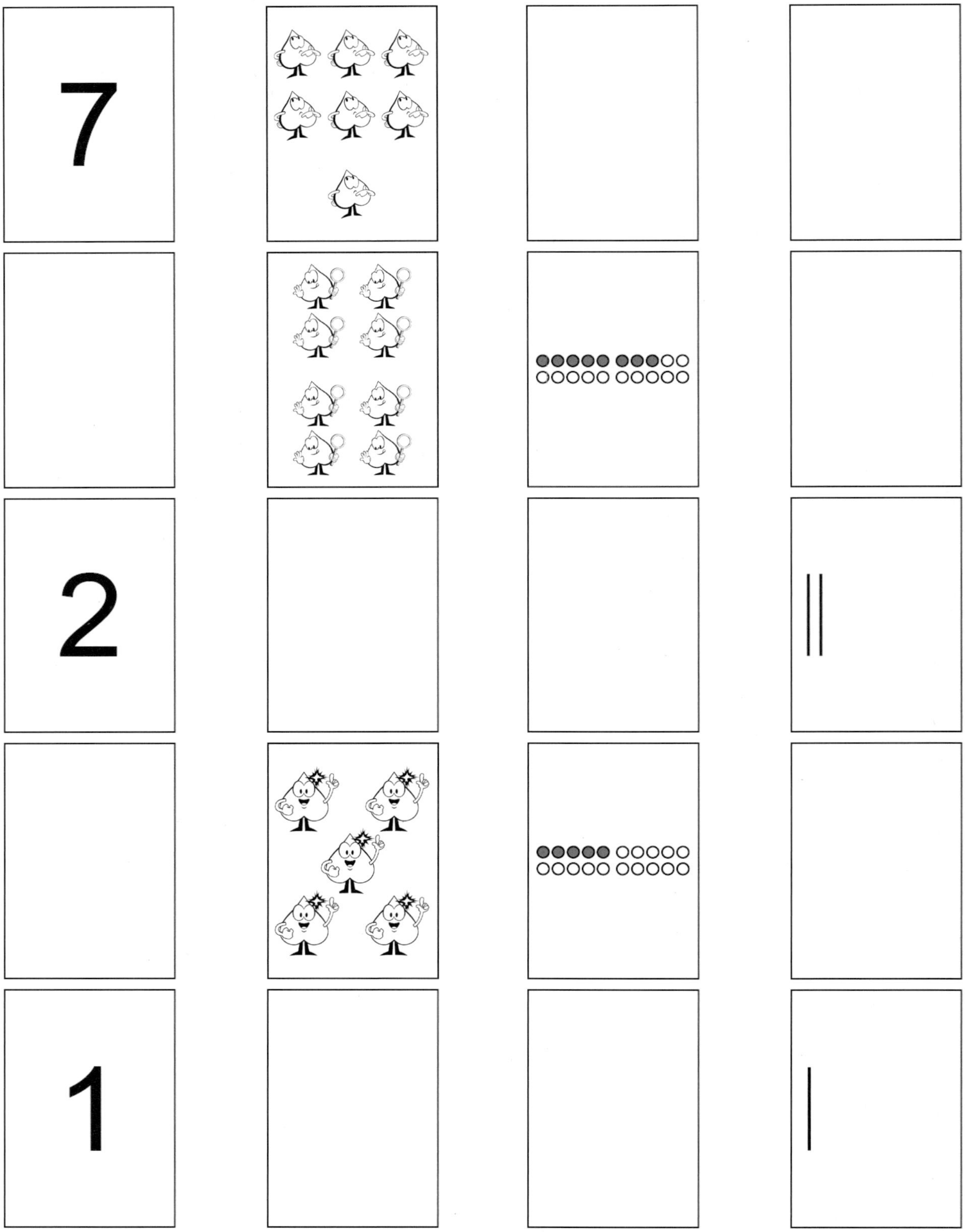

"Zahlenquartett" – Schüler-Material
Arbeitsblätter 1–5

AB 3b
220

Material PIK — Haus 6 — Arithmetikunterricht in der Schuleingangsphase

Name: Klasse: Datum:

Finde den Fehler. Zeichne die fehlenden Karten.

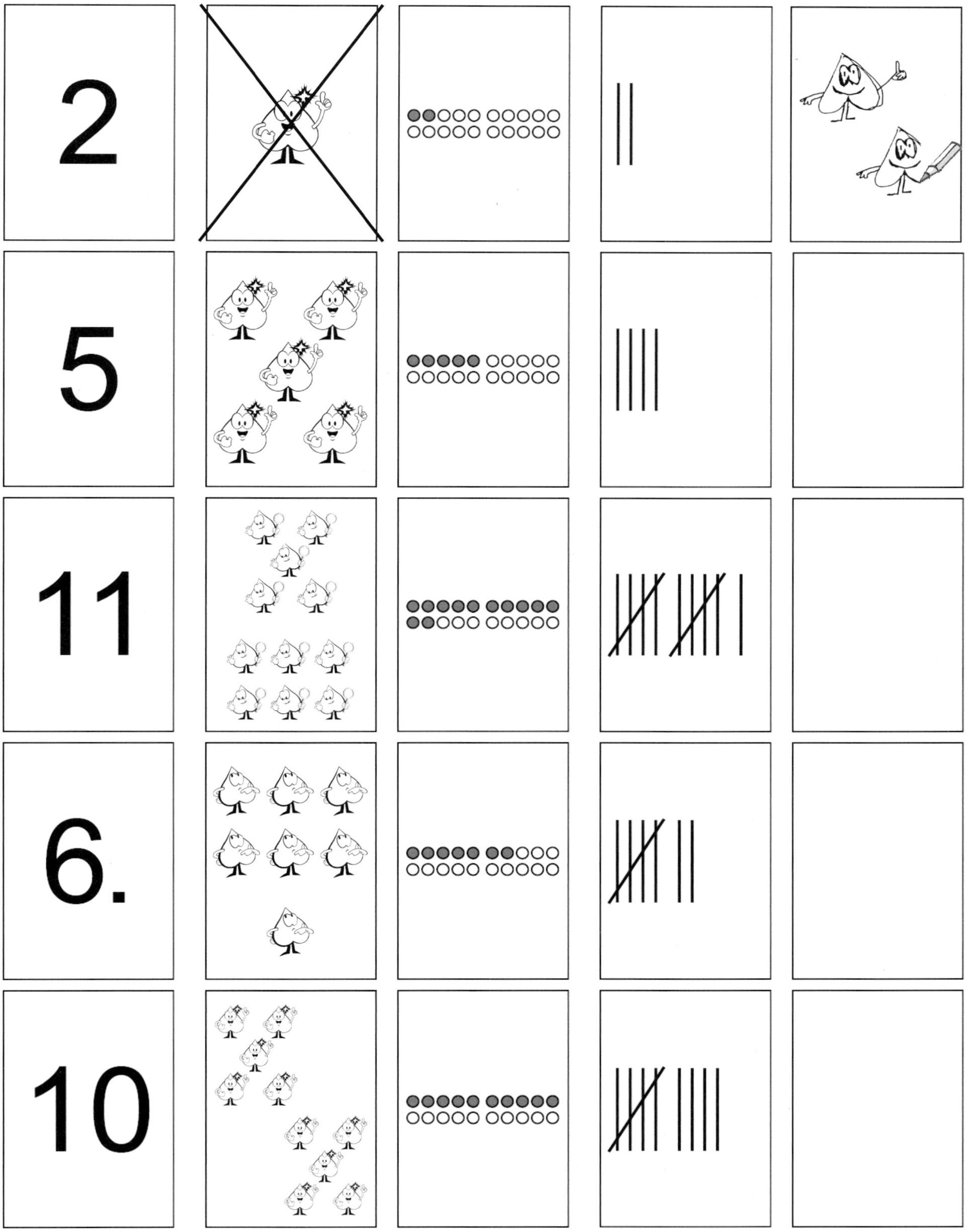

„Zahlenquartett" – Schüler-Material
Arbeitsblätter 1–5

AB 4
221

Material PIK — Haus 6 — Arithmetikunterricht in der Schuleingangsphase

Name: Klasse: Datum:

Erfinde selbst ein eigenes Zahlenquartett.

"Zahlenquartett" – Schüler-Material
Arbeitsblätter 1–5

AB 5

Material PIK — Haus 6 — Arithmetikunterricht in der Schuleingangsphase

1		ooooo ooooo ooooo ooooo	|
2		ooooo ooooo ooooo ooooo	||
3		ooooo ooooo ooooo ooooo	|||
4		ooooo ooooo ooooo ooooo	||||

Cornelsen — „Zahlenquartett" – Schüler-Material — Zahlenquartett schwarz-weiß

AB 6a
223

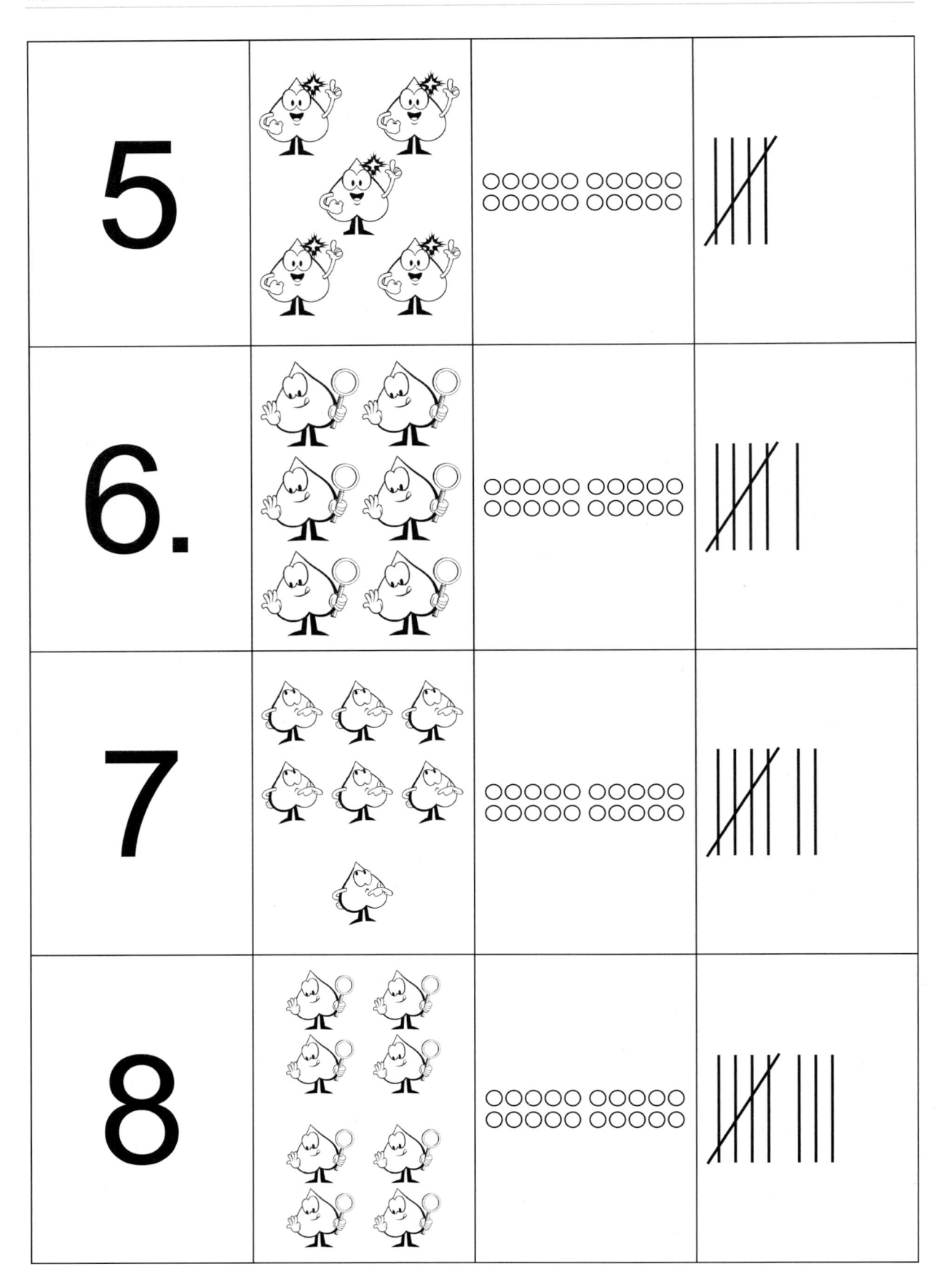

Material PIK — Haus 6 — Arithmetikunterricht in der Schuleingangsphase

5		ooooo ooooo					/
6.		ooooo ooooo					/	
7		ooooo ooooo					/		
8		ooooo ooooo ooooo ooooo					/			

„Zahlenquartett" – Schüler-Material
Zahlenquartett schwarz-weiß

AB 6b
224

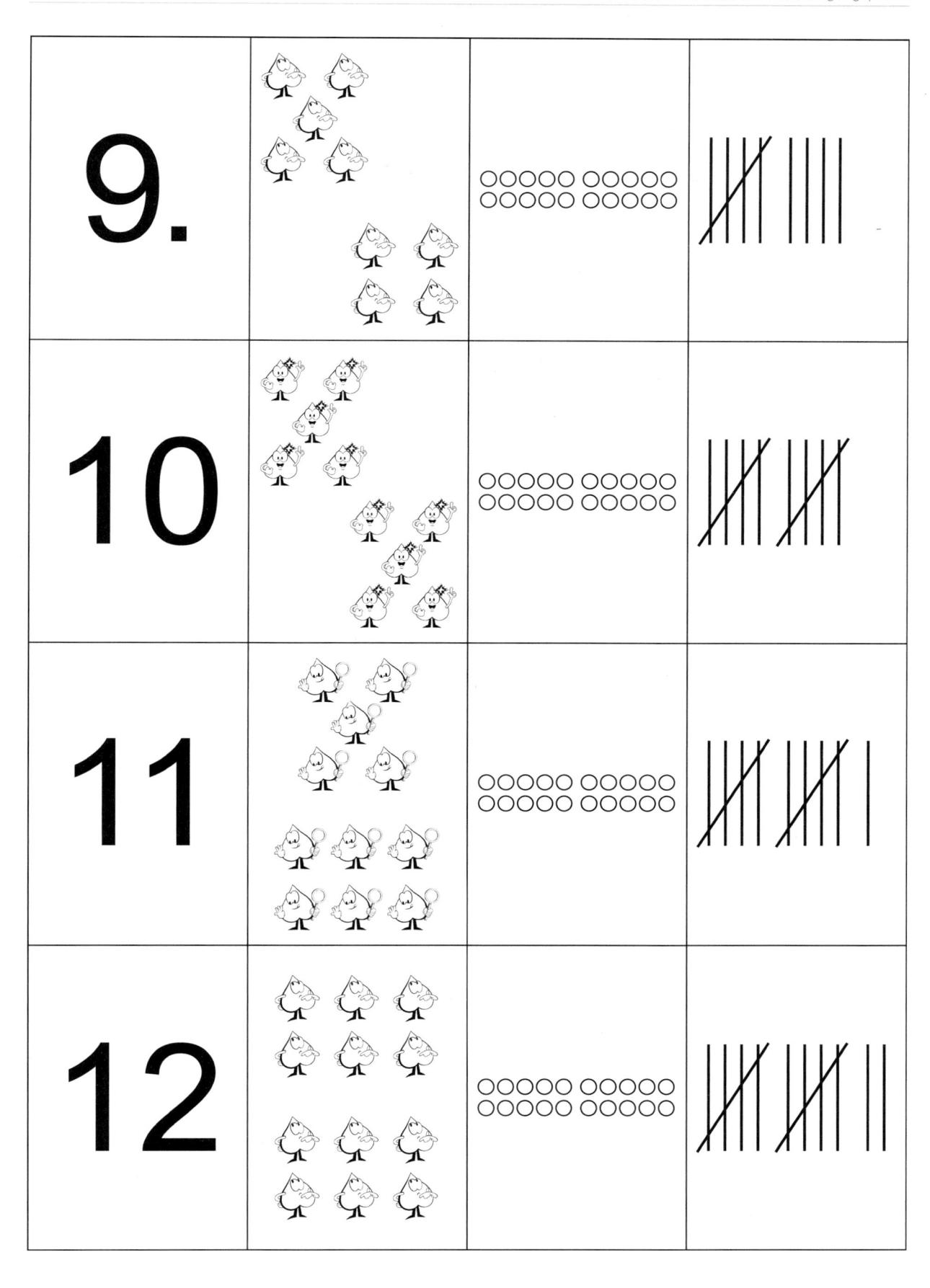

9.		ooooo ooooo ooooo ooooo	𝍫 IIII
10		ooooo ooooo ooooo ooooo	𝍫 𝍫
11		ooooo ooooo ooooo ooooo	𝍫 𝍫 I
12		ooooo ooooo ooooo ooooo	𝍫 𝍫 II

AB 6c

Material PIK — Haus 6 — Arithmetikunterricht in der Schuleingangsphase

© 2012 Cornelsen Schulverlage GmbH, Berlin. Alle Rechte vorbehalten.

Cornelsen — „Zahlenquartett" – Schüler-Material — 20er-Punktefeld

AB 7
226

HAUS 7: Gute Aufgaben

Der Lehrplan Mathematik hebt hervor, dass ergiebige Aufgaben eine zentrale Bedeutung für den Unterricht haben. Sie beinhalten differenzierte Fragestellungen auf unterschiedlichem Niveau, ermöglichen verschiedene Lösungswege und fördern so die Entwicklung grundlegender mathematischer Bildung. In diesem Haus wird in diesem Sinne das Nachdenken über Charakteristika und unterrichtliche Einsatzmöglichkeiten guter Aufgaben angeregt.

Dinosaurier

Darum geht es – Basisinfos

Sachtexte bieten einen sinnvollen Anlass, mathematische Fertigkeiten zu üben und zu vertiefen. Gleichzeitig kann in Verbindung zum Sachunterricht Sachwissen erworben und bewusster durchdrungen werden. Am Beispiel der Thematik „Dinosaurier" sollen bei der unterrichtlichen Auseinandersetzung der Umgang mit Größen, die Förderung von Größenvorstellungen und die Bearbeitung der Forscherideen ein besseres Verständnis der „Sache" unterstützen. Die Texte bieten auch Anlass zum eigenständigen Recherchieren und Forschen. Zur Förderung des Textverständnisses können Texterschließungshilfen beitragen.

In der folgenden Übersicht wird die Verknüpfung zu den prozess- und inhaltsbezogenen Kompetenzen aufgezeigt.

Schuljahr 4

Lehrplan-Bezug
<u>Inhaltsbezogene Kompetenzen</u>
Größen und Messen: Sachsituationen, Größenvorstellung und Umgang mit Größen

<u>Prozessbezogene Kompetenzen</u>
Modellieren, Darstellen

Modellieren/Sachsituationen	
Die Schülerinnen und Schüler	
entnehmen Sachsituationen und Sachaufgaben Informationen und unterscheiden zwischen relevanten und nicht relevanten Informationen (erfassen)	
bewerten vorgegebene Aussagen zum Sachtext (Stimmt das?)	
beantworten Fragen zum Sachtext und unterscheiden zwischen Fragen, die mit Hilfe des Textes direkt oder durch mathematische Modellbildung beantwortet werden können	
markieren mathematisch relevante Informationen im Text	
übersetzen Problemstellungen aus Sachsituationen in ein mathematisches Modell und lösen sie mithilfe des Modells (z. B. Gleichung, Tabelle, Zeichnung) (lösen)	nutzen selbstständig Bearbeitungshilfen wie Tabellen, Skizzen, Diagramme etc. zur Lösung von Sachaufgaben (z. B. zur Darstellung funktionaler Beziehungen)
beantworten Fragen und bewerten vorgegebene Aussagen zum Sachtext, indem sie die mathematische Problemstellung in ein mathematisches Modell übersetzen und ihren Lösungsweg ggf. an ihren Skizzen, Tabellen etc. aufzeigen	
beziehen ihr Ergebnis wieder auf die Sachsituation und prüfen es auf Plausibilität (validieren)	
setzen ihre Lösungen in Bezug zu den herausgearbeiteten Informationen und den erstellten Dokumenten und überprüfen sie	

Darstellen/Größenvorstellungen und Umgang mit Größen	
Die Schülerinnen und Schüler	
entwickeln und nutzen für die Präsentation ihrer Lösungswege, Ideen und Ergebnisse geeignete Darstellungsformen und Präsentationsmedien wie *Folie* oder *Plakat* und stellen sie nachvollziehbar dar (z. B. *im Rahmen von Rechenkonferenzen*) (präsentieren und austauschen)	messen Größen (Längen, Zeitspannen, Gewichte und Rauminhalte) (…) vergleichen und ordnen Größen geben Größen von vertrauten Objekten an und nutzen diese als Bezugsgrößen beim Schätzen. verwenden die Einheiten für Längen (…), Zeitspannen (….), Gewichte (…) und stellen Größenangaben in unterschiedlichen Schreibweisen dar (umwandeln) rechnen mit Größen (auch mit Dezimalzahlen)
sammeln Informationen über Gewicht, Größe etc. der unterschiedlichen Dinosaurier und halten sie in einer tabellarischen Übersicht fest *fertigen Steckbriefe zu ausgewählten Dinosauriern an* *schreiben Forscherberichte zu vorgegebenen oder eigenen Forscherideen* *erstellen Lernplakate als zusammenfassende Dokumentation (ggf. als fächerübergreifend angelegte Dokumentation)*	*(Aufgezeigt am Sachtext: Tyrannosaurus rex)* *berechnen Zeitspannen (Jahre)* *berechnen die in einer Stunde zurückgelegte Wegstrecke* *berechnen, wie viele Tonnen Fleisch in einem Jahr benötigt werden und setzen das Ergebnis in Bezug zu den Angaben über andere Tiere* *messen ihre Fuß- und Schrittlänge und nutzen die Messungen als Bezugsgröße*

Literaturhinweise

BONGARTZ, Thomas/VERBOOM, Lilo (2007): Fundgrube Sachrechnen, Berlin: Cornelsen Skriptor.

ERICHSON, Christa (2010): Sachrechnen an Sachtexten. In: Grundschule Mathematik, H. 24/2010, S.41–43.

Weitere Infos

PIK AS-Website

Gute Aufgaben

Haus 7 – Fortbildungsmaterial – Modul 7.3 – Sachinfos
  pikas.tu-dortmund.de/084

Haus 7 – Fortbildungsmaterial – Modul 7.4 – Sachinfos
  pikas.tu-dortmund.de/085

Fermi-Aufgaben

Haus 7 – Informationsmaterial – Informationstexte – Gute Aufgaben zum Sachrechnen
  pikas.tu-dortmund.de/086

Kira-Website

Material – Geometrie und Sachrechnen – Stützpunktvorstellungen
  kira.tu-dortmund.de/087

Unterrichtsmaterial

Vorstellung des Materialangebots

Es wird empfohlen, das vorliegende Unterrichtsmaterial zum Sachkontext „Dinosaurier" in ein fächerübergreifendes Unterrichtsvorhaben (Sachunterricht/Mathematik/evtl. Deutsch) einzubinden. Beim Aufgreifen der Thematik unter mathematischen Aspekten kann die Information über die Sache durch die Auseinandersetzung mit Zahlen und Größen anschaulicher und verständlicher werden. Demzufolge stehen – bezogen auf die inhaltsbezogenen Kompetenzerwartungen – die Entwicklung von Größenvorstellungen und der Umgang mit Größen im Vordergrund.

Zu jedem Sachtext gibt es eine Texterschließungshilfe, die gleichzeitig Ausgangspunkt für eine weitere Auseinandersetzung mit den gewonnenen relevanten Informationen sein kann. Exemplarisch wird dies aufgezeigt am

Sachtext: Tyrannosaurus rex (AB 2, s. S. 232)

Texterschließung: Fragen beantworten

Die Schülerinnen markieren die Textstellen, die sie zur Beantwortung der Fragen benötigen, farbig. Sie unterscheiden zwischen Antworten, die direkt aus dem Text zu übernehmen sind (Frage 2, 3, 5, 6, 7), und solchen, bei denen zunächst gerechnet werden muss (Frage 1: Berechnung der Zeitspanne von 1902 bis heute; Frage 4: Berechnung der in einer Stunde zurückgelegten Strecke).

Ideen zur weiteren Auseinandersetzung:
- *Forscherideen* Laufspuren: Vergleich der eigenen Schrittlänge und Fußspuren mit den Angaben zu Tyrannosaurus rex aus dem Text (AB 3, s. S. 233)
- *Forscherideen* Lieblingsmahlzeit: Wie viele Tiere musste ein Tyrannosaurus rex im Jahr fangen, um satt zu werden? Wie viele Tonnen Fleisch waren das ungefähr? Vergleich zum jährlichen Fleischkonsum anderer Tiere (AB 4, s. S. 234)

Zur Unterstützung der Arbeit an den Forscherideen werden jeweils Tippkarten zur Verfügung gestellt (s. H7-UM: pikas.tu-dortmund.de/088).
Die drei weiteren Sachtexte sind in ähnlicher Weise aufgearbeitet:

Sachtext: Ankylosaurus (AB 5, s. S. 235)
Texterschließungshilfe: Aussagen zum Text auf Richtigkeit überprüfen
Forscherideen: Größenvergleich: Länge-Höhe (AB 6, s. S. 236)

Sachtext: Pterandon (AB 7, s. S. 237)
Texterschließungshilfe: Aussagen zum Text auf Richtigkeit überprüfen
Forscherideen: Größenvergleich: Länge-Flügelspannbreite (AB 8, s. S. 238; Tippkarte s. H7-UM: pikas.tu-dortmund.de/088)

Sachtext: Stegosaurus (AB 9, s. S. 239)
Texterschließungshilfe: Fragen beantworten
Forscherideen: Größenvergleich: Gewicht (AB 10, s. S. 240; H7-UM: pikas.tu-dortmund.de/088)

Schuljahr 4

Material
Vier ausgewählte Sachtexte mit Hilfen zur Texterschließung und Forscherideen, Vorschläge für Forscherberichte, Steckbriefe, Übersicht

Lehrplan-Bezug
Inhaltsbezogene Kompetenzen
Größen und Messen: Sachsituationen, Größenvorstellung und Umgang mit Größen

Prozessbezogene Kompetenzen
Modellieren, Darstellen

Unter Zuhilfenahme der entnommenen relevanten Informationen und bearbeiteten „Forscherideen" können Lernplakate oder Steckbriefe erstellt werden, die aufzeigen, dass die mathematische Durchdringung zur Klärung und zum besseren Verständnis der Sache einen wichtigen Beitrag leisten kann.

Als **weitere Materialien** stehen zur Verfügung:

AB Arbeitsauftrag: zum Umgang mit den Texten (AB 1, s. S. 231)
AB Forscherbericht: Vorlage für die Dokumentation der Forschungen: An dieser Forscheridee haben wir gearbeitet/Das haben wir herausgefunden (AB 11, s. S. 241)
AB Eigene Forscherideen: Die Schülerinnen können aus den Sachtexten eigene Forscherideen entwickeln und erforschen bzw. als Forscherauftrag für die Mitschülerinnen formulieren (AB 12, s. S. 242).
AB Pikos Tipp zum Steckbrief: Neben den Vorgaben (Länge, Höhe, Gewicht, Ernährung, Besonderheiten) können eigene Punkte von den Schülerinnen und Schülern aufgenommen werden (AB 13, s. S. 243).
AB Tabelle: Übersicht über die entnommenen Größenangaben zu den vier Sachtexten: Die Tabelle ist erweiterbar (z. B. um Größenvergleiche) und kann genutzt werden, um Daten abzulesen, die Dinosaurier zu vergleichen und mit Größenangaben zu rechnen (z. B. schwerster Dinosaurier/um wie viel schwerer/länger …?) (AB 14, s. S. 244).

Insgesamt soll durch das vorliegende Unterrichtsmaterial die mögliche Bandbreite zum Umgang mit Sachtexten im Mathematikunterricht aufgezeigt werden. Für die jeweiligen individuellen Bedingungen kann eine Auswahl getroffen werden bzw. können eigene Schwerpunkte gesetzt werden.

Pikos Tipps zur Arbeit mit den Dinosaurier-Texten

- Lest den Text leise durch und erzählt euch, was ihr verstanden habt.
- Der Arbeitsauftrag unter dem Text hilft euch, den Text besser zu verstehen.
- Lest Pikos Forscheridee und überlegt, wie Ihr die Aufgabe gemeinsam lösen könnt. Ihr könnt auch eigene Forscherideen erfinden.
- Schreibt einen Forscherbericht zu euren Forschungen.
- Stellt den anderen Gruppen eure Forscherergebnisse vor.

* Ihr könnt einen Steckbrief oder ein Plakat zu „eurem" Dinosaurier schreiben.

Material PIK — Haus 7 — Dinosaurier

Name: Klasse: Datum:

Tyrannosaurus rex

Der größte und gefährlichste Fleischfresser aller Zeiten war der Tyrannosaurus rex. Als Erstes wurden im Jahr 1902 seine 46 cm großen Fußspuren entdeckt. Er lief auf zwei mächtigen Hinterbeinen. Wenn er schnell lief, betrug der Abstand zweier Fußspuren bis zu 5,50 m – pro Sekunde legte er 11,00 m zurück.
Der Tyrannosaurus rex war bis zu 15,00 m lang. Er war mit 5,30 m Höhe so hoch wie eine Giraffe, aber mit seinen 8 Tonnen Gewicht war er zehnmal so schwer wie sie.
Er besaß ein mächtiges Maul: Sein Unterkiefer konnte 1,50 m lang werden und seine Zähne waren ungefähr 13 cm lang.
Sein Lieblingsfressen war der Triceratops. Mit einer Beute von 4 Tonnen Fleisch kam der Tyrannosaurus rex bis zu 50 Tage aus.
Ein Löwe benötigt ungefähr 7 kg Fleisch pro Tag.
Zum Ausruhen und Schlafen legte er sich auf seinen Bauch.

Kannst du diese Fragen beantworten?

Markiere die Stellen im Text blau, die du sofort beantworten kannst.
Markiere die Stellen im Text rot, bei denen du rechnen musst.

	kann ich aus dem Text beantworten	hier muss ich rechnen
Vor wie vielen Jahren wurden die Fußspuren des Tyrannosaurus rex gefunden?		
Wie groß sind seine Fußspuren?		
Wie groß war der Abstand zweier Fußspuren, wenn Tyrannosaurus rex schnell lief?		
Wie viele Meter konnte Tyrannosaurus rex in einer Minute zurücklegen?		
Wie lang und wie hoch war Tyrannosaurus rex?		
Wie schwer konnte Tyrannosaurus rex werden?		
Wie viel kg Fleisch fraß Tyrannosaurus rex in 50 Tagen?		

Schreibe die Antworten und deine Rechnungen in dein Heft.
Vergleicht dann eure Ergebnisse in der Gruppe und überlegt, ob eure Antworten stimmen können.

Schüler-Material – Tyrannosaurus
Sachtext „Tyrannosaurus"

AB 2

Pikos Forscherideen zu Tyrannosaurus Laufspuren

Wenn Tyrannnosaurus normal durch die Gegend trottete, betrug der Abstand zwischen seinen beiden Fußspuren ungefähr 2,00 m. Lief er schnell, betrug dieser Abstand ungefähr 5,00 m.

Wie groß ist der Abstand zwischen euren Fußspuren, wenn ihr normal geht?

Wie oft passt euer Fuß in die Schrittlänge des Tyrannosaurus?

Für diesen Forscherauftrag benötigt ihr ein Maßband oder einen Zollstock und einen großen Bogen Papier.
Weitere Tipps findet ihr auf der Tippkarte zu Tyrannosaurus Laufspuren.

Pikos Forscherideen zu Tyrannosaurus Lieblingsmahlzeit

Tyrannosaurus Lieblingsessen war der Triceratops. Mit den 4 Tonnen Fleisch konnte er 50 Tage lang satt werden.

> Wie viele Triceratops musste ein Tyrannosaurus in einem Jahr ungefähr fangen, um satt zu werden?

> Wie viele Tonnen Fleisch waren das ungefähr?

> Ein Löwe benötigt ungefähr 7 kg Fleisch am Tag. Tyrannosaurus fraß in einem Jahr also ungefähr 10 mal so viel Fleisch wie ein Löwe. Stimmt das?

Zu diesen Forscherfragen kannst du eine Tippkarte benutzen.

Ankylosaurus

Der Ankylosaurus – die „steife Echse" – gehört zu den Pflanzenfressern. Sein Körper war ungefähr 10,00 m lang, 3,50 m hoch und 4,5 t schwer. Vom Kopf bis zur Schwanzspitze war sein Körper mit harten, 5 cm dicken Knochenplatten gepanzert. An den Rändern seines Rückenpanzers saßen kurze, dicke Stacheln. An der breitesten Stelle maß sein Körperumfang 5,00 m; sein Kopf wurde bis zu 75 cm lang und 55 cm breit.
Gegen Angriffe seiner fleischfressenden Feinde wehrte er sich mit einem dicken, keulenförmigen Schwanzende. Damit konnte er seinen Angreifern sogar Knochen zerschmettern.
Auf kurzen Beinen bewegte sich sein Körper immer direkt über dem Boden. Wie eine Schildkröte war er so gegen feindliche Angriffe geschützt.
Der Ankylosaurus lebte vor 130 Millionen Jahren in der Kreidezeit.

Stimmt das?

Sucht die passenden Sätze im Text und markiert sie!

	stimmt	stimmt nicht, weil …
Der Ankylosaurus lebte vor 130 Millionen Jahren und war ein Fleischfresser.		
Er wog über 4 Tonnen, war 3,50 m hoch und 10,00 m lang.		
Sein Körperumfang war doppelt so groß wie seine Körperlänge.		
Der Körper des Ankylosaurus war durch 5 cm dicke Platten geschützt.		

Pikos Forscherideen zu Ankylosaurus

Ankylosaurus konnte bis zu 3,50 m hoch werden. Um sich seine Höhe besser vorstellen zu können, kann man sie mit der Höhe anderer Dinge vergleichen.

> Sucht Vergleiche zu Ankylosaurus' Höhe. Ihr könnt z. B. herausfinden, wie viele Kinder eurer Klasse übereinanderstehen müssten, damit sie Akylosaurus an seiner höchsten Stelle streicheln können.

> Messt die Höhe von Dingen in eurer Klasse und vergleicht sie mit Ankylosaurus' Höhe!

Diese Wörter können beim Vergleich helfen:

... höher als ...

... niedriger als ...

... genauso hoch wie ...

... mal höher als ...

Pterandon

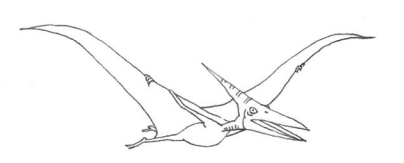

Der Pterandon lebte im Erdmittelalter, wie auch viele andere Dinosaurier. Das ist schon mehr als 60 Millionen Jahre her.
Eigentlich ist er kein Dinosaurier, denn er konnte fliegen und gehörte deshalb zu den Flugsauriern.
Bei einer Körperlänge von 3,00 m – das ist 60 cm mehr als der längste lebende Mensch – wog er ungefähr 17 kg. Er war die größte Flugechse, die es je gab.
Seine ausgebreiteten Flügel hatten eine Spannbreite von 7,50 m, das ist ungefähr so breit wie ein Fußballtor.
Mit ausgebreiteten Flügeln konnte er vom Wind getragen über das Meer gleiten und die Wasseroberfläche nach Beutefischen absuchen. Wie ein Pelikan transportierte er seine Beute im Schnabelbeutel und brachte sie so zu seinen Jungen.

Stimmt das?

Sucht die passenden Sätze im Text
und markiert sie mit unterschiedlichen Farben!

	stimmt	stimmt nicht, weil ...
Der Pterandon lebte vor 60 Millionen Jahren und ist ein Flugsaurier.		
Der größte lebende Mensch ist 60 cm kleiner als der Pterandon.		
Die Spannweite seiner Flügel war doppelt so groß wie seine Körpergröße.		
Der Pterandon ernährte sich von Wasserpflanzen.		

Pikos Forscherideen zu Pterandon

Pterandon war der größte Flugsaurier, den es je gab.
Seine Flügel hatten eine Spannbreite von 7,50 m;
das ist ungefähr so breit wie ein Fußballtor.

> Hätte Pterandon seine Flügel in eurem Klassenzimmer ausbreiten können?

> Wie groß ist eigentlich die Spannbreite der Flügel eines Düsenjets?
>
> Wie viele Pterandons hätten mit ausgebreiteten Flügeln nebeneinander dort hinein gepasst?

> Für diesen Forscherauftrag benötigt ihr ein Maßband oder einen Zollstock. Weitere Tipps findet ihr auf der Tippkarte „Pterandon".

| Name: | Klasse: | Datum: |

Stegosaurus

Übersetzt man den Namen „Stegosaurus" ins Deutsche, so bedeutet das: „gepanzerter Saurier". Tatsächlich war sein durch Knochenplatten und ledrige Haut geschützter Körper bis zu 9 m lang und etwa 2,50 m hoch. Das ist ungefähr so hoch wie ein Elefant. Er konnte bis zu 6 t schwer werden. Das ist ungefähr so viel wie 6 kleine Autos wiegen. Mit einer doppelten Reihe großer, aufgestellter Knochenplatten, die 1 m hoch aus seinem Rücken herausragten, sah er aus wie eine wandelnde Festung. Seine gefährlichsten Waffen waren seine 2 Paar Stacheln am Schwanzende. Sie konnten bis zu 1 m lang werden. Er verteidigte sich mit ihnen, indem er mit dem Schwanz um sich schlug. Trotz seines gefährlichen Aussehens war er ein harmloser Pflanzenfresser.
Sein Kopf war sehr klein und sein Gehirn war nicht größer als das einer Walnuss. Er lebte vor ungefähr 135 Millionen Jahren.

Markiert die Antworten im Text und tragt sie in die Tabelle ein.

Fragen:	Antworten:
Wie lang und wie hoch war Stegosaurus' Körper?	
Wie schwer war Stegosaurus?	
Welche Waffen benutzte er zur Verteidigung?	
Wovon ernährte sich Stegosaurus?	
Wann lebte Stegosaurus?	

Könnt ihr noch weitere Fragen und Antworten finden?

Fragen:	Antworten:

Pikos Forscherideen zu Stegosaurus

Der Stegosaurus konnte bis zu 6 Tonnen schwer werden. Um sich sein Gewicht besser vorstellen zu können, kann man es mit dem Gewicht anderer Dinge vergleichen. Im Text steht schon, dass der Stegosaurus ungefähr so viel wiegt, wie 6 kleine Autos wiegen.

> Sucht weitere Vergleiche zum Gewicht des Stegosaurus. Ihr könnt z. B. herausfinden, wie viele Kinder eurer Klasse zusammen genauso viel wiegen wie er.

Tipps zu diesem Forscherauftrag findet ihr auf der Tippkarte „Stegosaurus".

Diese Wörter können beim Vergleich helfen:

… mehr als …

… weniger als …

… genauso viel wie …

… mal mehr als …

Unser Forscherbericht zu Dinosauriern

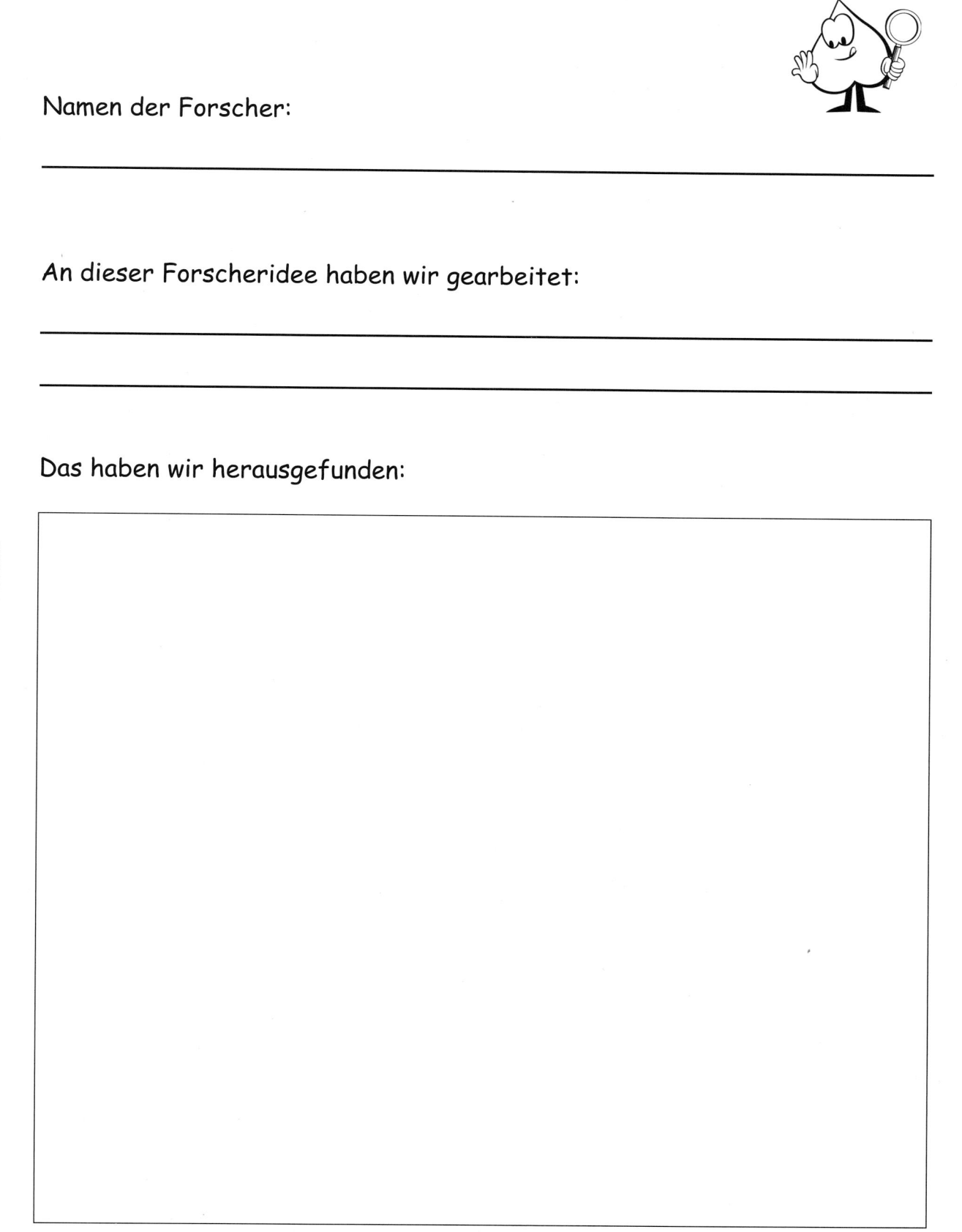

Namen der Forscher:
_____

An dieser Forscheridee haben wir gearbeitet:
_____
_____

Das haben wir herausgefunden:

Material PIK Haus 7 Dinosaurier

Unsere Forscheridee

zu _____

Name(n): _____

© 2012 Cornelsen Schulverlage GmbH, Berlin. Alle Rechte vorbehalten.

Cornelsen Schüler-Material – Weitere Materialien
Eigene Forscheridee

AB 12
242

Pikos Tipp zum Dinosaurier-Steckbrief

So kann ein Steckbrief aussehen:

Dinosaurier-Steckbrief

Name des Dinosauriers: _____

Länge: _____

Höhe: _____

Gewicht: _____

Ernährung: _____

Besonderheiten: _____

Ihr könnt noch eigene wichtige Dinge dazuschreiben!

Material PIK — Haus 7 — Dinosaurier

Unsere Dinosaurier auf einen Blick

	Tyrannosaurus	Pterandon	Ankylosaurus	Stegosaurus
Länge				
Höhe				
Gewicht				

Schüler-Material – Weitere Materialien
Tabelle

AB 14

HAUS 7: Gute Aufgaben

Inter-Netzzo

„Im Kopf unterwegs zwischen Netzen, Schachteln und Würfeln" – Eine Lernumgebung (nicht nur) zur Förderung der (Raum-)Vorstellung

Zusammenfassung: Dieses Kapitel gliedert sich in einen theorieorientierten und einen praxisorientierten Teil.

In dem ersten Teil (S. 246–254) wird die Lernumgebung und ihre Entwicklung theoretisch eingebettet: Zunächst sollen Eigenerfahrungen mit ebenengeometrisch gestalteten Abbildungen von (Würfel-)Netzen in Abgrenzung zu raumgeometrisch gestalteten Abbildungen dazu dienen, dem Leser die eigenen mentalen Vorgehensweisen bewusst zu machen und sie im Hinblick darauf zu hinterfragen, was diese mit Raum-*Vorstellung* zu tun haben. Daran anknüpfend folgt eine grundsätzliche Begriffsklärung zu dem Phänomen Raumvorstellung, um daraus ein handhabbares Begriffsverständnis zu entwickeln, welches die Beschreibung mentaler Anforderungen an die Lernenden in den Mittelpunkt stellt.

Diese inhaltsübergreifende Perspektive wird an dem Lerngegenstand (Würfel-)Netze konkretisiert: Die grundlegende Fragestellung lautet: *Warum sind (Würfel-)Netze ein zentraler Lerngegenstand zur Förderung der Raumvorstellung in der Grundschule?* In einem ersten Schritt werden die Ziele anhand der charakteristischen Zugangsweisen zu Würfelnetzen auf der *Handlungs*ebene hervorgehoben. Auf der *Vorstellungs*ebene werden die für die *Handlungs*ebene formulierten Forderungen weit weniger konsequent verfolgt und noch weniger im Rahmen geeigneter Lernumgebungen umgesetzt. Dieses zeigt sich anhand der individuellen mentalen Vorgehensweisen, die Kinder bei der Arbeit mit solchen „klassischen" Lernumgebungen zu Würfelnetzen entwickeln.

Diese Beobachtung wirft die Frage auf, welche mentalen Vorgehensweisen Lernende im Zusammenhang mit (Würfel-)Netzen entwickeln sollen, wenn die Raum-*Vorstellung* gefördert werden soll.

Die offenkundige Diskrepanz zwischen intendierten und tatsächlich gebildeten mentalen Vorgehensweisen verdeutlicht, dass durch die „klassischen" Lernumgebungen zu Würfelnetzen Raum-*Vorstellung* weder *langfristig* noch *umfassend* zufriedenstellend gefördert wird.

In diesem Sinne werden abschließend Anforderungen an das Design einer Lernumgebung formuliert.

Der zweite, praxisorientierte Teil (S. 255–263) greift zunächst die inhaltliche und methodische Hinführung zu der entwickelten Lernumgebung auf. Im Anschluss daran wird die Konzeption der Lernumgebung vorgestellt und Aufgabentypen sowie Spielideen präsentiert. Im Rahmen von Erprobungen in unterschiedlichen Schuljahren der Klassenstufen 3–6 entstanden Schülerdokumente, welche mentale Vorgehensweisen bei der Arbeit mit der Lernumgebung skizzieren und somit einen Einblick in die kognitiven Anforderungen ermöglichen, welche an den Lernenden gestellt werden.

Darum geht es – Basisinfos

Teil I: Theoretische Einbettung der Lernumgebung und ihrer Entwicklung

Zu Beginn ein kleines Warm-Up: *Wie* bearbeiten Sie die folgenden Aufgabenstellungen zu der Frage „Ist das Netz ein Würfelnetz oder kein Würfelnetz?"

Eigenerfahrungen: Wie gehen Sie vor?

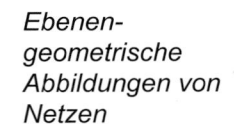

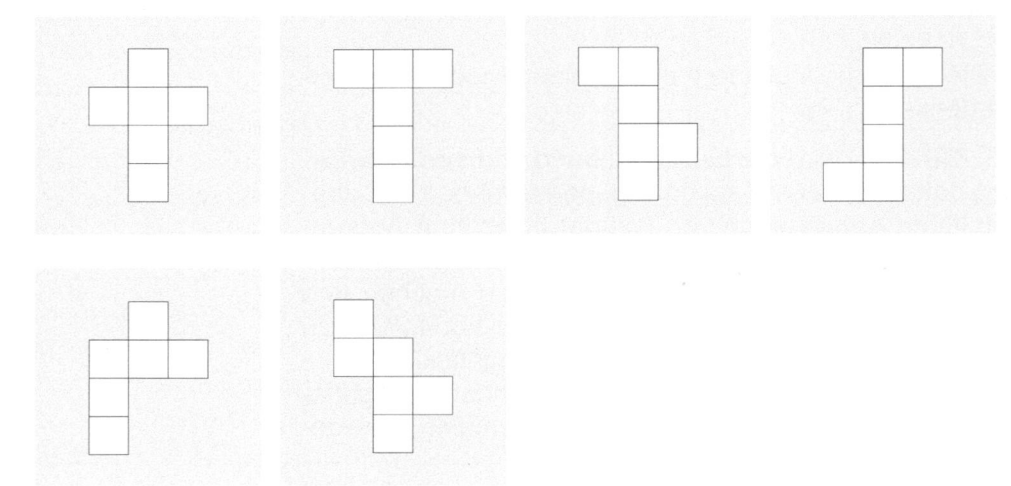

Ebenengeometrische Abbildungen von Netzen

Falten Sie die Netze im Kopf? Zusammen? Nutzen Sie dabei Begleitbewegungen mit Ihren Händen zur Unterstützung Ihrer gedanklichen Prozesse? Falten Sie überhaupt? Wissen Sie es beim T und beim Kreuz oder gar bei allen auswendig? Oder gehen Sie ganz anders vor?
Und *wie* machen Sie es bei diesen Abbildungen?

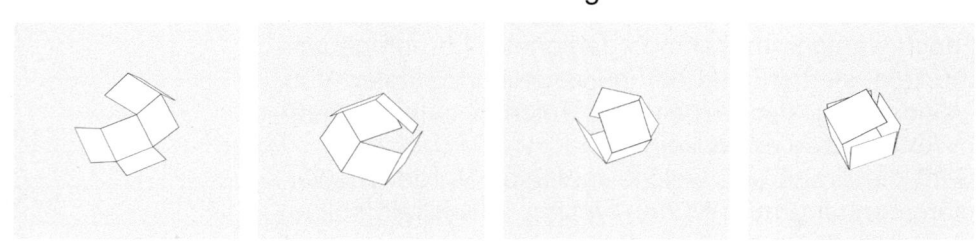

Raumgeometrische Abbildungen von Netzen

Bevor wir nun auf Ihre Erfahrungen und mentalen Vorgehensweisen auch in Verbindung mit den von Lernenden entwickelten Vorgehensweisen zurückkommen, sollten wir zunächst klären, was wir unter dem Begriff „Raumvorstellung" verstehen wollen.

Was ist Raumvorstellung?

In der Literatur findet man ein wahres Begriffswirrwarr hinsichtlich eines einheitlichen Begriffsverständnisses zu dem psychologischen Begriff „Raumvorstellung". Ein handhabbares Begriffsverständnis liefert bereits Besuden: Er versteht unter Raumvorstellung ein räumliches Vorstellungsvermögen, welches *Raumwahrnehmung*, *Raumvorstellung* und *Räumliches Denken* umfasst (ebd. 1979; 1984). Für die an die Lernenden gestellten kognitiven Anforderungen folgt daraus:

Was ist Raumvorstellung?

Raumwahrnehmung:
Hierbei geht es um die *Wahrnehmung konkret vorhandener* Objekte, Handlungen, Situationen, Merkmale, ...
Die mentale Anstrengung richtet sich auf die Wahrnehmung sowie die Analyse und Interpretation des Wahrgenommenen.

Raumvorstellung:
Hierbei geht es um das *mentale Reproduzieren nicht (mehr) vorhandener* Objekte, Handlungen, Situationen, Merkmale, ...
Die mentale Anstrengung richtet sich auf die mentale Reproduktion sowie die Analyse und Interpretation des mental Reproduzierten.

Räumliches Denken:
Hierbei geht es um das *mentale Operieren mit nicht (mehr) vorhandenen* Objekten, Handlungen, Situationen, Merkmalen, ...
Die mentale Anstrengung richtet sich auf das mentale Handeln sowie die Analyse und Interpretation der mentalen Handlung.

Von diesem Begriffsverständnis gehen wir im Folgenden aus.

Zu dem letzten Punkt „Räumliches Denken" bemerkt Besuden: „Operatives Denken ist in der Geometrie von räumlichem Denken kaum noch zu unterscheiden" (ebd. 1980, S. 107). Damit stellt er den operativen Charakter räumlichen Denkens heraus.

Maier (1999) hat sich im Rahmen seiner Dissertation ausgiebig mit der ideengeschichtlichen Aufarbeitung des Raumvorstellungsbegriffs auseinandergesetzt. Auf Basis unterschiedlicher Strömungen in der allgemeinen Psychologie, in der Entwicklungspsychologie und in der Mathematikdidaktik schlägt er in deutlicher Anlehnung an Wölpert (1983, S. 9) folgende umgangssprachliche begriffliche Fassung vor:

„Anschaulich kann Raumvorstellung umschrieben werden als die Fähigkeit, in der Vorstellung räumlich zu sehen und räumlich zu denken. Sie geht über die sinnliche Wahrnehmung hinaus, indem die Sinneseindrücke nicht nur registriert, sondern auch gedanklich verarbeitet werden. So entstehen Vorstellungsbilder, die auch ohne das Vorhandensein der realen Objekte verfügbar sind. Dabei ist zu betonen, daß Raumvorstellung sich jedoch nicht darauf beschränkt, diese Bilder im Gedächtnis zu speichern und – in Form von Erinnerungsbildern – bei Bedarf abzurufen. Vielmehr kommt die Fähigkeit, mit diesen Bildern aktiv umzugehen, sie mental umzuordnen und neue Bilder aus vorhandenen vorstellungsmäßig zu entwickeln, als wichtige Komponente mit hinzu" (ebd., S. 14).

Wird dieses Zitat durch unterschiedliche Formatierungen zu den Erklärungen Besudens in Beziehung gesetzt, so werden dadurch der sukzessive Aufbau und das hierarchische Verständnis dieser begrifflichen Unterscheidung deutlich. Demnach entwickelt sich „Räumliches Denken" auf der Basis von „Raumwahrnehmung" und „Raumvorstellung".

Raumwahrnehmung – **Raumvorstellung** – **Räumliches Denken**

„Anschaulich kann Raumvorstellung umschrieben werden als die Fähigkeit, in der Vorstellung räumlich zu sehen und räumlich zu denken. Sie geht über die *sinnliche Wahrnehmung hinaus, indem die Sinneseindrücke nicht nur registriert, sondern auch gedanklich verarbeitet werden.* So entstehen **Vorstellungsbilder, die auch ohne das Vorhandensein der realen Objekte** verfügbar sind. Dabei ist zu betonen, daß Raumvorstellung sich jedoch **nicht darauf beschränkt, diese Bilder im Gedächtnis zu speichern** und – **in Form von Erinnerungsbildern** – bei Bedarf abzurufen. Vielmehr kommt die **Fähigkeit, mit diesen Bildern aktiv umzugehen, sie mental umzuordnen und neue Bilder aus vorhandenen vorstellungsmäßig zu entwickeln**, als wichtige Komponente mit hinzu" (Maier 1999, S. 14).

Bevor wir nun dieses Begriffsverständnis auf den Lerngegenstand (Würfel-)Netze beziehen, soll zunächst der Frage nachgegangen werden, *warum* (Würfel-)Netze *überhaupt* ein zentraler Lerngegenstand zur Förderung der Raumvorstellung in der Grundschule sein sollen.

Warum das Thema (Würfel-)Netze in der Grundschule?

Zu dieser grundlegenden Fragestellung kristallisieren sich drei in Wechselwirkung miteinander stehende Argumentationslinien heraus.
Es geht darum ...

Warum (Würfel-)Netze in der Grundschule?

1. Verbindungen zu schaffen „von der Geometrie in der Ebene in die Geometrie des Raumes" sowie umgekehrt „von der Geometrie des Raumes in die Geometrie der Ebene",
2. Raumvorstellungs-*Entwicklungen* durch Wahrnehmungen und Handlungen zu induzieren, wodurch Lernende Entwicklungen vom *Zusehen* über das *konkrete Beobachten und Handeln* zum *mentalen Beobachten und Handeln* vollziehen können,
3. Vorgehensweisen und Strategien durch Handlungserfahrungen und Handlungsanalysen zu immer zielgerichteter werdendem Handeln zu entwickeln.

Franke (2000) manifestiert für die *Handlungs*ebene die folgenden charakteristischen Zugangsweisen zu Würfelnetzen:
„Würfelnetze können gefunden werden
- durch Aufschneiden und Auseinanderklappen,
- durch Abrollen und Umfahren eines Würfels,
- durch Zusammensetzen und Falten von kongruenten Quadraten. [...].

Anforderungen für die Handlungsebene

Entsprechend dem operativen Prinzip ist es für das Begriffsverständnis besonders günstig, wenn die Handlungen in beide Richtungen ausgeführt werden:
- vom Würfel zum Netz (Abrollen oder Aufschneiden),
- vom Netz zum Würfel (Zusammensetzen von 6 Quadraten in unterschiedlichen Anordnungen)" (ebd., S. 137 f.).

Zudem findet man bzgl. der *Handlungs*ebene in der Literatur vielfältige Unterrichtsvorschläge, die beschreiben, wie ausgehend von den Quadrat-Drillingen alle Quadrat-Vierlinge, darüber alle Quadrat-Fünflinge und daraus schließlich alle Quadrat-Sechslinge erarbeitet werden, bevor die Frage aufkommt, welche Quadrat-Sechslinge sich zu Würfeln zusammenfalten lassen.

Durch ein derartiges Vorgehen verbleibt der Unterricht insgesamt über einen sehr langen, vielleicht zu langen Zeitraum (?), in der „Geometrie der Ebene", bis dann zum Schluss die „Geometrie des Raumes" *in den Blick genommen* wird.

Auch der Blick in die Schulbuchlandschaft wirkt ernüchternd: Wenn überhaupt die *Handlungs*ebene vorkommt, dann zumeist nur in Form eines (Alibi-)Zuganges. Und selbst wenn beide Richtungen grundsätzlich angedeutet werden, so bleibt die reine *Vorstellungsarbeit* nicht selten auf der Strecke: Es wird zwar gehandelt, wie oft bleibt es dabei aber beim „blinden Handeln" (Hole 1973, S. 41) – ohne Handlungsanalysen und Vorstellungsentwicklung. Es werden zum Beispiel vorbereitete Flächenmodelle einmal zerschnitten bzw. Bierdeckel zusammengesetzt, aber passiert dies zielgerichtet mit dem Fokus der Vorstellungsentwicklung durch vorzunehmende Analysen des (eigenen) Handelns?

Trotz dieser kritischen Anmerkungen lässt sich resümieren: Geht es um die Entwicklung und Förderung der Raumvorstellung, so wird für die *Handlungsebene* der wechselseitig herzustellende Bezug zwischen Raum und Ebene *betont*. Durch geeignete Aufgabenstellungen sollen Verbindungen geschaffen werden – zwischen der *Geometrie in der Ebene* und der *Geometrie des Raumes*. Dabei sind Übersetzungsprozesse sowohl von ebenen Situationen in räumliche Situationen zu leisten wie auch umgekehrt.

Für die *Vorstellungs*ebene hingegen lässt sich beobachten, dass diese für die *Handlungs*ebene formulierten Forderungen weit weniger konsequent verfolgt und noch weniger im Rahmen geeignet gestalteter Lernumgebungen umgesetzt werden: So erfordern von der *Handlungs*ebene weiterführende ikonische Aufgabenstellungen zumeist das *mentale Zusammenfalten* ausgehend von einem ebenengeometrisch abgebildeten Startzustand, nicht aber *das mentale Auseinanderfalten*. Eventuell werden noch raumgeometrische Abbildungen des Endzustandes einbezogen. Differenziert raumgeometrisch gestaltete Abbildungen, die Momentaufnahmen innerhalb des Faltprozesses darstellen, finden jedoch keinerlei Berücksichtigung.

Anforderungen für die Vorstellungsebene

Insgesamt lassen sich derart „klassische" Lernumgebungen dadurch charakterisieren, dass vornehmlich ebenengeometrische Abbildungen zur Darstellung von (Würfel-)Netzen verwendet werden, mit dem Ziel das räumliche Vorstellungsvermögen zu fördern. Doch wird dieses Ziel dadurch tatsächlich erreicht?

Werden derartige ikonische Aufgabenstellungen, die zunehmend losgelöst von konkret durchzuführenden Handlungen ausschließlich auf der Vorstellungsebene bearbeitet werden sollen, *überhaupt* Raum *vorstellend* bearbeitet? Ermöglicht bzw. legt das vornehmlich ebenengeometrisch gestaltete Abbildungsdesign der Aufgabenstellungen Vorgehensweisen in *beide* Richtungen nahe? Wie viel Raum-*Vorstellung* benötigt man tatsächlich für diese vermeintlichen Raumvorstellungs-Aufgaben?

Um diesen Fragen nachzugehen, legen wir im Folgenden den Fokus auf die individuellen mentalen Vorgehensweisen, die Kinder bei der Arbeit mit solchen „klassischen" Lernumgebungen zu Würfelnetzen zeigen, und beziehen damit implizit auch Ihre Eigenerfahrungen zu den Aufgabenstellungen des anfänglichen Warm-Ups mit ein. Welche mentalen Vorgehensweisen entwickeln Lernende tatsächlich, wie sind Sie vorgegangen? 1. Falten sie überhaupt? Und 2. Wenn sie falten, wird ihnen durch das Abbildungsdesign der Aufgaben überhaupt nahegelegt, in beide Richtungen falten zu *können*, also zusammen- und auseinander?

Individuelle mentale Vorgehensweisen

Von neunzig Viertklässlern, die mit einer „klassischen" Lernumgebung zu Würfelnetzen gearbeitet hatten, wurden vierzig Kinder zu ihren Vorgehensweisen interviewt (vgl. Huhmann 2012). Insgesamt zeichnete sich dabei ab, dass viele dieser Lernenden die meisten der elf verschiedenen Würfelnetze bereits nach wenigen Unterrichtsstunden auswendig kannten oder dass Netze über dynamische mentale Reduktionsstrategien auf ihnen bekannte Würfelnetze zurückgeführt wurden. Mentales Falten nahm hingegen einen *zunehmend* untergeordneten Stellenwert bei den Vorgehensweisen ein. Im Einzelnen:

„Ich hab die auswendig gewusst" (Jannes, 11 Jahre) – **Mental abgespeicherte Propositionen**

Diese Vorgehensweise ist abhängig von bereits vorgenommenen symbolhaften Zuordnungen und dadurch individuell hochgradig unterschiedlich ausgeprägt: Je nach dem, zu welchem Netz bereits eine Zuordnung der Eigenschaft „Würfelnetz zu sein" erfolgt ist, z. B. in der Form *„das sieht aus wie ..."* oder *„das ... ist eins"*, wurden die betreffenden Netze direkt über die dazu jeweilig abgespeicherte Proposition als Würfelnetze identifiziert (Bearbeitungszeit der Aufgabe maximal 2 s).

In den nachstehenden Tabellen werden die vorgenommenen Zuordnungen mit Hilfe von Zitaten der Kinder dargestellt:

„Vierer-Würfelnetze"					
„Sieht aus wie ...	... ein T"	(x_1)	(x_2)	... die Viererschlange"	... ein Kreuz" (x_3)

Zuordnungen bei den „Vierer-Würfelnetzen"

Die mit (x) gekennzeichneten Netze wurden im Rahmen *dieser Vorgehensweise* von einigen Kindern ausschließlich über die abgespeicherte Proposition „(x_i) ist ein Vierer-*Würfel*netz, weil es auf beiden Seiten der Viererstange eine Quadratfläche hat" als Elemente einer Unterklasse von Würfelnetzen identifiziert, die hier heißt:
„Alle Netze mit vier Quadraten in einer Linie, die links und rechts (bzw. oberhalb und unterhalb) der Vier-Quadrate-Linie jeweils eine weitere Quadratfläche haben, *sind* Würfelnetze".

„Ich hab das auf das „Kreuz"- [oder] das „T"-Würfelnetz zurückgeführt" (Leona, 10 Jahre) – **Dynamisch mentale Reduktionsstrategien**

Oftmals wurden die mit (x) gekennzeichneten Netze jedoch durch eine Kombination von dynamisch bildhaften mentalen Reduktionsstrategien und Auswendig-Wissen als Würfelnetze identifiziert:
„Da ist der Linke von dem T einen (x_1) bzw. zwei (x_2) runtergerutscht und von dem T weiß ich, dass es eins ist. Also ist das [(x_1) bzw. (x_2)] auch eins." – Entsprechend zu (x_3): *„Da ist der Linke von dem Kreuz einen runtergerutscht."*
Hier wurde implizit die Erkenntnis genutzt, dass *„man auf jeder Seite der Viererstange einen haben muss, damit's n' Würfelnetz is. […] Weil die Viererstange ergibt ja nen Ring, so'n Mantel drumrum. Dann brauch' man nur noch einen auf jeder Seite"* (Zitat aus dem Interview mit Johannes).

Bei diesen dynamisch analog geprägten Rückführungen bildeten zumeist das „Kreuz"- und das „T"-Würfelnetz die Referenz-Würfelnetze als Repräsentanten dieser „Unterklasse der Vierer-Würfelnetze".

Bei den „Dreier-Würfelnetzen" und dem „Zweier-Würfelnetz" traten entsprechende Vorgehensweisen auf:

Würfelnetz					
„Sieht aus wie ..."	... eine 4"	... eine Ente" (x_4)	(x_5)	... die Dreier-Schlange"	... das einzige Zweier-Netz"

Zuordnungen bei den „Dreier-Würfelnetzen" und dem „Zweier-Würfelnetz"

Bei (x_4) bzw. (x_5) ließ sich wiederum die oben benannte Kombination von Auswendig-Wissen und Reduktionsstrategie beobachten: *„Da ist der Rechte von der 4 einen (x_4) bzw. zwei (x_5) runtergerutscht."*

„Ich hab die im Kopf zusammengefaltet" (Michi, 10 Jahre) – Mentales Operieren

Diese Vorgehensweise konnte in drei Fällen beobachtet werden:
- Bei individuenspezifisch noch unbekannten Netzen.
- Als (mehrfache) Kontrolle bei Netzen, bei denen sich die Schüler aufgrund einer hohen Anzahl mentaler Behaltensprozesse unsicher sind (diese Anzahl ergibt sich durch die mental durchzuführenden Faltprozesse im Zusammenhang mit den dabei vorzunehmenden Faltrichtungsänderungen).
- Bei Netzen, die sich nicht zu einem Würfel zusammenfalten lassen, da hier die Argumente für das „Nicht-Passen" ausfindig gemacht werden mussten.

Da es sich bei den individuenspezifisch unbekannten Netzen um unterschiedliche Netze handelt, werden bei den folgenden Beispielen nur Netze dargestellt, die sich nicht zu einem Würfel zusammenfalten lassen:

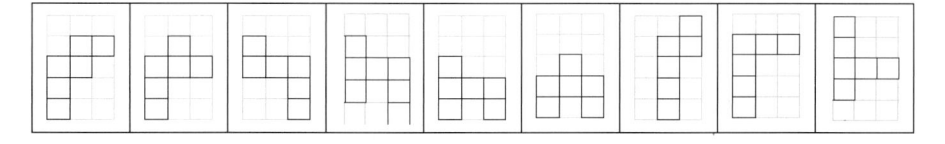

Netze, die mit der Vorgehensweise „Mentales Modellieren" bearbeitet wurden

Während einigen Kindern bei dem vierten Netz auffiel, dass es aus sieben Quadratflächen besteht und *„es deshalb schon nicht gehen kann"*, wurden die übrigen Netze *„im Kopf zusammengefaltet"*. Als Indikatoren für dieses Vorgehen dienten Bearbeitungszeiten, die pro Aufgabenstellung bis zu 23 s in Anspruch nahmen, die Aussagen und Beschreibungen der Kinder sowie der Einsatz von unterstützenden Begleitbewegungen mit den Händen.

Zusammenfassend kann festgehalten werden: Immer dann, wenn die Vorgehensweise „Auswendig-Wissen" nicht angewendet werden konnte oder keine offensichtlichen Widersprüche (das Sieben-Flächen-Netz) entdeckt wurden – insgesamt also keine Möglichkeit des Zurückgreifens auf bekanntes Wissen bestand, mussten die Objekte mittels mentalen Operierens erprobt werden.

Insgesamt verdeutlichen sich die Charakteristika dieser drei Vorgehensweisen an dem Fallbeispiel Jan (10 Jahre):

1. *„Die Würfelnetze, die an der Klassentafel waren"* hat sich Jan auf seine „innere mentale Tafel" in Form von „elf einzelnen Szenebeschreibungen" „abfotografiert". Zu diesen Objekten hat er die propositionale Repräsentation „das ist ein Würfelnetz" abgespeichert. Er weiß demzufolge auswendig, dass es Würfelnetze sind, ohne mentale Faltprozesse durchführen zu müssen.

2. Die Netze, die er *„komisch"* [in ihrer räumlichen Lage für ihn ungewohnt präsentiert] bekommt, dreht und spiegelt er zunächst, um sie auf sein Referenzmodell „mentale Tafel" zurückzuführen. Gelingt dieses, so ist er fertig. Ansonsten fährt er wie in 3 beschrieben fort.

3. Die Netze, bei denen Jan sich *„überhaupt nicht sicher [ist]"*, bei denen also weder durch 1. noch durch 2. eine Entscheidung getroffen werden kann, faltet er mental zusammen.

In Ergänzung zu den obigen Ausführungen bezüglich der Vorgehensweise „dynamisch mentale Reduktionsstrategien" zeigt sich unter Punkt 2, dass Jan in einem ersten Schritt durch Spiegelungen und/oder Drehungen mentale Handlungen auf das „gesamte" Objekt ausübt, um es auf einen bekannten Repräsentanten seiner „mentalen Tafel" zurückzuführen, zu dem propositionales Wissen („das ist eins") vorliegt.

Damit lässt sich diese Vorgehensweise insgesamt durch mentale *Objektveränderungen* (in Form von Verschieben von Quadratflächen) und Erzeugen eines anderen Objektes sowie durch mentale *Handlungen mit dem „gesamten" Objekt* (in Form von Spiegelungen und/oder Drehungen) und Erzeugen desselben Objektes in veränderter Raumlage charakterisieren.

Im Unterschied zu Jans Vorgehensweise unter Punkt 2 zeigte sich oftmals aber abhängig von der präsentierten Raumlage eines Netzes ein Rückgriff auf mentales Falten:

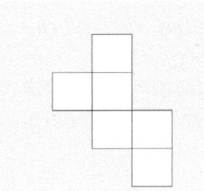

Lena (11 Jahre) erkennt bei dem Netz in der räumlichen Lage der Abbildung links ihre Zuordnung „Netz ist Ente" wieder und kann darüber das Netz direkt als Würfelnetz identifizieren.

Wird ihr jedoch dieselbe Abbildung in veränderter und ihr „ungewohnter" Raumlage der Abbildung rechts präsentiert, so findet diese Wiedererkennung als Ente und infolge dessen die Zuordnung „Netz ist Ente" als Würfelnetz nicht statt. Weil bei ihr kein propositionales Wissen zu dem Netz in dieser präsentierten Raumlage vorliegt, muss Lena in solch einem Fall dann mittels mentalen Faltens prüfen, ob das Netz ein Würfelnetz ist oder nicht.

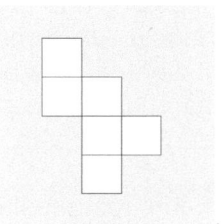

Zusammenfassend konnten die mentalen Vorgehensweisen folgendermaßen kategorisiert und charakterisiert werden:

Mentales Modellieren mit Begleitbewegungen	Mentales Modellieren mit Sprache	Auswendig-Wissen mit Reduktionsstrategie	Auswendig-Wissen – propositionale Zuordnung
– Kontinuierlich mit beiden Händen – Andeuten einzelner Positionen mit einer Hand – Fingertapping	– Konkrete Sätze – Da, da, da … – Hm,hm,hm (Akustische Merkmale äquivalent zum Fingertapping)	Dynamisch-mentale Rückführungen	statisch

Gesamtüberblick über mentale Vorgehensweisen (Huhmann 2012, S. 168 f)

Zu den beiden Kategorien „Mentales Modellieren mit …" verdeutlicht sich in der gestuften Abfolge der Charakteristika die Verkürzung der Handlung und ihre Entwicklung von der äußeren konkreten zur inneren mentalen Handlung bzw. die Verkürzung der Sprache und ihre Entwicklung in analoger Weise.

Fazit: Propositionales (Auswendig-)Wissen sowie dynamische mentale Reduktionsstrategien ersetzen Raum-*Vorstellung* in vornehmlich durch ebenengeometrische Abbildungen gestalteten Lernumgebungen. Mentales Falten kommt nur dann vor, wenn die beiden anderen Vorgehensweisen nicht angewendet werden können. Es steht außer Frage, dass genau dieses Ersetzen des räumlichen oder allgemeiner operativen Denkens durch elaboriertere Strategien, die letztlich in Eigenschaftscharakterisierungen münden, genau das Ziel darstellt, welches anzustreben ist, wenn es um Abstraktionen geht, sei es in anderen Inhaltsbereichen in der Grundschulmathematik, wie zum Beispiel in der Arithmetik bei der Entwicklung von Grund*vorstellungen* hin zu Automatisierungsprozessen, insbesondere aber auch in den weiterführenden Schulstufen, mit den Inhalten der (Linearen) Algebra, der Analysis und ebenso der Stochastik. Für die Grundschule jedoch steht die Angemessenheit dieses Ersetzens des Räumlichen Denkens insbesondere für den Inhaltsbereich Raum und Form aber zumindest in Frage.

Diese Beobachtungen werfen die Frage auf, ob wir genau das wollen, bzw. was wir denn eigentlich wollen, wenn wir von Förderung der Raumvorstellung sprechen? Sollen Lernende propositionales Wissen erwerben, dynamisch mentale Reduktionsstrategien entwickeln oder mentale Faltungen ausüben? Oder vielleicht ein bisschen von allem, wie oben verdeutlicht?

Ausgehend von dem hier skizzierten, auf Besuden und Maier gründendem Begriffsverständnis von Raumvorstellung muss es mentales Falten sein! „Klassische Lernumgebungen" zu Netzen fördern dies jedoch langfristig nicht. Sie arbeiten zumeist nur mit ebenen- und raumgeometrischen Abbildungen des Start- und Endzustandes. Dadurch begünstigen sie, nur aufgrund propositionalen Wissens Zuordnungen vornehmen zu

können, à la „Ich lege dir die 11 Würfelnetze hin, du lernst sie auswendig, und dann hast du Raumvorstellung?"
(Anfängliches) mentales Falten wird in individuellen Entwicklungsprozessen in so gestalteten Lernumgebungen schnell durch die beiden anderen Vorgehensweisen, insbesondere durch Auswendig-Wissen ersetzt.

Wie kann man jetzt auch Jan (mit all seinen elaborierten Vorgehensweisen) dazu bringen, dass er weiterhin mentale Faltungen ausübt? *Welche* Raumvorstellungsaufgaben erfordern tatsächlich Raum-*Vorstellung*? Letztlich verbergen sich hinter diesen Fragen Anforderungen an das Design einer Lernumgebung. Bezogen auf die Thematik *Netze und Körper* bedeutet dies: Das Design der Aufgabenstellungen muss gewährleisten, dass

1. Lernende *überhaupt* und *langfristig* im Kopf falten,
2. das Zusammen- und Auseinanderfalten nachhaltig motiviert wird.

Die neu entwickelte Lernumgebung Inter-Netzzo verfolgt diese beiden Ziele.

Literaturhinweise

BESUDEN, Heinrich (1979): Die Förderung der Raumvorstellung im Geometrieunterricht. In: Beiträge zum Mathematikunterricht 1979. Hannover: Schroedel.

BESUDEN, Heinrich (1980): Motivation und operatives Prinzip im Geometrieunterricht der Sek. I. In: Beiträge zum Mathematikunterricht 1980. Hannover: Schroedel.

BESUDEN, Heinrich (1984): Knoten, Würfel, Ornamente. Stuttgart: Klett.

FRANKE, Marianne (2000): Didaktik der Geometrie in der Grundschule. Heidelberg: Spektrum Akademischer Verlag.

HOLE, Volker (1973): Erfolgreicher Mathematikunterricht. Keine Angst vor seiner Planung, Durchführung und Beurteilung. 11. Aufl. 1982. Freiburg i.Br.: Herder.

HUHMANN, Tobias (2006): Im Kopf unterwegs zwischen Netzen, Schachteln und Würfeln. In: Grundschule Mathematik H. 10, Seelze: Friedrich Verlag, S. 28–31.

HUHMANN, Tobias (2011): Zwischen Netzen, Schachteln und Würfeln – Die Inter-Netzzo-Werkstatt. In: Praxis Grundschule H. 5, Braunschweig: Westermann Verlag, S. 46–55.

HUHMANN, Tobias (2012): Welchen Einfluss können Computeranimationen auf die Raumvorstellungsentwicklung haben? Dissertation eingereicht an der Universität Paderborn.

MAIER, Peter H. (1999) Räumliches Vorstellungsvermögen – Ein theoretischer Abriss des Phänomens räumliches Vorstellungsvermögen. Donauwörth: Auer Verlag.

MSW – Ministerium für Schule und Weiterbildung des Landes Nordrhein-Westfalen (Hg., 2008): Richtlinien und Lehrpläne für die Grundschule in Nordrhein-Westfalen.

WÖLPERT, Heinrich (1983): Materialien zur Entwicklung der Raumvorstellung im Mathematikunterricht. In: Der Mathematikunterricht 6/1983, Klett Verlag, S. 7–42.

Unterrichtsmaterial

Hinweise zur Unterrichtsdurchführung

Teil II: Die Lernumgebung „Inter-Netzzo" im Unterricht – Hinführung, Konzeption, Aufgabentypen, Spielideen und dadurch entwickelte mentale Vorgehensweisen

So kann es gehen

Hinführung – Vor der Arbeit in der Lernumgebung

Um möglichst früh den wechselseitigen Bezug zwischen der Geometrie der Ebene und der Geometrie des Raumes hervorzuheben, wird ein unterrichtliches Vorgehen vorgeschlagen, welches ausgehend von den Quadrat-Vierlingen über die Bildung von Quadrat-Fünflingen, die sich zu offenen Schachteln (sog. „Schachtelnetzen") zusammenfalten lassen, die Erarbeitung der Würfelnetze verfolgt.

Hinführung – Vor der Arbeit in der Lernumgebung

Vorbereitend werden zunächst die verschiedenen Quadrat-Vierlinge ausfindig gemacht, die sich nicht durch Drehung und/oder Spiegelung ineinander überführen lassen (siehe Abb. S. 256, linke Spalte). Dazu bietet sich die Verwendung von Materialien (wie z. B. quadratische Bierdeckel, Moosgummi-Quadrate oder Plastik-Steckquadrate) ebenso an wie das Aufzeichnen auf Papier.

Mit der anschließenden Fragestellung „Aus welchen Quadrat-Vierlingen entstehen durch Hinzufügen einer Quadratfläche welche Schachtelnetze?" können sich alle Kinder entsprechend ihrer räumlichen Kompetenzen auseinandersetzen:

Lernende, die bereits in der Lage sind, sich den mentalen Faltprozess vorzustellen, sind dabei stets gefordert, die entstehenden Quadrat-Fünflinge mental zusammen- oder auseinanderzufalten und zu prüfen, ob der Fünfling tatsächlich ein Schachtelnetz darstellt bzw. welches Schachtelnetz beim Auseinanderfalten des mental zusammengefalteten und durch eine Quadratfläche ergänzten Vierlings entsteht. Jan (10 Jahre) beschreibt das seinem Partner in der Arbeitsphase so:

„Man muss immer [am mental zusammengefalteten Quadrat-Vierling] eine Quadratfläche anfügen und im Kopf richtig gucken, wo die Flächen dann hingehen, wenn man die Schachtel auseinanderfaltet. Da musste ich die Flächen richtig „im Kopf verfolgen", damit ich sehen konnte, wie die Schachtel auseinandergefaltet dann aussieht. – Oder wenn man's andersherum macht, muss man eine Fläche am [ebenen] Quadrat-Vierling hinzufügen und die Flächen dann im Kopf vom Papier lösen und im Kopf gucken, wo die hinwandern, ob's dann 'ne Schachtel wird."

So werden beim mentalen Auseinander- bzw. Zusammenfalten einzelne Positionen für Quadratflächen mit dem inneren Auge „beobachtet" und „mit- und nachverfolgt", um entscheiden zu können, „wird's 'ne Schachtel oder aber nicht".

Auffällig ist bei Kindern mit einer noch nicht „rein mentalen Vorgehensweise", dass sie ihre „innere Beobachtung" des Faltprozesses einzelner Flächen vom Netz zur Schachtel – oder umgekehrt – durch unterstützende „Begleitbewegungen mit ihren Händen" mit- bzw. nachverfolgen, nachempfinden und sich so selbst veranschaulichen. Durch dieses Vorgehen verdeutlicht sich die Nutzung des haptischen Gedächtnisses, welches durch die Arbeit mit Material aufgebaut wurde.

Darüber hinaus können sich die Kinder durch Aufbauen der Netze bzw. Körper mit Steckquadraten sowie dem konkreten Zusammenfalten der Quadratflächen zusätzliche Unterstützung verschaffen und sich so davon überzeugen, ob aus dem gefundenen Quadrat-Fünfling eine Schachtel wird oder nicht. Einige Kinder gehen dabei so vor, dass sie eine mögliche „leere" Kante (bzw. die dort angefügte Quadratfläche) bei dem konkreten Faltprozess mit ihren Fingern festhalten und dadurch die Veränderungen der Raumlage dieser „festgehaltenen" Kante bzw. Fläche visuell und haptisch „mitverfolgen". Dadurch können auch diese Kinder herausfinden und prüfen, wie viele und welche Möglichkeiten jeweils existieren.

Basierend auf diesen unterschiedlichen Vorgehensweisen zeichnen dann letztlich alle Kinder die jeweiligen Vierlinge und die daraus entstehenden Schachtelnetze auf Karopapier auf.

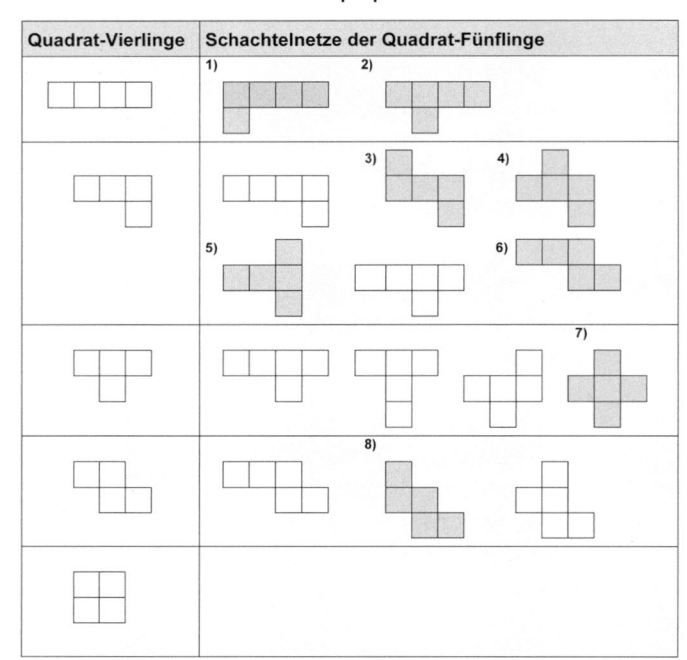

Aus welchen Quadrat-Vierlingen entstehen welche Schachtelnetze?

Nachdem zu jedem Vierling alle erzeugbaren Schachtelnetze gefunden, aufgezeichnet und deren jeweilige Anzahlen bestimmt sind, präsentieren die Kinder zum Abschluss dieser Partnerarbeitsphase ihre Lösungen dem Plenum. Dabei sollen sie auch begründen, welche Schachtelnetze nicht aus einem jeweiligen Vierling gebildet werden können. Hierzu werden zuvor Begriffe und Sprechweisen wie „die Bodenfläche der Schachtel", „rechte, linke, vordere und hintere Seitenfläche" etc. in einem gemeinsamen (sowie in eigenen) Wortspeicher(n) gesammelt und zur Argumentation zunehmend verbindlich gemacht.

Am Ende wird geprüft, welche gleichen Schachtelnetze aus verschiedenen Quadrat-Vierlingen erzeugt werden können, um schließlich die Schachtelnetze zu zählen, die sich nicht durch Drehung und/oder Spiegelung ineinander überführen lassen (siehe grau markierte Netze).

Methodisch analog lassen sich aus den Schachtelnetzen alle Würfelnetze entwickeln. Besonders interessant ist die darauf aufbauende Fragestellung „Wie viele unterschiedliche Würfelnetze kannst du ausgehend von jeder Schachtel finden?" Dass man für jedes Schachtelnetz immer genau vier Möglichkeiten hat, ein Würfelnetz zu erzeugen, erklärt Nikolai (11 Jahre) so: *„Stell dir vor, du faltest das Schachtelnetz zur Schachtel zusammen und guckst von oben in die Schachtel. Dann hast du bei jedem Schachtelnetz vier leere Kanten. Da kannst du dir dann eine davon aussuchen, wo du die Quadratfläche hinsetzt, also sind's immer vier."* Immer vier, nicht aber immer vier verschiedene. Auf Michaels Anmerkung, dass es bei den Schachtelnetzen C, E, G und H ja weniger Würfelnetze seien, entgegnet wiederum Nikolai: *„Man kriegt da nur welche mehrmals und deshalb braucht man die ja nicht mehr aufzeichnen. Aber trotzdem sind's immer vier Möglichkeiten, wegen den leeren Stellen."*

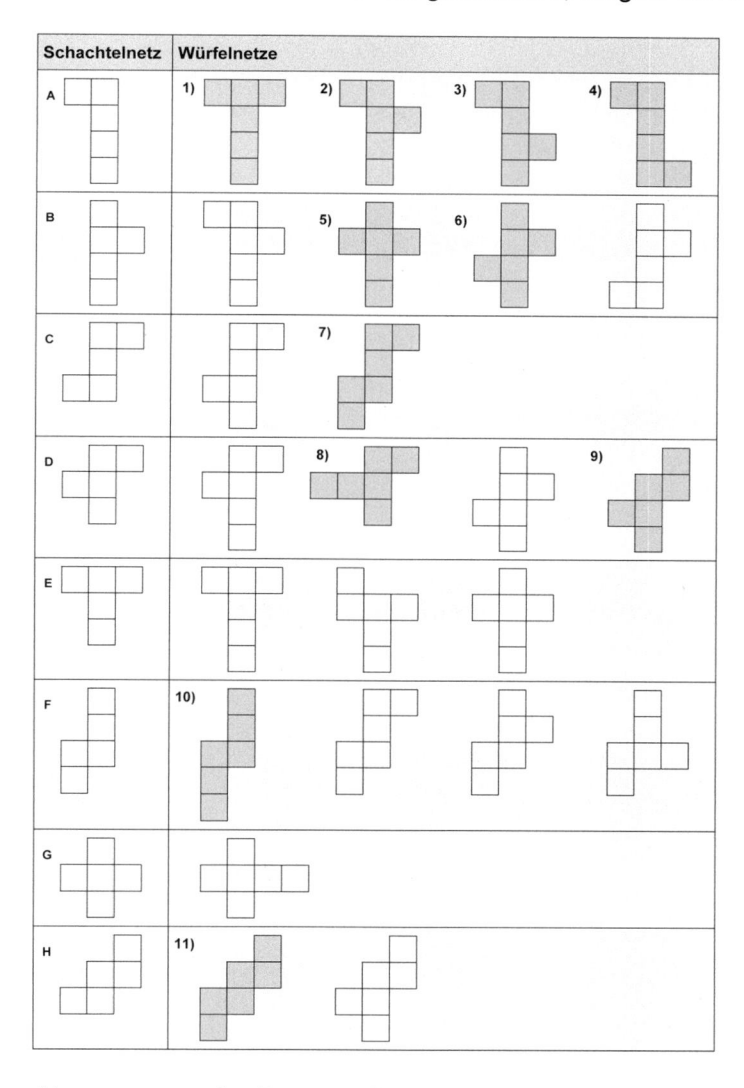

Aus welchen Schachtelnetzen entstehen welche Würfelnetze?

Als ergänzende Fragestellungen bieten sich an: Wie viele und welche Schachtelnetze benötigst du *mindestens*, um davon ausgehend alle Würfelnetze erzeugen zu können? Und: Welche Quadrat-Vierlinge benötigst du *mindestens*? Dass das Schachtelnetz H auf jeden Fall benötigt wird, da man nur so das Würfelnetz Nr. 11 erhalten kann, ist leicht ersichtlich. Genauso verhält es sich auch mit dem Schachtelnetz F, da nur so das Würfelnetz Nr. 10 erzeugt werden kann. Das Schachtelnetz G kann ausgeschlossen werden, da aus ihm nur ein Würfelnetz hervorgeht und dieses auch durch Schachtelnetz B erzeugt werden kann. Mit weiteren Ausschluss-Argumenten werden die Schachtelnetze C, D und E aussortiert, bis dann feststeht, dass man nur die Schachtelnetze A, B, F und H benötigt, um alle Würfelnetze erzeugen zu können. Abschließend wird bestimmt, welche Quadrat-Vierlinge mindestens benötigt werden, um alle Würfelnetze zu erhalten. Ausgehend von den unbedingt notwendigen Schachtelnetzen überlegen sich die Kinder, welche Quadrat-Vierlinge sie benötigen, um genau diese Schachtelnetze zu erhalten und führen so alle Würfelnetze zurück auf

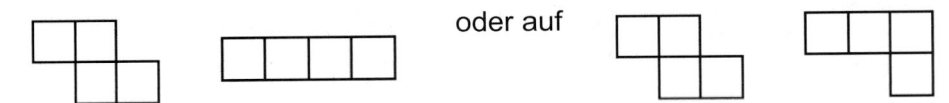

oder auf

Insgesamt wird durch die Vorgehens- und Argumentationsweisen der Lernenden zu diesen Aufgabenstellungen deutlich, dass sie ständig gefordert sind, das räumliche Zielgebilde (Schachtel/Würfel) mit dem ebenen Netz in Beziehung zu setzen. Auch bei Kindern mit mentalräumlichen Schwierigkeiten lassen sich durch die Loslösung vom konkreten Material zunehmend mentale Tätigkeiten feststellen, sodass das methodisch-unterrichtliche Vorgehen, die verschiedenen Vorgehensweisen und die individuelle (Weiter-)Entwicklung der räumlichen Fähigkeiten zeigen, dass der ständige Wechselbezug zwischen der Geometrie der Ebene und der Geometrie des Raumes in besonderem Maße gefordert ist. Basierend auf diesen intensiven Vorerfahrungen bietet sich die Arbeit in der Lernumgebung „Inter-Netzzo" an.

Die Lernumgebung „Inter-Netzzo"

Die Namensgebung lässt schon vermuten, worum es gehen soll: „Sich Gedanken darüber zu machen und herauszufinden, was „zwischen den Netzen" auf dem Weg vom Netz zur Schachtel bzw. zum Würfel passiert, und auch umgekehrt, was auf dem Weg von der Schachtel bzw. vom Würfel zum Netz passiert – und welche Netze zusammengehören."

Die Lernumgebung „Inter-Netzzo"

Für die Lernumgebung „Inter-Netzzo" wurden zu jedem Schachtelnetz bzw. Würfelnetz vier Abbildungen (1.–4. Faltzustand) erzeugt, die in „Moment-Aufnahmen" den Faltprozess auf dem Weg vom Netz zur Schachtel bzw. zum Würfel dokumentieren. Auf der PIK AS Internetseite finden Sie sämtliche Abbildungskarten der unterschiedlichen Kartensätze (s. H7-UM: pikas.tu-dortmund.de/134).
32 Abbildungskarten zu den Schachtelnetzen / 44 Abbildungskarten zu den Würfelnetzen im:
- Satz I: „Abbildungskarten weiß"
- Satz II: „Abbildungskarten mit gefärbter Grundfläche" (Die farblich markierte Fläche bietet den Lernenden Orientierung.)

Unter Einbezug zusätzlicher räumlicher Perspektiven finden Sie zu den Würfelnetzen jeweils weitere 22 Abbildungskarten im
- Satz III: „Sonderabbildungen weiß" sowie im
- Satz IV: „Sonderabbildungen mit gefärbter Grundfläche".

Auch wenn für diesen Buchbeitrag nur weiße Abbildungen verwendet werden, die Aufgabenstellungen sind ebenso auf die anderen Abbildungs-Sätze übertragbar.

Schachtelnetze

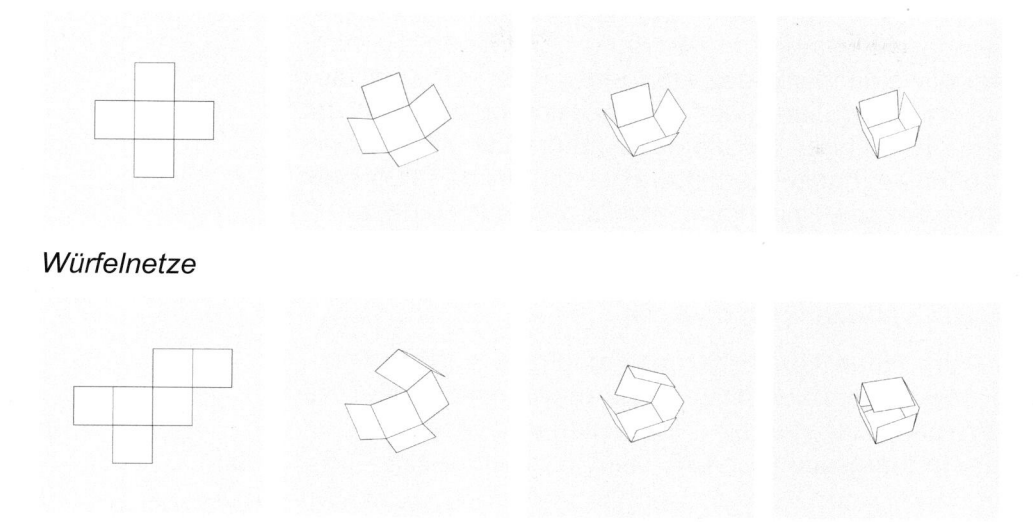

Vier Faltzustände zeigen den Faltvorgang vom Netz zur Schachtel bzw. zum Würfel

Würfelnetze

Durch dieses differenziert ebenen- und raumgeometrische Abbildungsdesign stellen die Aufgabenstellungen und Spielideen der Lernumgebung folgende räumlich-mentalen Anforderungen an die Lernenden:

- Zum ersten und zweiten Faltzustand: Wahrnehmen und Vergleichen einzelner oder mehrerer Flächen als Teil- und Gesamtfiguren (Figur-Grund-Diskriminierung, Wahrnehmungskonstanz, Wahrnehmung räumlicher Beziehungen und Wahrnehmung der Raumlage, Visuelle Unterscheidung). Förderung der Fähigkeitskomponenten der visuellen Wahrnehmung.

- Zum dritten und vierten Faltzustand: Mentales Zusammen- und Auseinanderfalten des teilgefalteten Netzes. Zusätzlich zu den soeben genannten Aspekten steht hier räumliches Vorstellen und räumliches Denken im Mittelpunkt. Integrierende Förderung der Fähigkeitskomponenten der visuellen Wahrnehmung, des räumlichen Vorstellens und des räumlichen Denkens.

Entsprechend dieser Anforderungsschwerpunkte lassen sich die Aufgabentypen und Spielideen differenziert gestalten: So können durch die Auswahl unterschiedlicher Faltzustände unterschiedlich anspruchsvolle Aufgabenstellungen entwickelt werden. Die folgenden Tabellen (siehe S. 260 ff.) geben einen Überblick über die methodische Stufenfolge, Aufgabenstellungen und Differenzierungsmöglichkeiten.

Um die Abbildungen der einzelnen Faltzustände zunächst einmal „lesen" zu lernen, d. h. das Dargestellte räumlich zu interpretieren und das Angedeutete mental „hineinzusehen", bietet es sich an, in Partnerarbeit je ein Schachtel- bzw. Würfelnetz mit Steckquadraten nachzubauen, in die abgebildeten Raumlagen zu falten und zu „untersuchen". So können Schwierigkeiten, Mehrdeutigkeiten und Interpretationen der Abbildungen diskutiert werden. Zur weiteren Vertiefung eignet sich die Aktivität „Quartette bilden". Dazu werden die 32 Abbildungskarten der Schachtelnetze oder/und die 44 Abbildungskarten der Würfelnetze gut gemischt und offen in der Tischmitte ausgelegt. In Einzel- oder Partnerarbeitsphasen haben die Kinder nun Gelegenheit ohne Zeitdruck die vier zu einem jeweiligen Netz gehörenden Faltzustände zu finden und so die Quartette zu bilden. Um nicht mit zu vielen ausliegenden Karten zu spielen, bietet sich besonders für die Einzelarbeit folgende reduzierte Variante an: Nach dem Mischen legt man fünf Karten offen in einer Reihe vor sich aus, die übrigen Karten werden als „verdeckter Stapel" in die Hand genommen. Hiervon wird nacheinander jeweils eine Karte gezogen und jedes Mal entschieden, ob die gezogene Karte zu einer der fünf offen liegenden passt. Ist dies der Fall, so wird die Karte oben auf die dazu gehörende gelegt. Wurden zu jeder der fünf offen liegenden Karten drei weitere Karten zugeordnet, so ist das Spiel beendet bzw., nachdem jeweils die dritte Karte zugeordnet wurde, wird das gebildete Quartett beiseite gelegt und eine neue Abbildungskarte an die Stelle platziert. In diesem Fall ist das Spiel beendet, wenn alle Karten zu Quartetten geordnet sind.

Die folgende Tabelle gibt einen Überblick über mögliche Aufgabenstellungen, verwendete Materialien und Differenzierungsmöglichkeiten zu dem Aufgabentyp „Welche sind gleich?". Exemplarische Arbeitskarten finden Sie dazu auf der Internetseite (s. 7-UM: pikas.tu-dortmund.de/135).

Welche sind gleich?		
Aufgabenstellung: Welche Netze gehören zusammen?	**Material: In einer Reihe oder vermischt liegen ...**	**Differenzierungsmöglichkeiten**
1. Welche Schachtelnetze gehören zusammen? (s. S. 264, AB1)	• Schachtelnetze	a) ebenengeometrische Abbildungen (1. und 2. Faltzustand) (VW)
2. Welche Würfelnetze gehören zusammen?	• Würfelnetze	b) raumgeometrische Abbildungen (3. und 4. Faltzustand) (RV)
		c) Abbildungen gemischt (1.–4. Faltzustand) (RV)

Welche sind gleich? Mögliche Aufgabenstellungen, verwendete Materialien und Differenzierungsmöglichkeiten

VW: Anforderungsschwerpunkt „Visuelle Wahrnehmung"
RV: Anforderungsschwerpunkt „Räumliches Vorstellen" und „Räumliches Denken"

Aufbauend auf den beiden soeben beschriebenen Aktivitäten zum Einlesen in die Abbildungen lassen sich diese zudem in den folgenden Varianten durchführen:

Spiel-Idee: Blitz-Inter-Netzzo (Quartette bilden)
Die Spieler (4–6 Kinder je Gruppe) sitzen in gleichmäßigem Abstand um den Tisch. Jede Gruppe erhält einen Kartensatz der Schachtelnetze und/oder Würfelnetze. Die Karten werden gemischt und einzeln verdeckt auf dem Tisch verteilt. Dann werden alle Karten aufgedeckt. Aufgabe jedes Spielers ist es, die zusammengehörenden Karten zu finden. Dabei sind alle Spieler gleichzeitig am Zug und spielen gegeneinander. Findet ein Spieler zwei oder mehr Karten eines Quartetts, darf er diese nebeneinander vor sich ablegen. Jede weitere zugehörige Karte darf er anschließend auch einzeln anlegen. Das Spiel ist zu Ende, wenn alle Karten einem Quartett zugeordnet sind oder wenn eine vorher vereinbarte Spielzeit abgelaufen ist. Abschließend erfolgt eine Punktewertung:
- Für jedes vollständige Quartett: 4 Punkte
- Für drei Karten eines Quartetts: 2 Punkte
- Für zwei Karten eines Quartetts: 1 Punkt
- Für jede falsch zugeordnete Karte: 1 Minus-Punkt

Gewinner ist, wer die meisten Punkte erhalten hat.

Varianten:
- **Gruppen-Spiel:** Beim Gruppenspiel spielen mehrere Gruppen gegeneinander. Alle Spieler einer Gruppe spielen zusammen und versuchen, die Quartette gemeinsam zu bilden.
- **Variation des Schwierigkeitsgrades:** Der Schwierigkeitsgrad kann verändert werden, indem z. B. statt der vier Karten eines Quartetts nur die Karten mit dem ersten, dritten und vierten Faltzustand zu einem Trio gebildet werden bzw. nur die Karten mit dem ersten, zweiten und dritten Faltzustand.

Spiel-Idee „Gleiche suchen"

Die Spieler (2–4 Kinder) sitzen in gleichmäßigem Abstand um den Tisch. Jeder erhält einen Kartensatz der Schachtel- oder Würfelnetze. Nach dem Mischen legt jeder Spieler fünf Karten offen in einer Reihe vor sich aus. Die übrigen Karten seines Kartensatzes nimmt jeder als „verdeckten Stapel" in die Hand. Alle Spieler sind nun gleichzeitig am Zug: Sie ziehen je eine Karte von ihrem verdeckten Stapel und prüfen, ob die gezogene Karte zu einer der fünf offen liegenden passt. Ist dies der Fall, so wird die Karte oben auf die dazugehörende gelegt, ansonsten wird sie unter den verdeckten Stapel gesteckt. Das Spiel ist zu Ende, sobald der erste Spieler zu allen seinen fünf offen liegenden Karten Quartette bilden konnte. Abschließend erfolgt die Punktewertung wie bei *Blitz-Inter-Netzzo*.

Alternative Regel: Nachdem jeweils die letzte Karte eines Quartettes zugeordnet ist, wird das gebildete Quartett für die eigene Punktewertung beiseite gelegt und eine neue Abbildungskarte an die Stelle platziert. In diesem Fall wird das Spiel beendet, wenn ein Spieler alle Karten zu Quartetten geordnet hat. Abschließend erfolgt die Punktewertung.

Die folgenden Tabellen geben einen Überblick über mögliche Aufgabenstellungen, verwendete Materialien und Differenzierungsmöglichkeiten zu den Aufgabentypen „Von Schachtelnetzen zu Würfelnetzen" sowie „Von Schachtelnetzen zu Schachtelnetzen / Von Würfelnetzen zu Würfelnetzen". Exemplarische Arbeitskarten finden Sie auf der Internetseite (s. H7-UM: pikas.tu-dortmund.de/136 und pikas.tu-dortmund.de/137).

Von Schachtelnetzen zu Würfelnetzen			
Aufgabenstellung: Welches Würfelnetz lässt sich durch Hinzufügen einer Quadratfläche erzeugen?	**Material (Tischmitte)**	**Material (um Tischmitte herum)**	**Differenzierungsmöglichkeiten**
1. Aus welchem(n) Schachtelnetz(en) ist das Würfelnetz in der Mitte entstanden?	1 Würfelnetz	Schachtelnetze*/**	a) ebenengeometrische Abbildungen (1. und 2. Faltzustand) (VW)
2. Welche Würfelnetze können aus dem Schachtelnetz entstehen?	1 Schachtelnetz	Würfelnetze*/**	b) raumgeometrische Abbildungen (3. und 4. Faltzustand) (RV)
3. Aus welchem Schachtelnetz sind die Würfelnetze entstanden?	Schachtelnetze**	mehrere Würfelnetze	c) Abbildungen gemischt (1.–4. Faltzustand) (RV)
4. Wenn du am „Start-Netz" eine Quadratfläche hinzufügst, welche Würfelnetze kannst du erzeugen? (s. S. 265, AB 2)	In einer Reihe liegen ... – „Start-Netz": Schachtelnetz – daneben Würfelnetze		

Von Schachtelnetzen zu Würfelnetzen: Aufgabenstellungen, Materialien und Differenzierungsmöglichkeiten

Von Schachtelnetzen zu Schachtelnetzen / Von Würfelnetzen zu Würfelnetzen			
Aufgabenstellung: Welches a) Schachtelnetz, b) Würfelnetz lässt sich durch Umlegen einer Quadratfläche erzeugen?	Material (Tischmitte)	Material (um Tischmitte herum)	Differenzierungsmöglichkeiten
1. Welche Schachtelnetze/ Würfelnetze können durch Umlegen einer Quadratfläche am Schachtelnetz/Würfelnetz in der Mitte erzeugt werden?	1 Schachtelnetz 1 Würfelnetz	Schachtelnetze*/** Würfelnetze*/**	a) ebenengeometrische Abbildungen (1. und 2. Faltzustand) (VW)
2. Welche Schachtelnetze/ Würfelnetze können aus dem Schachtelnetz/Würfelnetz in der Mitte entstehen?	1 Schachtelnetz 1 Würfelnetz	Schachtelnetze*/** Würfelnetze*/**	b) raumgeometrische Abbildungen (3. und 4. Faltzustand) (RV)
3. Aus welchem Schachtelnetz/ Würfelnetz sind die Schachtelnetze/Würfelnetze entstanden?	Schachtelnetz* Würfelnetz**	Schachtelnetze Würfelnetze	c) Abbildungen gemischt (1.–4. Faltzustand) (RV)
4. Welches Schachtelnetz/Würfelnetz lässt sich durch Umlegen einer Quadratfläche vom „Start-Netz" erzeugen? (s. S. 266 f., AB 3; S. 268, AB 4)	In einer Reihe liegen … – „Start-Netz": Schachtelnetz/Würfelnetz – daneben Schachtelnetze*/Würfelnetze*	
5. Bei jedem Schachtelnetz/ Würfelnetz lässt sich durch Umlegen einer Quadratfläche ein anderes Schachtelnetz/ Würfelnetz erzeugen. In welcher Reihenfolge können die Karten nacheinander abgelegt werden? (s. S. 269 f., AB 5; S. 271, AB 6)	In einer Reihe liegen … – Schachtelnetze* – Würfelnetze*	

Von Schachtelnetzen zu Schachtelnetzen / Von Würfelnetzen zu Würfelnetzen: Aufgabenstellungen, Materialien und Differenzierungsmöglichkeiten

VW: Anforderungsschwerpunkt „Visuelle Wahrnehmung"
RV: Anforderungsschwerpunkt „Räumliches Vorstellen" und „Räumliches Denken"
* Die Lernenden müssen die passende(n) Karte(n) in der Kartenauslage finden.
** Die Lernenden müssen die passende(n) Karte(n) in dem Kartensatz finden.

Im Rahmen dieses Beitrags können Differenzierungsmöglichkeiten nur exemplarisch konkretisiert werden (s. S. 264 ff., AB1–AB6). Weitere Arbeitskarten finden Sie unter (s. H7-UM: pikas.tu-dortmund.de/134). Diese können Sie gemäß der Aufgabenstellungen in den Tabellen in Form einzelner Lernstationen für Ihre Schülerinnen und Schüler zusammenstellen. Als Kontrolle oder zusätzliche äußere Hilfe kann an den Stationen Material (z. B. Steckquadrate) angeboten werden.

Methodisch lassen sich die Abbildungskarten der Netze in vielfältiger Weise einsetzen: Im Mittelpunkt sollte unseres Erachtens der variable und eigenständige Umgang stehen. Als mögliches Vorgehen bietet sich an: Die Lehrperson kopiert für jedes Schülerpaar einen Kartensatz der Schachtelnetze und Würfelnetze. Im Klassenraum sind Lernstationen-Tische vorbereitet, an denen jeweils eine Aufgabenstellung bereitliegt. Nach dem Rotationsprinzip durchlaufen die Kinder in Partnerarbeit die einzelnen Stationen. Im Anschluss daran wird mittels Impulsen – wie z. B. „Mischt euren Kartensatz und legt (bspw.) fünf Karten in einer Reihe oder vermischt auf den Tisch" oder „Wähle dir eine Karte aus dem Kartensatz aus und lege sie in die Mitte" – und anschließender Formulierung einer jeweiligen Aufgabenstellung der Tabellen die Erstellung von eigenen Aufgaben durch die Lernenden gefordert.

Besonders an diesem Vorgehen verdeutlicht sich die Möglichkeit der differenzierten Förderung durch die Lehrperson, die entsprechend der räumlichen Kompetenzen ihrer Schülerinnen und Schüler innerhalb der Aufgabenstellungen die Anforderungsschwerpunkte gezielt wählen kann, um Forder- und zugleich Förderschwerpunkte zu setzen (durch die Wahl der Aufgabenstellungen sowie die Wahl zu verwendender Faltzustände). Zugleich verdeutlicht sich die Möglichkeit der inneren Differenzierung durch die Schülerinnen und Schüler selbst, die gemäß ihrer räumlichen Kompetenzen eigene Aufgaben erstellen und bearbeiten (durch das Anfertigen von Arbeits- und Lösungskarten).

So können die Kinder aus einem vorbereiteten, eventuell wahldifferenzierten Angebot, verbindliche sowie frei wählbare Aufgabenstellungen bearbeiten, und darauf aufbauend eigene Arbeits- und Lösungskarten erstellen, indem sie diese z. B. durch Fotografieren und Aufkleben in einer Klassendatei sammeln.

Abschließend zurück zu Jan: Nachdem Jan mit dieser Lernumgebung gearbeitet hatte, wurde er wiederholt zu seinen Vorgehensweisen interviewt (vgl. Huhmann 2012). Welche räumlichen Anforderungen durch „Inter-Netzzo" an ihn gestellt werden, verdeutlicht er im Interview so:

„Wenn auf den Karten Würfelnetze mit fast glatten Flächen (er zeigt auf den 1. und 2. Faltzustand) *abgebildet waren, musste man die nur miteinander vergleichen. Da konnte man noch richtig sehen, welche Fläche der einen Abbildung zu welcher in der anderen gehört, weil das Würfelnetz hier* (zeigt auf den 2. Faltzustand) *ja nur ein bisschen zusammengeklappt ist. Schwieriger war's schon in der dritten Abbildung. Da musste man die einzelnen Flächen im Kopf vom Papier lösen und zusammenfalten und richtig im Kopf gucken, ob da* (zeigt bei dem 3. Faltzustand auf Flächen, die durch die teilgeklappte Lage andere verdecken) *noch Flächen dahinter sind. […] der letzte, der fast Zusammengeklappte, der war dann am schwierigsten. Bei dem* (zeigt auf den 4. Faltzustand), *musste ich im Kopf viel mehr gucken, ob da Flächen versteckt sind. Da musste man nicht zusammenfalten, sondern auseinanderfalten – im Kopf. Ich hab's mir da so vorgestellt, ich muss den* (das Netz des 4. Faltzustandes) *auseinanderklappen und richtig suchen – wie ein Archäologe nach den einzelnen Teilen* (zeigt auf einzelne Flächen), *die hier rein- und zusammenklappen, und dann musste ich wieder miteinander vergleichen* (zeigt auf den 3. und 4. Faltzustand) *und die Flächen im Kopf verfolgen, damit ich sehen konnte, wie das also ist, wenn das* (zeigt auf den 4. Faltzustand), *dann das ist* (zeigt auf den 3. Faltzustand), *also auseinandergefaltet dann. Da hab ich mir den Weg vorgestellt, wie er dazu wird."*

Literatur

HUHMANN, TOBIAS (2012): Welchen Einfluss können Computeranimationen auf die Raumvorstellungsentwicklung haben? Dissertation eingereicht an der Universität Paderborn.

Material PIK | Haus 7 | Inter-Netzzo

Name: | Klasse: | Datum:

Schachtelnetze: „Welche sind gleich?"

Vergleiche die Schachtelnetze in jeder Reihe miteinander.
Welche gehören zusammen? Kreuze in der gleichen Farbe an.

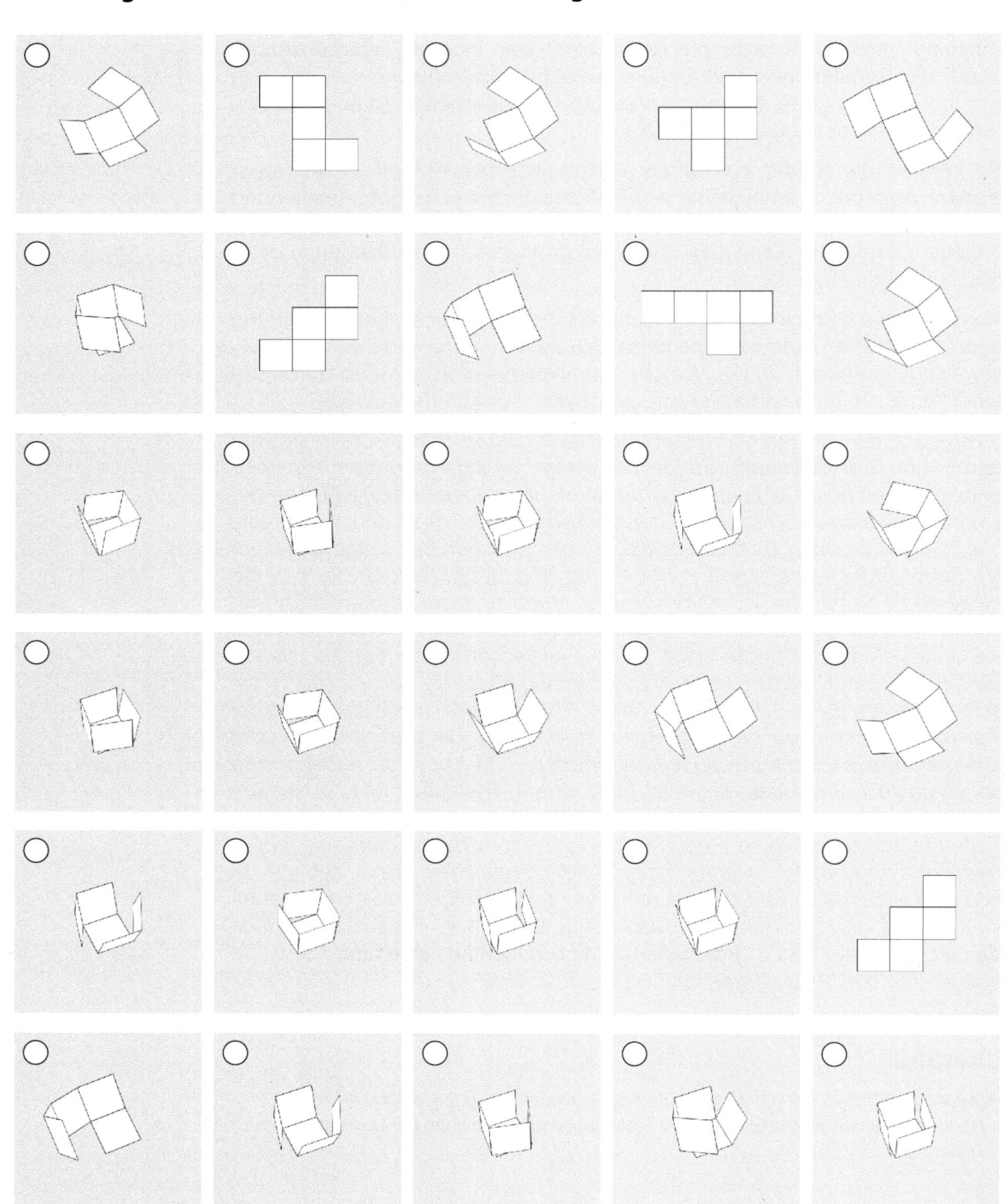

Schüler-Material
Arbeitsblätter 1–6

AB 1
264

Material PIK — Haus 7 — Inter-Netzzo

Name: Klasse: Datum:

Vom Schachtelnetz zum Würfelnetz

Wenn du am „Start-Netz" eine Quadratfläche hinzufügst, welche Würfelnetze kannst du erzeugen? Kreuze an.

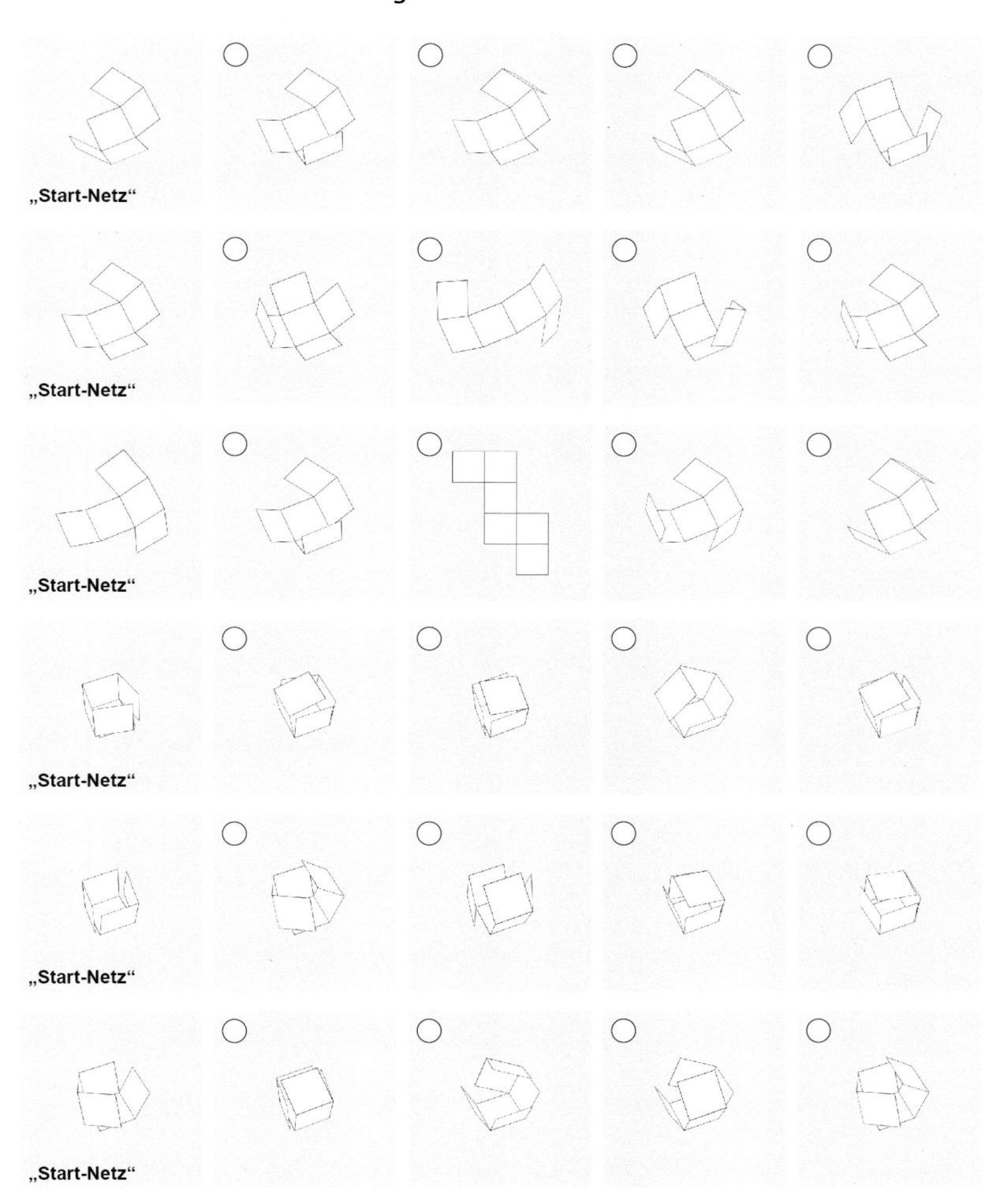

„Start-Netz"

„Start-Netz"

„Start-Netz"

„Start-Netz"

„Start-Netz"

„Start-Netz"

Schüler-Material
Arbeitsblätter 1–6

AB 2
265

Material PIK   Haus 7   Inter-Netzzo

Name: Klasse: Datum:

Von einem Schachtelnetz zu anderen Schachtelnetzen

Wenn du am „Start-Netz" eine Quadratfläche umlegst, welche Schachtelnetze kannst du erzeugen? Kreuze an.

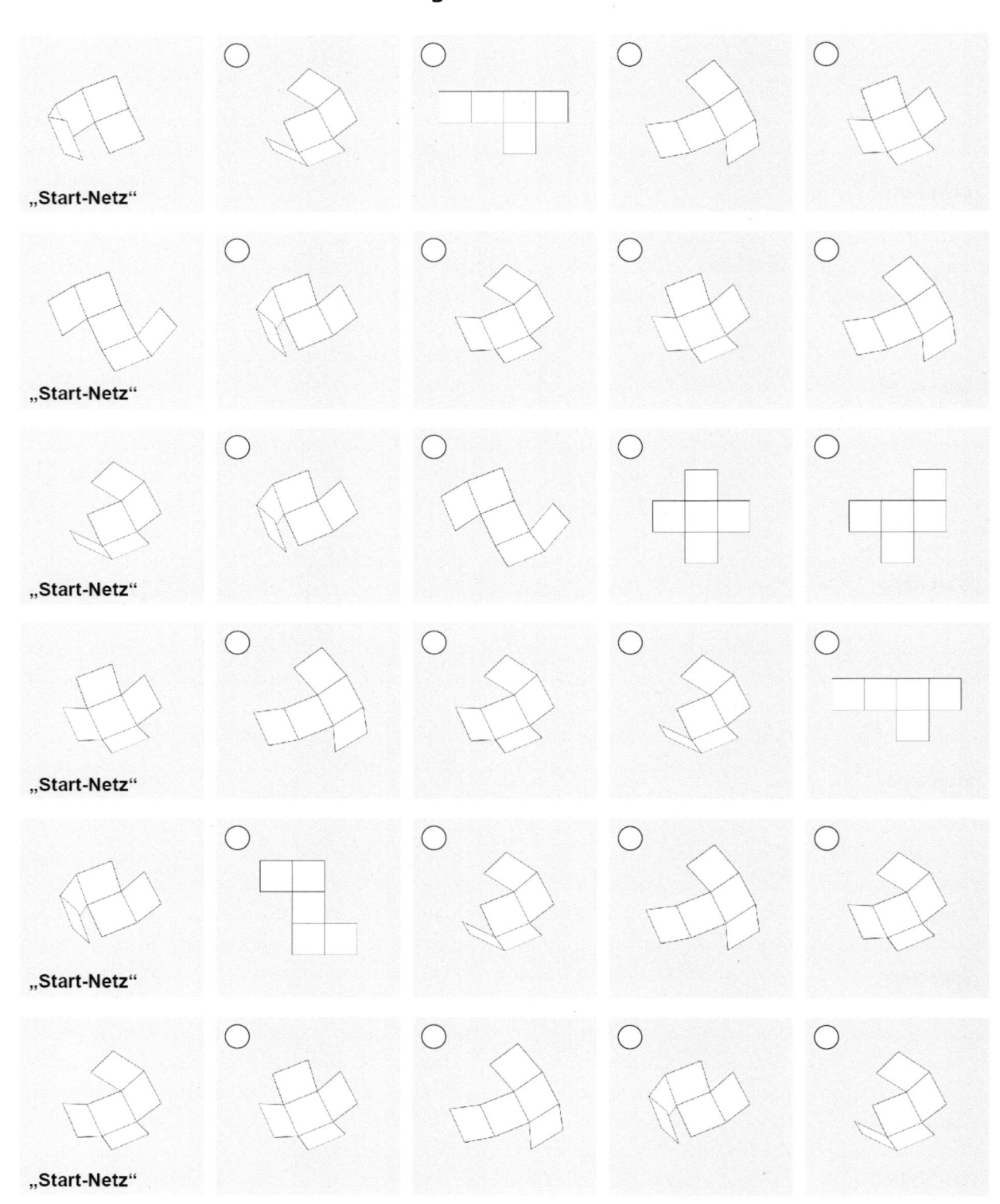

Schüler-Material
Arbeitsblätter 1–6

AB 3a
266

Material PIK — Haus 7 — Inter-Netzzo

Name: Klasse: Datum:

Von einem Schachtelnetz zu anderen Schachtelnetzen

Wenn du am „Start-Netz" eine Quadratfläche umlegst, welche Schachtelnetze kannst du erzeugen? Kreuze an.

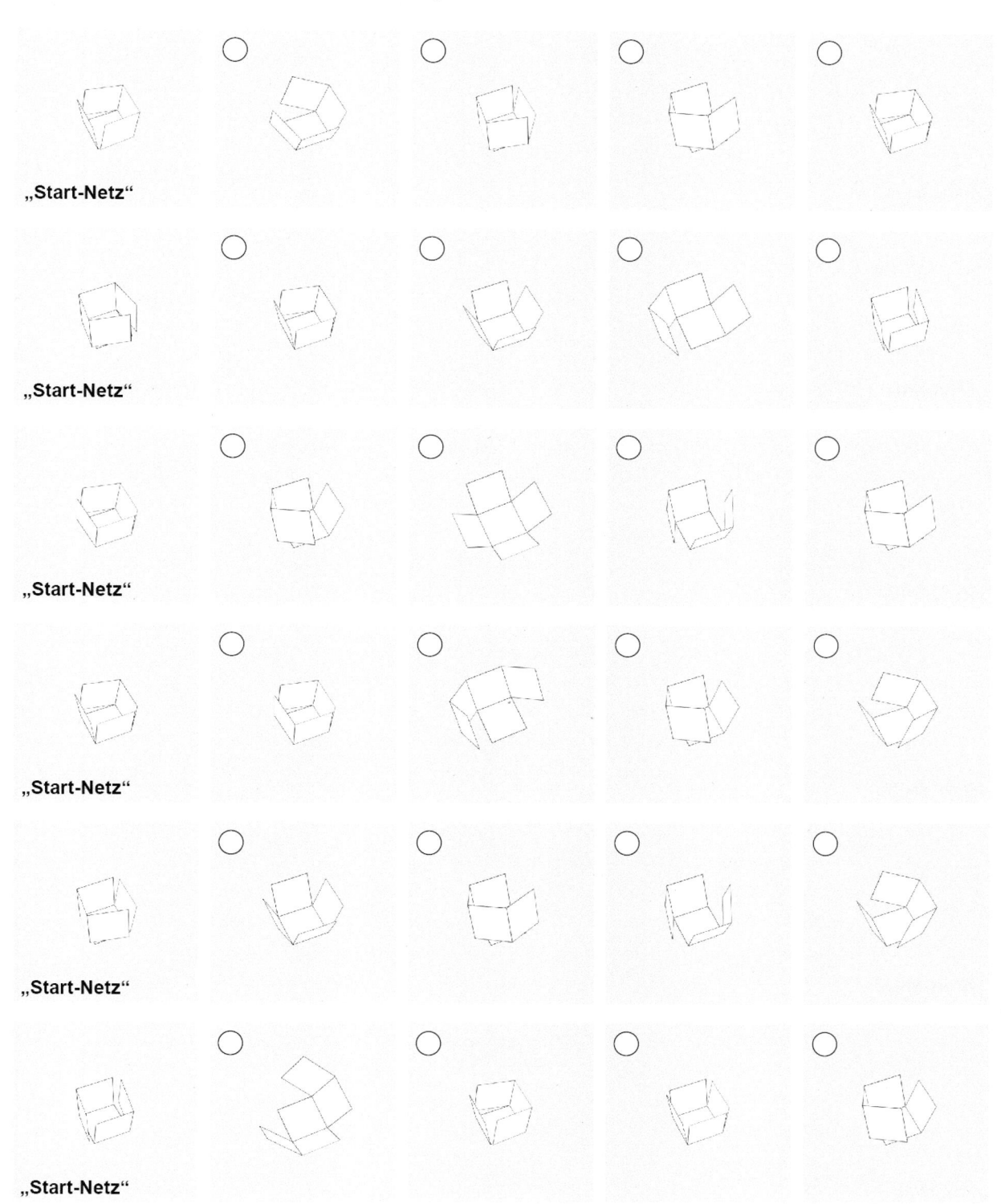

Schüler-Material
Arbeitsblätter 1–6

AB 3b
267

Material PIK   Haus 7   Inter-Netzzo

Name: Klasse: Datum:

Von einem Würfelnetz zu anderen Würfelnetzen

Wenn du am „Start-Netz" eine Quadratfläche umlegst, welche Würfelnetze kannst du erzeugen? Kreuze an.

Schüler-Material
Arbeitsblätter 1–6

AB 4
268

Material PIK Haus 7 Inter-Netzzo

Name: Klasse: Datum:

Von Schachtelnetz zu Schachtelnetz

Aus jedem Schachtelnetz lässt sich durch Umlegen einer Quadratfläche ein anderes Schachtelnetz erzeugen. Wie kannst du die Karten nacheinander ablegen? Nummeriere die Karten.

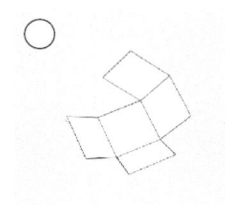

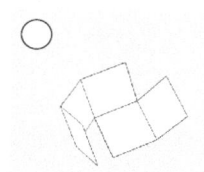

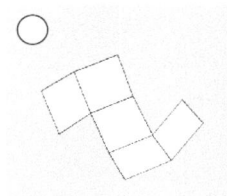

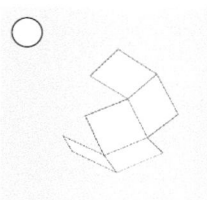

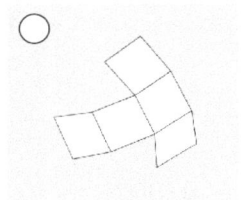

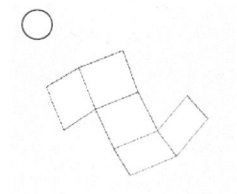

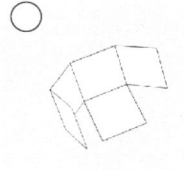

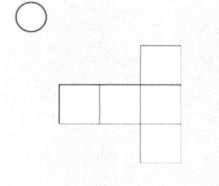

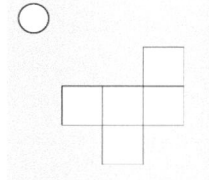

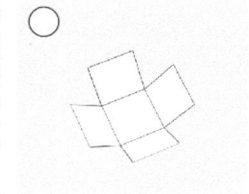

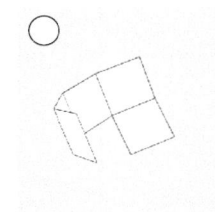

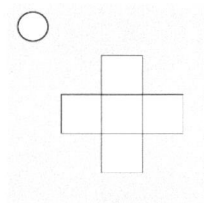

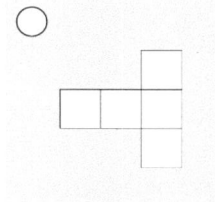

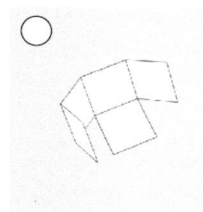

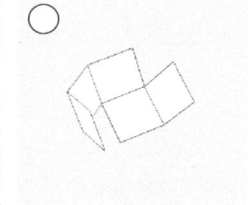

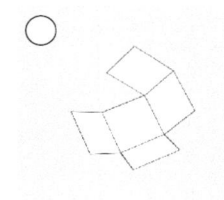

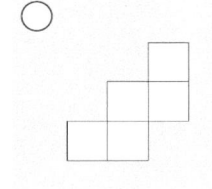

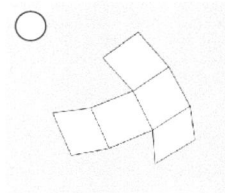

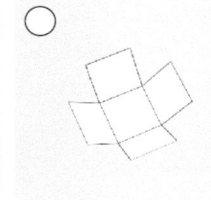

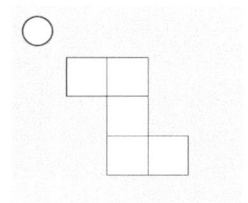

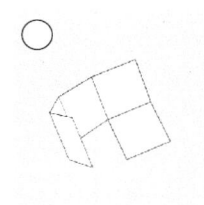

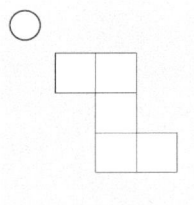

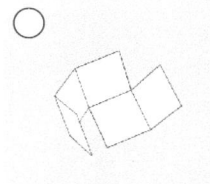

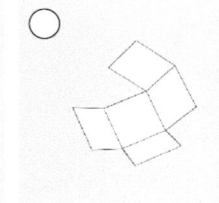

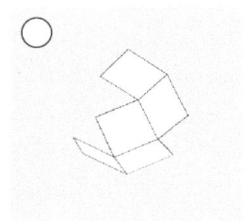

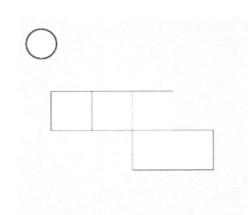

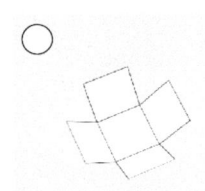

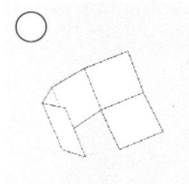

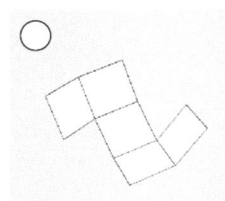

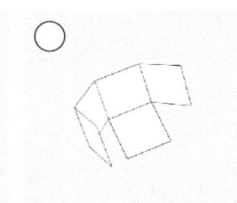

Schüler-Material
Arbeitsblätter 1–6

AB 5a
269

Material PIK   Haus 7   Inter-Netzzo

Name: Klasse: Datum:

Von Schachtelnetz zu Schachtelnetz

Aus jedem Schachtelnetz lässt sich durch Umlegen einer Quadratfläche ein anderes Schachtelnetz erzeugen. Wie kannst du die Karten nacheinander ablegen? Nummeriere die Karten.

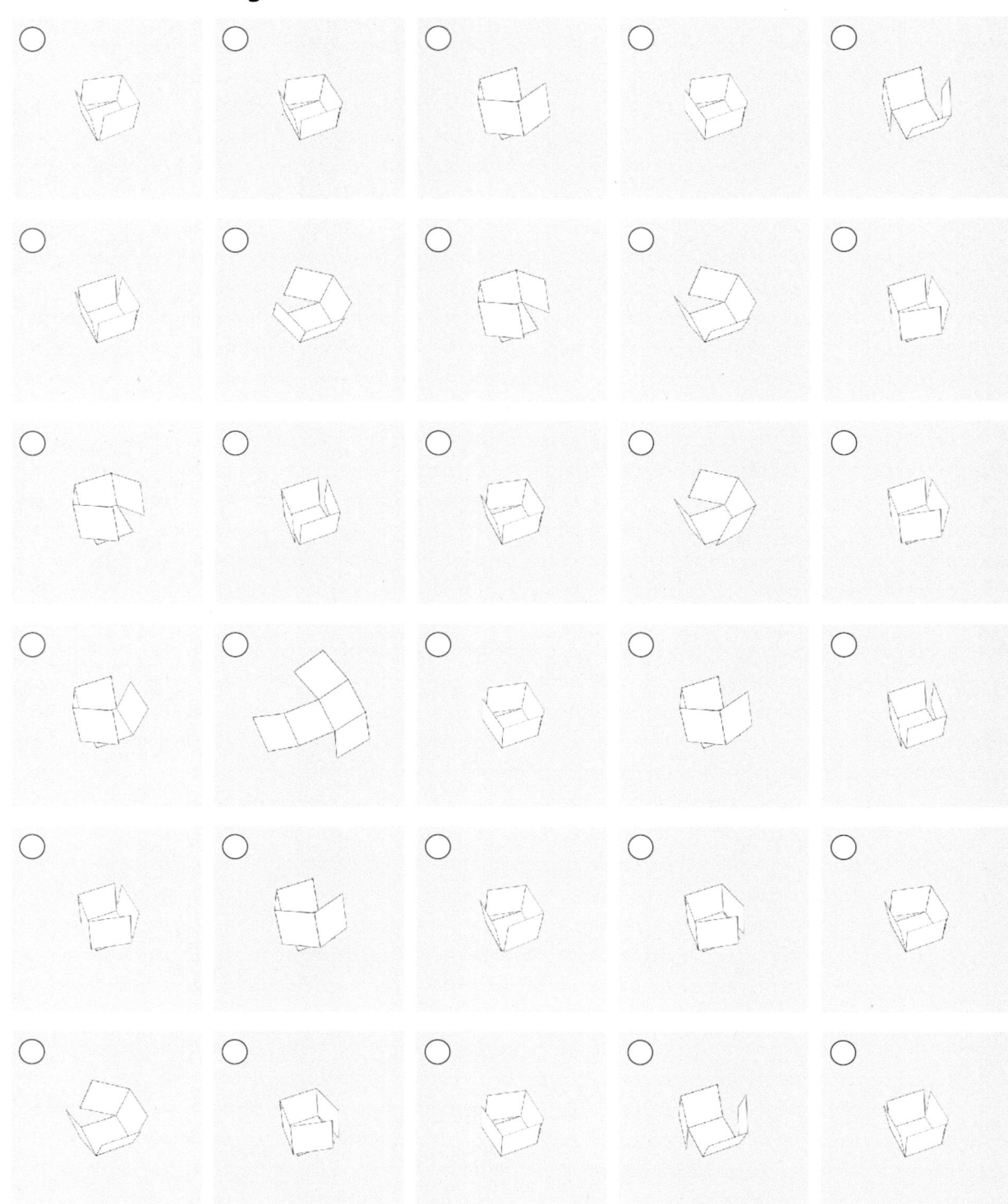

AB 5b
270

Material PIK   Haus 7   Inter-Netzzo

Name: Klasse: Datum:

Von Würfelnetz zu Würfelnetz

Aus jedem Würfelnetz lässt sich durch Umlegen einer Quadratfläche ein anderes Würfelnetz erzeugen. Wie kannst du die Karten nacheinander ablegen? Nummeriere die Karten.

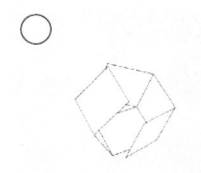

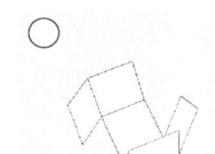

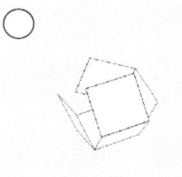

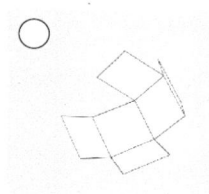

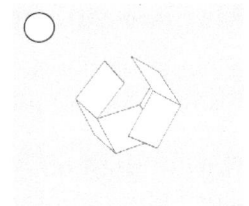

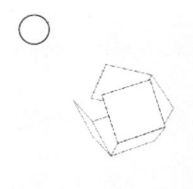

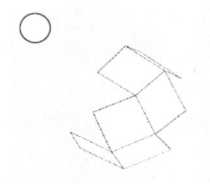

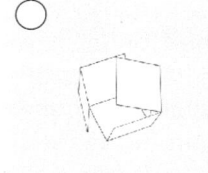

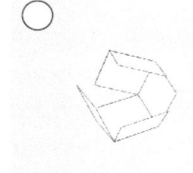

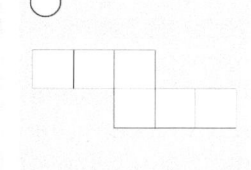

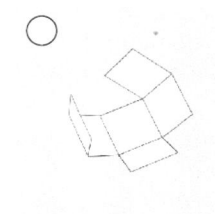

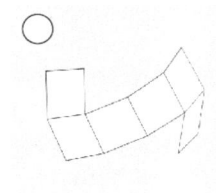

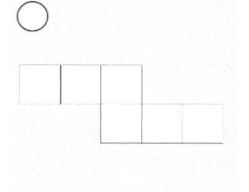

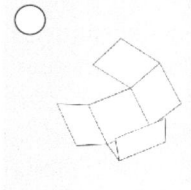

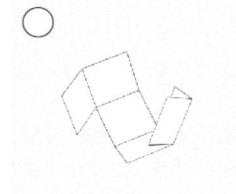

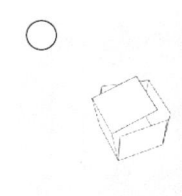

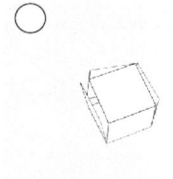

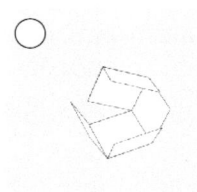

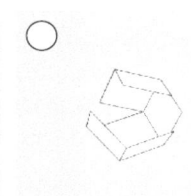

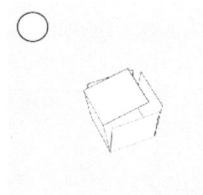

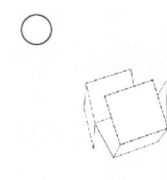

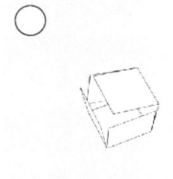

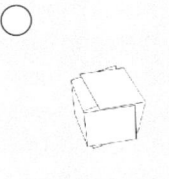

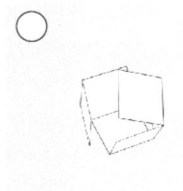

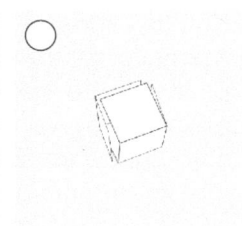

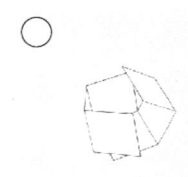

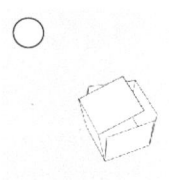

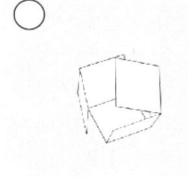

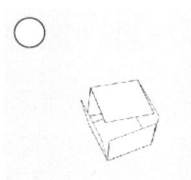

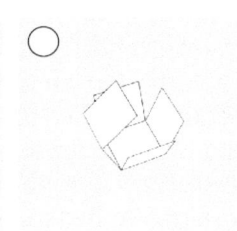

AB 6
271

HAUS 8: Guter Unterricht

Der Einsatz ergiebiger Aufgaben ist eine notwendige, aber keine hinreichende Voraussetzung für gelingendes Lernen. Ebenso wichtig wie die inhaltliche Substanz ist die methodische Rahmung. Die Materialien dieses Hauses geben in diesem Sinne Anregungen für die Weiterentwicklung einer lernförderlichen Unterrichtskultur im Fach Mathematik.

Mathe-Konferenzen

Eine strukturierte Kooperationsform zur Förderung der sachbezogenen Kommunikation unter Kindern

Darum geht es – Basisinfos

Der Lehrplan Mathematik greift bei der Erläuterung der von Grundschulkindern zu erwerbenden prozessbezogenen Kompetenz „Darstellen/Kommunizieren" beispielhaft die Methode „Rechenkonferenz" (vgl. MSW 2008, S. 60) auf. Als Rechen- oder Mathe-Konferenz bezeichnet man einen Zusammenschluss von Kindern in heterogenen Kleingruppen zur Präsentation und Reflexion von individuellen Lösungswegen (vgl. Sundermann/Selter 1995). In diesen Kleingruppen treten die Kinder über mathematische Sachverhalte in einen mündlichen Austausch. Es geht vor allem darum, die sachbezogene Kommunikation untereinander sowie das Lernen von- und miteinander zu fördern: Wesentlich ist, dass im Rahmen der Mathe-Konferenz die Schüleraktivitäten und Ergebnisse der Schülerinnen und Schüler zusammengeführt und die Prozesse reflektiert werden. Die Kinder werden hier herausgefordert, ihr Vorgehen bei der Lösung einer Aufgabe oder ihre Entdeckungen zu beschreiben und zu begründen sowie die Gedankengänge ihrer Mitschülerinnen und Mitschüler nachzuvollziehen. Neben der kommunikativen Kompetenz werden allerdings auch die darstellenden und argumentativen Kompetenzen der Schüler gefordert und gefördert, indem sie unter anderem ihre unterschiedlichen Lösungswege präsentieren, vergleichen und konstruktiv bewerten. In diesem Sinne tragen Mathe-Konferenzen zur Entwicklung einer Kultur des Verstehens und Verstandenwerdens bei.

Sachbezogene Kommunikation

Lernen von- und miteinander

Beschreiben, Begründen, Darstellen, Argumentieren

Vorteile

Von diesem sachbezogenen Austausch profitieren *alle* Schülerinnen und Schüler, sodass der Mathe-Konferenz eine Doppelfunktion zukommt: Einerseits ist es für die (Autoren-)Kinder Gewinn bringend, welche ihre Lösungswege erklären, indem sie ihr Vorgehen bzw. ihre eigenen Gedankengänge verbalisieren und versuchen, diese verständlich zu präsentieren. Andererseits werden gleichzeitig die zuhörenden Kinder aktiv miteinbezogen, indem sie die Vorgehensweisen anderer nachvollziehen und vergleichen sollen, um anschließend kriteriengeleitet Rückmeldungen geben zu können. Zugleich werden somit Lösungswege und Lösungen überprüft und ggf. können die Kinder gemeinsam nach den Ursachen von Fehlern suchen sowie (erste) Überarbeitungsvorschläge entwickeln. Gegenüber einer Reflexionsphase im Plenum wird durch diese Kooperationsform die sprachliche Beteiligung (und die Auseinandersetzung mit der gestellten Aufgabe) des einzelnen Kindes erhöht, auch schwächere und weniger mitteilsame Kinder kommen zu Wort. Eine Reflexionsphase im

Gedankengänge verbalisieren und präsentieren

Vorgehensweisen nachvollziehen, vergleichen, Rückmeldungen geben

Plenum wird durch die Durchführung von Mathe-Konferenzen natürlich nicht überflüssig, sondern kann im Gegenteil durch diese besonders gut vorbereitet werden. Und: Auch die „stilleren" Kinder werden ggf. durch den Rückhalt der Kleingruppe ermutigt, ihre Gedanken dort zu artikulieren.

Literaturhinweise

ANDERS, Karin/OERTER, Andrea (2009): Forscherhefte und Mathematikkonferenzen in der Grundschule 3 + 4. Dortmund/Seelze: vpm/Kallmeyer.

BRANDT, Birgit/NÜHRENBÖRGER, Marcus (Hg., 2009): Guter Unterricht – Kinder im Gespräch über Mathematik. In: Die Grundschulzeitschrift, H. 222/223.

GÖTZE, Daniela (2007): Mathematische Gespräche unter Kindern. Zum Einfluss sozialer Interaktion von Grundschulkindern beim Lösen komplexer Aufgaben. Hildesheim: Franzbecker.

MSW – Ministerium für Schule und Weiterbildung des Landes Nordrhein-Westfalen (Hg., 2008): Richtlinien und Lehrpläne für die Grundschule in Nordrhein-Westfalen

SUNDERMANN, Beate/SELTER, Christoph (1995): Halbschriftliches Rechnen auf eigenen Wegen. In: Müller, Gerhard N./Wittmann, Erich Ch. (Hg.): Mit Kindern rechnen. Frankfurt/M.: Arbeitskreis Grundschule, S. 165–178.

SUNDERMANN, Beate/SELTER, Christoph (2012): Halbschriftliches Subtrahieren auf eigenen Wegen. In: Müller, Gerhard N./Selter, Christoph/Wittmann, Erich Ch. (Hg.): Zahlen, Muster, Strukturen: Spielräume für aktives Lernen und Üben. Leipzig: Klett.

SUNDERMANN, Beate (1999): Rechentagebücher und Rechenkonferenzen. Für Strukturen im offenen Unterricht. In: Grundschule, H.1, S. 48–50.

Weitere Infos

PIK AS-Website

Mathe-Konferenzen
Haus 8 – Informationsmaterial – Informationsvideos
   pikas.tu-dortmund.de/089
Haus 8 – Informationsmaterial – Interview
   pikas.tu-dortmund.de/090

Sprachförderung
Haus 4 – Unterrichtsmaterial
   pikas.tu-dortmund.de/014
Haus 4 – Informationsmaterial – Informationsvideos
   pikas.tu-dortmund.de/028

Forschermittel
Haus 1 – Informationsmaterial – Informationsvideos
   pikas.tu-dortmund.de/011

Gute Aufgaben
Haus 7 – Unterrichtsmaterial
   pikas.tu-dortmund.de/008

Kira-Website
Material – „Unterricht – offen & zielorientiert" – Entdeckendes Lernen
   kira.tu-dortmund.de/017

Unterrichtsmaterial

Hinweise zur Unterrichtsplanung

Voraussetzungen

Die Methode „Mathe-Konferenz" kann bereits im ersten Schuljahr eingeführt werden. Wesentliche inhaltliche Voraussetzung für die Durchführung von Mathe-Konferenzen ist die Ergiebigkeit der Aufgabe. Diese muss mathematisch anspruchsvoll genug sein und unterschiedliche Denk- und Lösungswege zulassen, sodass ein Austausch auch aus der Sicht der Kinder sinnvoll wird. So können verschiedene Lösungswege zu einer Aufgabe, entdeckte Muster und Strukturen oder auch das Finden einer möglichst geschickten Strategie Gegenstände einer Mathe-Konferenz sein (s. z. B. H5-UM: pikas.tu-dortmund.de/091, H7-UM: pikas.tu-dortmund.de/008, H8-UM, Forscherheft ‚Mal-Plus-Haus': pikas.tu-dortmund.de/026).

Die Fähigkeit, sich an Mathe-Konferenzen zu beteiligen, eigene Ergebnisse und Vorgehensweisen zu erklären sowie Ideen und Lösungswege anderer nachzuvollziehen, entwickelt sich bei den Kindern allerdings nicht von selbst. Wie jede andere Methode muss daher auch die Mathe-Konferenz zunächst eingeführt und ritualisiert werden, sodass sie sich im Laufe der Zeit als gängige Methode in der Klasse etablieren kann.

So kann es gehen

Zur Strukturierung der Auseinandersetzung mit ergiebigen, „guten" Aufgaben kann der gesamte Prozess im Sinne des kooperativen Lernens in drei Phasen untergliedert werden:

1. die „Ich-Phase" ☺

2. die „Du-Phase" ☺ ☺

3. die „Wir-Phase" ☺☺☺☺☺

(Zum „Ich-Du-Wir-Prinzip" s. auch H5-IM, Informationstexte, Das Ich-Du-Wir-Prinzip: pikas.tu-dortmund.de/057 und pikas.tu-dortmund.de/058).
Diese drei Phasen können Sie mit Hilfe des Übersichts-Plakates „Mathe-Aufgaben gemeinsam lösen. Leitfaden: 1. Ich 2. Du 3. Wir" Ihren Schülerinnen und Schülern transparent machen (vgl. LM1, S. 278).

Phase 1 („Ich-Phase", symbolisiert durch ☺)
Zunächst ist es notwendig, dass die Kinder für die individuelle Bearbeitung und die Darstellung des eigenen Lösungsweges ausreichend Zeit haben, damit sie sich anschließend über ihr Vorgehen austauschen können: Sie notieren ihre Überlegungen zur Lösung der Aufgabe und versuchen, diese so darzustellen, dass die anderen Kinder diese nachvollziehen können. Hier ist es hilfreich, wenn den Kindern nonverbale Darstellungsmittel, die sog. „Forschermittel", und verbale Darstellungsmit-

Das ICH-DU-WIR-Prinzip

Material
- LM 1 Plakat „Mathe-Aufgaben gemeinsam lösen. Leitfaden: 1. Ich 2. Du 3. Wir"
- Anmeldeliste zur Mathe-Konferenz
- Anmeldung mit Liste
- Schild „Mathe-Konferenz! Bitte nicht stören!"
- LM 2 Plakat „Tipps für die Mathe-Konferenz" (Fassung 1 oder 2)
- LM 3 Rollenkarten
- AB 1 Protokoll

tel, also sprachliche Unterstützungen, zur Verfügung gestellt werden (s. H1-UM: pikas.tu-dortmund.de/092 und H1-IM, Informationsvideos: pikas.tu-dortmund.de/011).

Mit Hilfe der „Forschermittel" (z. B. Wendeplättchen, Zehner-System-Blöcke, Pfeile, Rechenstrich) können die Kinder einen Lösungsweg ermitteln und diesen darstellen. Die für die Mathe-Konferenz notwendige Verbalisierung von Entdeckungen, Beschreibungen und Begründungen kann durch das Bereitstellen von Plakaten mit möglichen Satzanfängen oder die sog. Wortspeicherarbeit unterstützt werden (s. H4-IM, Informationsvideos: pikas.tu-dortmund.de/028).

Gruppenbildung

Hat ein Kind die Aufgabenstellung aus seiner Sicht vollständig bearbeitet und verständlich erklärt (oder wünscht es sich ggf. auch die Unterstützung bei der Lösung durch andere Kinder), meldet es sich zur Mathe-Konferenz an, indem es seinen Namen in eine Liste einträgt, die im Klassenraum aushängt. Sobald sich drei Kinder eingetragen haben, kommen sie zu einer Mathe-Konferenz zusammen. Es hat sich in der Praxis als effizient erwiesen, die Größe der Gruppe nicht deutlich zu erhöhen. Als Liste können Sie eine Vorlage nutzen, an die das Kind eine Wäscheklammer heftet, welche mit seinem Namen beschriftet ist (s. H8-UM: pikas.tu-dortmund.de/093). Oder Sie laminieren die Vorlage, auf der bereits Platz für drei Namen vorgesehen ist (s. H8-UM: pikas.tu-dortmund.de/094). Dort trägt das Kind seinen Namen mit einem wasserlöslichen Folienstift ein. Natürlich können Sie eine solche Liste auch einfach an die Tafel schreiben. Ist die Liste „voll", wischt das Kind, das sich zuletzt eingetragen hat, die Namen aller Kinder aus (bzw. legt die Wäscheklammern zurück), sodass die Liste wieder zur Gruppenbildung für andere Kinder zur Verfügung steht. Der Vorteil dieses Verfahrens ist, dass die Gruppenbildung schnell vonstattengeht.

Hat sich eine Gruppe an einem ruhigen Platz zusammengefunden, kann der Austausch beginnen. Zur Ausweisung der Plätze, an denen sich die Kinder treffen können (Mathe-Ecke, Flur, eine Ecke im Klassenraum, ...), können Sie oder die Kinder das Schild „Mathe-Konferenz! Bitte nicht stören!" an diesen aufstellen (s. H8-UM: pikas.tu-dortmund.de/095).

Phase 2 („Du-Phase", symbolisiert durch ☺ ☺ ☺)

Damit Mathe-Konferenzen nicht in einer Aneinanderreihung von Informationen ohne Struktur enden oder sich die Kinder in Einzelheiten verlieren, empfiehlt sich die gemeinsame Erarbeitung von Leitfragen für Mathe-Konferenzen. Zur Strukturierung können Sie Ihrer Klasse „Tipps für die Mathe-Konferenz" zur Verfügung stellen. Diese stehen in zwei Fassungen zur Verfügung: Die erste Fassung ist für jüngere Schüler und zur Einführung von Mathe-Konferenzen konzipiert worden (LM 2, s. S. 279). Die zweite Fassung ist für ältere Kinder und solche, die bereits Erfahrungen mit Mathe-Konferenzen machen konnten (s. H8-UM: pikas.tu-dortmund.de/096).

Die „Tipps" gliedern den Verlauf der Mathe-Konferenz in mehrere Abschnitte und geben den Kindern so Orientierungshilfen sowie Beispiele für mögliche Leitfragen:

- Wie hat das „Autorenkind" die Aufgabe gelöst?
- Warum ist es so vorgegangen?
- Ist der Erklärungsversuch des „Autorenkindes" verständlich?
- Ist das gewählte Vorgehen geschickt?
- Wer hat einen anderen Weg gewählt? Was ist daran anders?
- …

Werden Leitfragen dieser Art kultiviert, können diese dazu beitragen, die Gesprächssituation und somit das Lernen von- und miteinander zu strukturieren, den Blick der Kinder bewusst von den individuellen Vorgehensweisen auf andere Sichtweisen zu lenken und Kinder dazu anzuregen, Lösungswege kritisch-konstruktiv zu hinterfragen. Die „Tipps" für die Mathe-Konferenz („Du-Phase") sollten hierzu (wenn möglich vergrößert) im Klassenraum rechts neben dem Übersichts-Plakat („Leitfaden: 1. Ich 2. Du 3. Wir") ausgehängt werden sowie ggf. an den für die Konferenzen vorgesehenen Orten oder auf dem Mathe-Tisch (im DIN-A4-Format) für die Hand der Kinder ausliegen. Die Schülerinnen und Schüler sollen in den Mathe-Konferenzen ihre Ergebnisse vergleichen und diskutieren. Außerdem sollen sie wahrgenommene Unterschiede und Gemeinsamkeiten ihrer Ideen und Lösungswege vorstellen, zusammentragen und ggf. Überarbeitungsideen entwickeln. Hierzu kann jedes Kind eine Rolle (z. B. Leitung, Schreiber, Zeitwächter) übernehmen, die auf Rollenkarten (LM 3, s. S. 280–282) beschrieben werden. Denkbar ist es auch, dass die Kinder im Rahmen von Mathe-Konferenzen zusätzlich eine neue, weiterführende Aufgabe gemeinsam bearbeiten. Optional können sich die Kinder auf einer Meta-Ebene über den Verlauf der Konferenz verständigen. Den Abschluss der Konferenz kann das gemeinsame Verfassen eines Protokolls (AB 1, s. S. 283) bilden.

Beispiel für die Dokumentation eines Gesprächsergebnisses in einem Protokollbogen

Mit den Kindern über das Gelingen der Mathe-Konferenzen sprechen
Die Verantwortung für die Mathe-Konferenz liegt wesentlich in den Händen der Kinder. Nichtsdestotrotz ist eine adäquate Begleitung der Mathe-Konferenzen durch die Lehrperson von großer Bedeutung: Die Lehrperson in der Rolle eines Moderators kann durch gezielte Interventionen die Kommunikation aufrechterhalten und die Kinder kognitiv aktivieren und somit zum konstruktiven Verlauf der Mathe-Konferenz beitragen. Wenn die Kinder es noch nicht gewohnt sind, in „Mathe-Konferenzen" ihre Lösungswege zu besprechen, kann es hilfreich sein, mit den Kindern auf einer Meta-Ebene auch über diese Methode zu reflektieren: Um die Effizienz dieser Form von Lerngesprächen zu steigern, hat es sich als vorteilhaft erwiesen, wenn zwischendurch immer mal wieder Konferenzen „öffentlich" – z.B. im Rahmen einer sog. „Fishbowl" – durchgeführt werden. Dazu begibt sich eine Gruppe von Freiwilligen, die gerade in eine Mathe-Konferenz gehen wollte, in die Mitte eines Stuhlkreises. Zusätzlich zu den für diese drei Kinder bereit stehenden Stühlen befindet sich dort ein weiterer Stuhl, auf dem drei Smileys liegen (☺,☻,☹). Diese können im Anschluss an die Konferenz von den, im Außenkreis sitzenden, beobachtenden Kindern als Anhaltspunkt für eine konstruktive (methodische oder auch *inhaltliche) Rückmeldung („Mir hat gut gefallen, dass jeder ausreden konnte." *„Ich finde, dass euer Lösungsweg nicht so schlau ist, weil ...") bzw. für Tipps („Wenn du bei der Beschreibung deines Entdecker-Päckchens auch noch Pfeile oder Farben nehmen würdest, dann könnten die anderen Kinder das bestimmt besser verstehen.") genutzt werden. Um eine Einhaltung von Gesprächsregeln zu gewährleisten, setzt sich das rückmeldende Kind dazu auf den freien Stuhl.

Phase 3 (*„Wir-Phase", symbolisiert durch* ☺☺☺☺☺)
Die Würdigung und Reflexion der Gesprächs-Ergebnisse der einzelnen Mathe-Konferenzen kann abschließend durch eine Präsentation dieser im Plenum erfolgen. Durch die auf dem Übersichts-Plakat formulierten Fragen zur Organisation dieser Präsentation (Wer soll vorstellen? Was wollt ihr vorstellen? Wie wollt ihr es vorstellen?) werden die Kinder dazu angehalten, diese möglichst strukturiert und zielorientiert vorzubereiten.

Material PIK Haus 8 Mathe-Konferenzen

Mathe-Aufgaben gemeinsam lösen
Leitfaden: 1. Ich 2. Du 3. Wir

1. Versuche, die Aufgabe zu lösen!

Schreibe auf, ...

... **WAS** du gedacht hast: Fragen? Überlegungen? Ideen?

... **WIE** du gerechnet oder die Aufgabe gelöst hast.

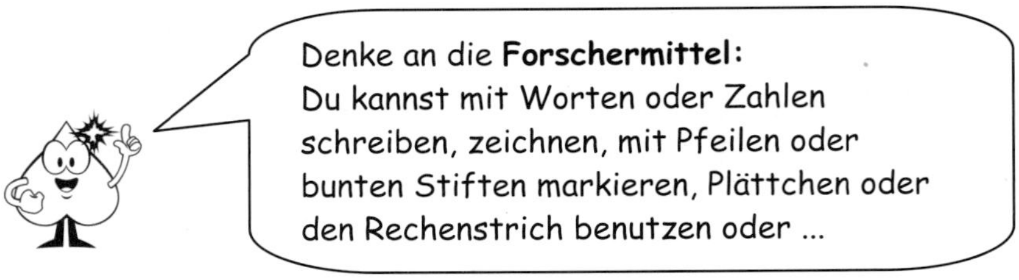

Ich mache das so!

WAS? WIE? WARUM?

Denke an die **Forschermittel**: Du kannst mit Worten oder Zahlen schreiben, zeichnen, mit Pfeilen oder bunten Stiften markieren, Plättchen oder den Rechenstrich benutzen oder ...

... **WARUM** du so gerechnet oder gedacht hast.

Denke daran:
Schreibe deine Lösungswege und Erklärungen am Ende so auf, dass die anderen Kinder sie verstehen können!
Du kannst dafür ein großes Blatt Papier und einen dicken Stift benutzen!
Wenn du fertig bist oder Hilfe brauchst: Melde dich zu einer Mathe-Konferenz an!

2. Mathe-Konferenz durchführen

Wie machst du es?

Achtet auf die Tipps!

oder

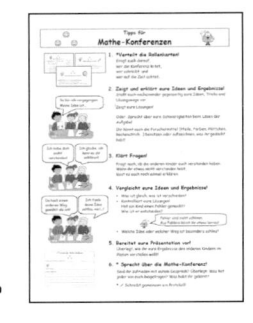

3. Ergebnisse der Mathe-Konferenz vorstellen

Stellt den anderen Kindern der Klasse eine oder mehrere Ideen oder Lösungswege vor!
Überlegt vorher
- **Wer** soll vorstellen?
- **Was** wollt ihr vorstellen?
- **Wie** wollt ihr es vorstellen?

So machen wir es!

Ihr könnt auch ein Plakat oder einen Tafelanschrieb vorbereiten!

Cornelsen Material Plakat

LM 1
278

Tipps für Mathe-Konferenzen

So bin ich vorgegangen: Meine Idee ist …

Ich habe dich nicht verstanden!

Ich glaube, ich kann es dir erklären!

Du hast einen anderen Weg gewählt als ich!

Ich finde deine Idee schlau, weil …!

1. Zeigt und erklärt eure Ideen und Ergebnisse!

Jedes Kind stellt den anderen Kindern seine Ideen, Tricks und Lösungswege vor.

Die anderen Kinder hören zu.

Zeigt eure Lösungen!

Oder: Sprecht über eure Schwierigkeiten beim Lösen der Aufgabe!

Ihr könnt auch die Forschermittel (Pfeile, Farben, Plättchen, Rechenstrich, …) benutzen oder aufzeichnen, was ihr gedacht habt!

2. Klärt Fragen!

Fragt nach, ob die anderen Kinder euch verstanden haben.

Wenn ihr etwas nicht verstanden habt, lasst es euch noch einmal erklären.

3. Vergleicht eure Ideen und Ergebnisse!

- Was ist gleich, was ist verschieden?
- Kontrolliert eure Lösungen!
- Hat ein Kind einen Fehler gemacht?
- Wie ist er entstanden?

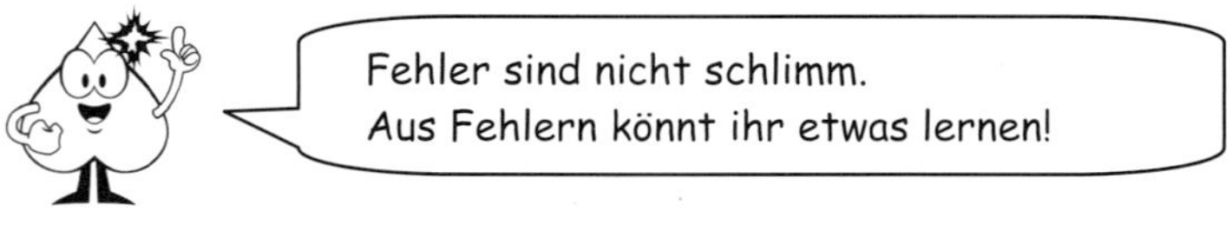

Fehler sind nicht schlimm. Aus Fehlern könnt ihr etwas lernen!

- Welche Idee oder welcher Weg ist besonders schlau?
  Kannst du dir vorstellen, bei einer ähnlichen Aufgabe den Weg eines anderen Kindes auszuprobieren? Welchen? Warum?

Rollenkarte Mathe-Konferenz

Mathe-Konferenz-Leiter

Der Mathe-Konferenz-Leiter behält den Überblick.
Er achtet darauf, dass die Konferenz-Regeln beachtet werden:

1. Alle Kinder kommen zu Wort und dürfen ausreden.
2. Jedes Kind zeigt und erklärt.
3. Andere Kinder können Fragen stellen.
4. Alle Kinder vergleichen ihre Ideen und Lösungswege.

* Am Ende überlegen alle:
  Sind wir zufrieden mit unserem Gespräch?

------------------------------ bitte hier abschneiden ------------------------------

Rollenkarte Mathe-Konferenz

Mathe-Konferenz-Zeitwächter

Der Mathe-Konferenz-Zeitwächter achtet darauf, dass …

- … die Mathe-Konferenz nicht unnötig lange dauert und – wenn eine bestimmte Zeit vorgegeben ist – pünktlich beendet wird.

Rollenkarte Mathe-Konferenz

Mathe-Konferenz-Schreiber

Der Mathe-Konferenz-Schreiber achtet darauf, dass …

- … wichtige Ergebnisse der Mathe-Konferenz aufgeschrieben werden,
* … wichtige Ergebnisse der ganzen Klasse vorgestellt werden.

------ bitte hier abschneiden ------

Material PIK   Haus 8   Mathe-Konferenzen

Passende Schilder zum Anheften
(z. B. mit Wäscheklammern):

bitte hier abschneiden

Mathe-Konferenz-Schreiber

bitte hier abschneiden

Mathe-Konferenz-Zeitwächter

bitte hier abschneiden

Mathe-Konferenz-Leiter

bitte hier abschneiden

Material Rollenkarten

LM 3c
282

Protokoll der Mathe-Konferenz

Namen der Konferenz-Teilnehmer: _____ Datum: _____

_____

_____

Unser Thema: _____

Unsere Ergebnisse: _____

_____

_____

_____

_____

✂ -

Protokoll der Mathe-Konferenz

Namen der Konferenz-Teilnehmer: Datum:

Unser Thema:

Unsere Ergebnisse:

HAUS 9: Leistungen wahrnehmen

Den Aufgaben und Zielen des Mathematikunterrichts, dem Wesen der Mathematik und den Erkenntnissen über Lernen wird in besonderer Weise eine Konzeption gerecht, in der Mathematiklernen als kreativer, konstruktiver Prozess wahrgenommen wird. Fehler sind häufig Konstruktionsversuche auf der Grundlage vernünftiger Überlegungen. Daher ist es wichtig, das Denken und Lernen der Kinder stärkenorientiert wahrzunehmen. Dann interessiert man sich für das, was die Kinder schon können. Man bemüht sich, ihre Denkweisen grundsätzlich als sinnvolles Vorgehen zu verstehen, den Kindern dieses wohlwollende Interesse zu signalisieren und weitere Lernprozesse darauf zu gründen.

Mathebriefe

Darum geht es – Basisinfos

Für ein authentisches Bild dessen, was Kinder leisten, ist es unverzichtbar, auch deren „Alltagsleistungen" zu dokumentieren. Nicht zuletzt auf dieser Grundlage können individuelle Fördermaßnahmen – keineswegs nur für die schwächeren Schüler – geplant werden. Damit die Lernstände der Kinder kontinuierlich wahrgenommen und sie in ihrer Leistungsfähigkeit gefördert werden können, bedarf es gewisser Rituale. Einen solchen regelmäßigen Einblick in individuelle Lernstände erhält man beispielsweise, indem man einen sog. *Mathebriefkasten* (vgl. Sundermann/Selter ^{3}2011, S. 117–120) einrichtet – einen mit gelbem Papier beklebten Schuhkarton mit Schlitz. In diesen Briefkasten werfen die Kinder „Briefe" an die Lehrperson, die individuelle Aufgabenbearbeitungen und Erklärungen zu diesen enthalten, welche nicht länger als fünf bis zehn Minuten in Anspruch genommen haben sollten. Vorab hat die Lehrperson am Ende – oder auch zu Beginn – einer Unterrichtsstunde, eines Tages oder einer Lerneinheit eine A5- oder A6-Karteikarte bzw. ein entsprechend großes Blatt Papier ausgeteilt. Darauf notieren die Schüler zunächst Datum und Namen sowie die Antwort auf eine Frage bzw. die Bearbeitung einer Kurzaufgabe. Die Art der Aufgabenstellung hängt natürlich davon ab, was im Zusammenhang mit dem bereits durchgeführten oder dem noch bevorstehenden Unterricht erhoben werden soll. Sie kann sich beispielsweise auf die Verfügbarkeit von Kenntnissen oder Fertigkeiten, das Verständnis von Verfahren oder Konzepten oder die Ausprägung von Haltungen oder Einstellungen beziehen.

Beispielaufgaben sind …
- Schreibe auf, wie du 701 – 698 rechnest. Schreibe dann noch einen weiteren Rechenweg auf. Erkläre, welchen Rechenweg du schlauer findest.
- Schreibe fünf Malaufgaben mit dem Ergebnis 1 000 auf.
- Runde 1 251 auf Hunderter und beschreibe, warum du so vorgehst.
- Erkläre, warum bei der Addition von zwei ungeraden Zahlen immer eine gerade Zahl herauskommt.
- Schreibe auf, was du heute gelernt (gemacht) hast.
- Schreibe eine Frage oder eine Idee auf, die du zur heutigen Stunde (zu einem bestimmten Lerninhalt) hast.

Ggf. kann ergänzend hinzugefügt werden „Erkläre so, dass ich verstehen kann, wie du gedacht hast!", damit den Kindern deutlich wird, dass es nicht allein um Lösungen, sondern um eine „Hilfestellung" für die Lehrerin zur weiteren Unterrichtsplanung geht. Aufgaben für den Mathebriefkasten können natürlich auch differenziert nach Grundanforderungen und weiterführenden Anforderungen formuliert werden ...
- Schreibe auf, wie du 701 – 698 rechnest. Schreibe dann noch einen weiteren Rechenweg auf.
  * Beschreibe die Unterschiede deiner beiden Rechenwege.

Im folgenden Beispiel hatte die Lehrerin eine dritte Klasse neu übernommen. Zu Beginn des Schuljahres stellte sie den Kindern die beiden Aufgaben 54 – 36 und 71 – 68. Bewusst stellte sie zwei Aufgaben mit Zehnerübergang, von denen eine auch gut durch Ergänzen (von 68 bis 71) lösbar war. Es folgt eine repräsentative Auswahl von insgesamt 16 Eigenproduktionen.

Ergebnisse und Rechenwege

Die Lehrerin sah die einzelnen Lösungen zum einen darauf hin durch, ob die richtigen Ergebnisse erzielt wurden. Sie schaute sich jedoch vor allem die Rechenwege an und konnte so feststellen, dass einige Kinder die Ergebnisse 22 und 17 erzielten, weil sie „Zehner minus Zehner" und „Einer minus Einer" rechneten, dabei stets die kleinere von der größeren Zahl subtrahierten und dann die Teilergebnisse addierten. Die Konsequenz, die die Lehrperson daraus zog, bestand darin, diese von den Kindern häufig von der Addition, wo sie gut funktioniert, auf die Subtraktion übertragene Strategie im Unterricht nochmals ausführlicher zu thematisieren. Bei manchen Kindern führten nicht Verständnis-, sondern Rechenfehler zum falschen Resultat, etwa bei Lissy, die 70 – 60 = 20 rechnete, oder bei Sarah (6 – 4 = 3). René unterlief zusätzlich zu dem oben beschriebenen Verständnisfehler ein Fehler beim Abschreiben (51 statt 54). Nicht unmittelbar einsichtig war der Lehrperson, welches Ergebnis René bei der zweiten Aufgabe angeben wollte. Sie fragte ihn am nächsten Tag, wie sie auch Maximilian bat, seine Vorgehensweise mit Hilfe der Strich-Punkt-Darstellung zu erläutern. Hier zeigten sich Probleme im Gebrauch dieser als Veranschaulichung gedachten Darstellung, die in einem nachfolgenden Gespräch behoben werden konnten. Manche Kinder notierten ihre Rechnung nicht vollständig, wie Hannah, die nur ihre Teilergebnisse und nicht das Endergebnis festhielt. Andere Kinder schrieben nur die Ergebnisse, aber nicht die Vorgehensweise auf. Die Lehrerin besprach mit den Kindern, dass die Notation eines Lösungswegs in manchen Fällen wichtig ist, damit von ihr oder von anderen Kindern verstanden werden kann, wie das Kind gedacht hat. Außerdem wurde in den Folgestunden anhand weiterer Aufgaben über „geschickte" oder „weniger geschickte" Rechenwege reflektiert – in Abhängigkeit vom Zahlenmaterial, aber auch von eigenen Vorlieben bzw. Kompetenzen. Zudem wurden das Dokumentieren und das gegenseitige Vorstellen von Rechenwegen, z. B. in Mathe-Konferenzen (s. H8-UM: pikas.tu-dortmund.de/027), geschult.

Mathebriefe können geordnet für jedes Kind gesammelt werden, um die Entwicklung von Lernzuwächsen dokumentieren zu können. Es ist auch möglich, die Kinder zu bitten, denselben Mathebrief zweimal – mit zeitlichem Abstand zueinander – zu schreiben. Für einen systematischen Überblick über die individuellen Lernstände hat sich das Ausfüllen einer Übersichtstabelle als hilfreich erwiesen. Wesentlicher Bestandteil ist die letzte Spalte, in die Interpretationen, Förderhinweise u. ä. eingetragen werden. Hilfreich kann es auch sein, die wahrgenommenen Lernstände über ein Schulhalbjahr hinweg in einer Tabelle festzuhalten. Werden in kurzer Zeit und bezogen auf ein bestimmtes Thema vergleichsweise viele solcher Aufgaben gestellt, bietet sich auch eine *themen*bezogene Klassenliste an.

Übersichtstabelle

Klasse 4a – Mathematik – Mathebriefkasten
– Schuljahr 2004/2005, 2. Halbjahr –

Mathebrief Nr.			1	2	3	...	21
Datum			18.2.05	25.2.05	3.3.05	...	15.7.05
Thema			Kreis ohne Zirkel zeichnen	Kreis mit Abstand zum Zeichnen	Kreis in Quadrat zeichnen	...	römische Zahlen
1	Bayram	Mehmet	+	++	+	...	+
2	Brandt	Lars	−	O	−	...	O
3	Ferro	Angelina	−	/	+	...	O
4	Gusowski	Sven	+++	++	+++	...	/
5	Hoffmann	Michelle	O	+	O	...	++

Literaturhinweise

SUNDERMANN, Beate/SELTER, Christoph (2006): Pädagogische Leistungskultur: Materialien für Klasse 3 und 4. Mathematik. Frankfurt/M.: Arbeitskreis Grundschule.

SUNDERMANN, Beate/SELTER, Christoph (^{3}2011): Beurteilen und Fördern im Mathematikunterricht. Gute Aufgaben. Differenzierte Arbeiten. Ermutigende Rückmeldungen. Berlin: Cornelsen Scriptor.

Weitere Infos

PIK AS- Website

Weitere Beispiele für Mathebriefe
Haus 9 – Unterrichtsmaterial – „Leistungen wahrnehmen – Beispiele für ‚Mathebriefe'"
   pikas.tu-dortmund.de/097

Standortbestimmungen
Haus 9 – Unterrichtsmaterial – „Leistungen wahrnehmen – Beispiele für ‚Standortbestimmungen'"
   pikas.tu-dortmund.de/098

Mathe-Konferenzen
Haus 8 – Unterrichtsmaterial
   pikas.tu-dortmund.de/027

Kinder rechnen und denken anders
Haus 9 – Informationsmaterial – Informationstexte – Kinder rechnen anders
   pikas.tu-dortmund.de/099
Haus 9 – Informationsmaterial – Informationstexte – Kinder denken anders
   pikas.tu-dortmund.de/100

Mit den Augen der Kinder sehen
Haus 9 – Informationsmaterial – Informationstexte – Jede Aufgabe hat eine Lösung
   pikas.tu-dortmund.de/101
Haus 9 – Informationsmaterial – Informationstexte – Mit Fehlern muss gerechnet werden
   pikas.tu-dortmund.de/102

Kira-Website

Material – Lernen, wie Kinder denken – „KIRA – das Quiz"
   kira.tu-dortmund.de/103
Material – Lernen, wie Kinder denken – Informative Aufgaben
   kira.tu-dortmund.de/104
Material – Lernen, wie Kinder denken – Diagnostische Gespräche
   kira.tu-dortmund.de/105

Unterrichtsmaterial

Vorstellung des Materialangebots

Das hier vorliegende Unterrichtsmaterial gibt Anregungen für mögliche Mathebriefe für die verschiedenen Schuljahre und Bereiche des Mathematikunterrichtes. Z. T. werden diese – auf einem Blatt – differenziert angeboten. Ferner finden Sie hier einen Auswertungsbogen (LM1, s. S. 292), den Sie mit den entsprechenden Daten Ihrer Lerngruppe versehen können, um einen systematischen Überblick über die individuellen Lernstände zu erhalten. Weitere Beispiele für Mathebriefe finden Sie unter H9-UM: pikas.tu-dortmund.de/097.

Ab Klasse 1
- *Vorstellungen zur Subtraktion 6 – 4 = 2 (AB 1, s. S. 293)*

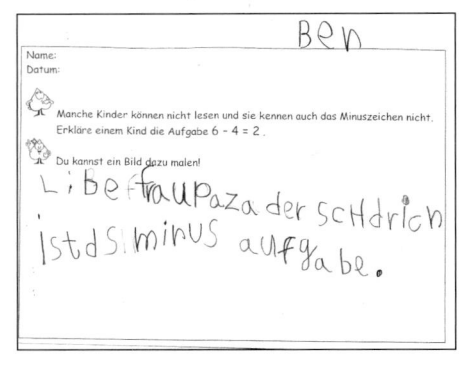

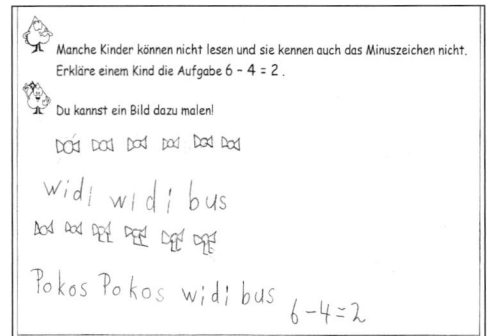

Beobachtungsmöglichkeiten: Welche Grundvorstellungen zur Subtraktion haben die Kinder gewonnen? Können sie Darstellungsmittel (Zeichnungen oder/und Schriftsprache) nutzen, um die Operation des Wegnehmens (oder Ergänzens – was hier weniger naheliegt) zu veranschaulichen? Werden dazu Bildgeschichten oder Handlungen genutzt? Nutzen die Kinder aus dem Unterricht bekannte Darstellungen? Wenn ja: Nutzen sie diese sachgerecht? Oder werden neue Symbole erfunden, die eventuell auf ein Unverständnis schließen lassen?

Ab Klasse 2
- *Analoge Uhr zeichnen (AB 2, s. S. 294)*

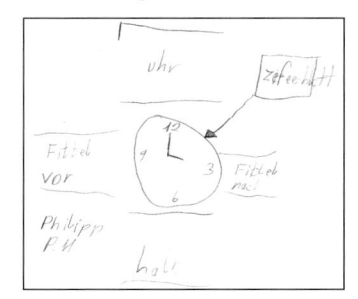

Beobachtungsmöglichkeiten: Wie differenziert kennen die Kinder Merkmale normierter Messgeräte? Welche Vorstellungen haben sie z. B. über den Aufbau und die Zerlegung einer analogen Uhr (z. B. Wissen um die Skalierung und die Relationen zueinander, Wissen um die Funktionsweise und die Einheiten)?

- *"Kapitänsaufgaben" (AB 5, s. S. 297)*

> 5   Frau Rosin hat 12 Fische und 23 Zwerghamster. Wie alt ist Frau Rosin?
>
> *nicht lösbar, weil man nur nicht weiß wie viele Tiere sie hat*
>
> Diese Aufgabe finde ich leicht/schwierig, weil *man sie nicht lösen kann*.

> 5   Frau Rosin hat 12 Fische und 23 Zwerghamster. Wie alt ist Frau Rosin?
>
> R: 12 + 23 - 1 = 34
> A Frau Rosin ist 34 Jahre alt.
>
> Diese Aufgabe finde ich leicht/schwierig, weil *sie jedes Jahr bekommt sie ein Haustiere außer wo sie 0 war*

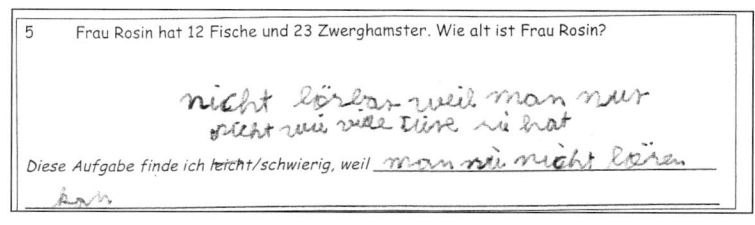

Beobachtungsmöglichkeiten: Welche Modellierungskompetenzen zeigen die Kinder? Können sie lösbare von unlösbaren Aufgaben unterscheiden? Welche vernünftigen „falschen" Lösungserklärungen geben die Kinder (vgl. unteres Beispiel)? *Können sie erklären, warum diese Aufgabe nicht lösbar ist (vgl. oberes Beispiel)?
(Weitergehende Informationen zum Thema „Kapitänsaufgaben" finden Sie auf der Website, H9-IM: pikas.tu-dortmund.de/106)

- *Addition ungerader Zahlen (AB 3, s. S. 295)*
„Erkläre, warum bei der Addition von zwei ungeraden Zahlen immer eine gerade Zahl herauskommt."

Beobachtungsmöglichkeiten: Wie begründen die Kinder die Summengleichheit: An einem oder mehreren Beispielen oder verallgemeinernd (z. B. anhand von Zeichnungen mit Plättchen)?

Ab Klasse 3
- *Sonderangebote? (AB 4, s. S. 296)*

> Werbung: Ist das ein Sonderangebot?
> ~~129,-~~ jetzt **199,-**
> Was hast du dir überlegt? Wie bist auf deine Antwort gekommen?
> *Nein es ist kein Sonderangebot weil das vorherige angebot billiger ist.*
>
> * Denke dir selbst eine solche „Werbung" aus.
> Male und schreibe auf der Rückseite!

> Werbung: Ist das ein Sonderangebot?
> 1000 €
> 1009 €

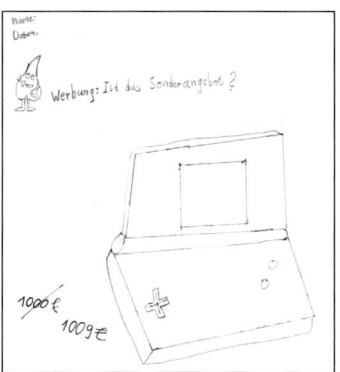

Beobachtungsmöglichkeiten: Welche Modellierungskompetenzen zeigen die Kinder: Entnehmen die Kinder Sachtexten die relevanten Informationen, können sie diese interpretieren, in die Sprache der Mathematik übersetzen und schließlich eine verständliche Lösung ermitteln? *Können sie den Transfer leisten und selbst analoge Aufgaben erfinden?

- *Baupläne für Würfelgebäude zeichnen (AB 6, s. S. 298)*

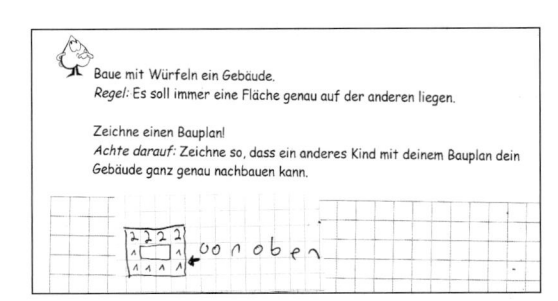

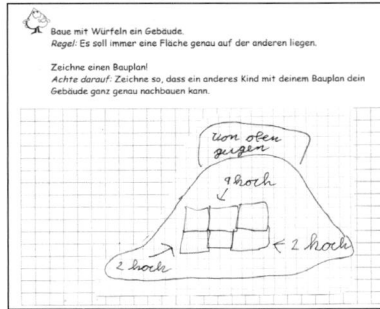

Beobachtungsmöglichkeiten: Welche Ideen haben die Kinder, welche Darstellungen wählen sie (Aufsicht? Seitenansicht? Schrägbild? Welche „Forschermittel" kommen zum Einsatz: Worte, Zahlen, Pfeile)? Sind die Zeichnungen (für andere Kinder) so eindeutig interpretierbar und verständlich, dass nach diesen Würfelgebäude errichtet werden können?

Beginn Klasse 3 bzw. Beginn Klasse 4
- Rechenwege zu 54 – 36, 71 – 68 (AB 7, s. S. 299)

- *Rechenwege zu 70 – 698 (AB 8, s. S. 300)*

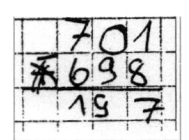

Beobachtungsmöglichkeiten: Welche Rechenwege wählen die Kinder? Haben sie einen „Aufgabenblick" und erkennen, dass es geschickt wäre, die Aufgaben 71 – 68 und 701 – 698 durch Ergänzen (68 + _ = 71; 698 + _ = 701) zu lösen? Wenn sie Veranschaulichungen zur Illustration ihres Rechenweges nutzen: Nutzen sie diese sachgerecht? *Kennen sie weitere Rechenwege?

Klasse 4
- *Produkt 1 000 (AB 9, s. S. 301)*
„Schreibe fünf Malaufgaben mit dem Produkt 1 000 auf!"

Beobachtungsmöglichkeiten: Welche Aufgaben erfinden die Kinder: „leichte" oder „schwierige"? Welche halten sie für „leicht", welche für „schwierig"? *Können sie ihre Einschätzung begründen?

- *Rechenwege zur Division (AB 10, s. S. 302)*

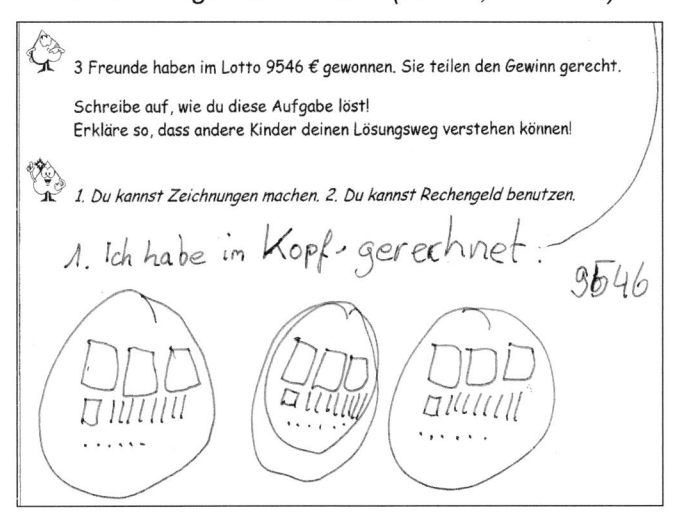

> 3 Freunde haben im Lotto 9546 € gewonnen. Sie teilen den Gewinn gerecht.
>
> Schreibe auf, wie du diese Aufgabe löst!
> Erkläre so, dass andere Kinder deinen Lösungsweg verstehen können!
>
> 1. Du kannst Zeichnungen machen. 2. Du kannst Rechengeld benutzen.

> 1. Ich habe im Kopf gerechnet: 9546

Beobachtungsmöglichkeiten: Welche Lösungswege wählen die Kinder? Kann der Lösungsweg zu einer korrekten oder einer nachvollziehbaren Antwort führen? Werden Kenntnisse und Fertigkeiten fehlerfrei eingesetzt? Wird ein richtiges Ergebnis erzielt? Wird der Lösungsweg bzw. das Resultat (durch Zeichnungen, Erläuterungen, …) adressatenbezogen dargestellt?

Jahrgangsunabhängig einsetzbare Mathebriefe
- *Lernbericht (AB 11, s. S. 303)*

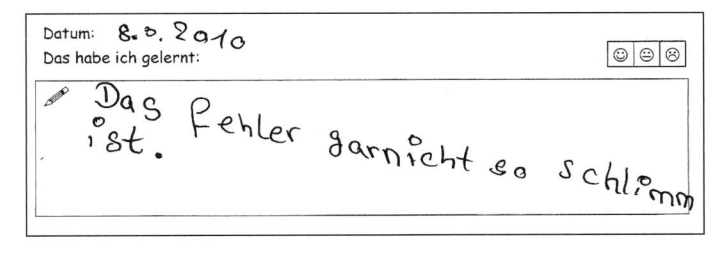

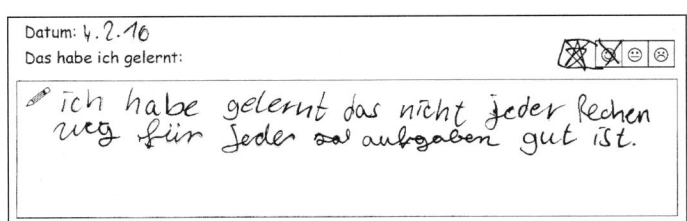

> Datum: 8.2.2010
> Das habe ich gelernt:
> Das ist. Fehler garnicht so schlimm

> Datum: 4.2.10
> Das habe ich gelernt:
> Ich habe gelernt das nicht jeder Rechenweg für jeder aufgaben gut ist.

- *Frage, Idee oder Wunsch zur Stunde/zum Mathematikunterricht (AB 12, s. S. 304)*

> Ich wollt ich noch was sagen: wir machen nicht öfters geteilaufgaben mer und Blizrechne auch nicht

Material PIK Haus 9 Mathebriefe

Auswertung
Mathebriefe Nr. _____ - _____

Themen _____

Klasse _____ Datum _____

Namen der Kinder						Kommentare/ Förderhinweise

© 2012 Cornelsen Schulverlage GmbH, Berlin. Alle Rechte vorbehalten.

Cornelsen Überblick Auswertungsbogen

LM 1
292

Material PIK | Haus 9 | Mathebriefe

Name: _____

Datum: _____

Manche Kinder können nicht lesen
und sie kennen auch das Minuszeichen nicht.
Erkläre einem Kind die Aufgabe 6 – 4 = 2.

Name: _____

Datum: _____

Manche Kinder können nicht lesen und sie kennen auch das Minuszeichen nicht. Erkläre einem Kind die Aufgabe 6 – 4 = 2.

Du kannst ein Bild dazu malen!

Cornelsen — Ab Klasse 1
Vorstellungen zur Subtraktion

AB 1

Material PIK · Haus 9 · Mathebriefe

Name: _____

Datum: _____

Zeichne möglichst genau ein Bild von einer Uhr!

Name: _____

Datum: _____

Zeichne möglichst genau ein Bild von einer Uhr!

Cornelsen — Ab Klasse 2 — Analoge Uhr zeichnen — AB 2 / 294

Name: _____

Datum: _____

Erkläre, warum bei der Addition von zwei ungeraden Zahlen immer eine gerade Zahl herauskommt.

Name: _____

Datum: _____

Erkläre, warum bei der Addition von zwei ungeraden Zahlen immer eine gerade Zahl herauskommt.

Du kannst auch eine Zeichnung machen!

Material PIK Haus 9 Mathebriefe

Name: _____

Datum: _____

Werbung: Ist das ein Sonderangebot?

- Die Welt mit Mathe-Augen sehen

  Ein Päckchen kostet 1,25€.
  4 Päckchen für 5€.
  Ist das billiger?

  Angebot: 4 Päckchen für 5€!

Was hast du dir überlegt? Wie bist du auf deine Antwort gekommen?

Name: _____

Datum: _____

Werbung: Ist das ein Sonderangebot?

Was hast du dir überlegt?
Wie bist du auf deine Antwort gekommen?

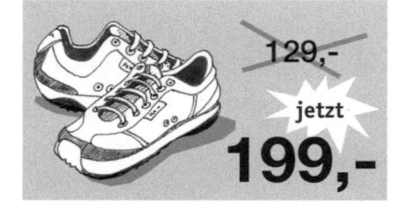

129,-
jetzt
199,-

* Denke dir selbst eine solche „Werbung" aus.
  Male und schreibe auf der Rückseite!

Cornelsen   Ab Klasse 3
Sonderangebote

AB 4
296

Material PIK — Haus 9 — Mathebriefe

Name: _____

Datum: _____

Eine Lehrerin hat 23 Goldfische und 5 Meerschweinchen.
Wie alt ist die Lehrerin?

* Was hast du dir überlegt?
  Wie bist du auf deine Antwort gekommen?

✏ Diese Aufgabe fand ich leicht/schwierig, weil …

Name: _____

Datum: _____

Kann man diese Aufgabe lösen?
Eine Lehrerin hat 23 Goldfische und 5 Meerschweinchen.
Wie alt ist die Lehrerin?

Nicht jede Aufgabe hat eine Lösung!

✏ Diese Aufgabe fand ich leicht/schwierig, weil …

Cornelsen — Ab Klasse 2 — Kapitänsaufgaben

AB 5
297

Material PIK — Haus 9 — Mathebriefe

Name: _____

Datum: _____

Baue mit Würfeln ein Gebäude.
Regel: Es soll immer eine Fläche genau auf der anderen liegen.

Zeichne einen Bauplan!
Achte darauf: Zeichne so, dass ein anderes Kind mit deinem Bauplan dein Gebäude ganz genau nachbauen kann.

Name: _____

Datum: _____

Baue mit Würfeln ein Gebäude.
Regel: Es soll immer eine Fläche genau auf der anderen liegen.

Zeichne einen Bauplan!
Achte darauf: Zeichne so, dass ein anderes Kind mit deinem Bauplan dein Gebäude ganz genau nachbauen kann.

Cornelsen
Ab Klasse 3
Baupläne für Würfelgebäude zeichnen

AB 6
298

Name: _____

Datum: _____

Schreibe auf, wie du möglichst schlau rechnest!
a) 54 − 36   b) 71 − 68

Name: _____

Datum: _____

Schreibe auf, wie du möglichst schlau rechnest!
a) 54 − 36   b) 71 − 68

* Schreibe jeweils noch einen zweiten Rechenweg auf, wie du diese Aufgaben lösen könntest.

Name: _____

Datum: _____

Schreibe auf, wie du möglichst schlau 701 – 698 rechnest.
Schreibe dann noch einen zweiten Rechenweg auf,
wie du diese Aufgabe lösen könntest.

Name: _____

Datum: _____

Schreibe auf, wie du möglichst schlau 701 – 698 rechnest.
Schreibe dann noch einen zweiten Rechenweg auf,
wie du diese Aufgabe lösen könntest.

* Beschreibe die Unterschiede deiner beiden Rechenwege!

Material PIK   Haus 9   Mathebriefe

Name: _____

Datum: _____

Schreibe fünf Malaufgaben mit dem Ergebnis 1000 auf!

Name: _____

Datum: _____

Schreibe zwei leichte und zwei schwierige Malaufgaben mit dem Ergebnis 1000 auf!

* Erkläre, warum diese Aufgaben für dich leicht oder schwierig sind!

Klasse 4
Produkt 1 000

AB 9

Material PIK — Haus 9 — Mathebriefe

AB 10
302

Name: _____

Datum: _____

Drei Freunde haben im Lotto 9 546 € gewonnen.
Sie teilen den Gewinn gerecht.

Schreibe auf, wie du diese Aufgabe löst! Erkläre so, dass andere Kinder deinen Lösungsweg verstehen können!

Name: _____

Datum: _____

Drei Freunde haben im Lotto 9 546 € gewonnen.
Sie teilen den Gewinn gerecht.

Schreibe auf, wie du diese Aufgabe löst! Erkläre so, dass andere Kinder deinen Lösungsweg verstehen können!

1. Du kannst Zeichnungen machen.
2. Du kannst Rechengeld benutzen.

Cornelsen — Klasse 4 — Rechenwege Division

Name: _____

Datum: _____

Schreibe auf, was du heute gelernt hast!

Name: _____

Datum: _____

Schreibe auf, was du heute gelernt hast!

Name: _____

Datum: _____

Schreibe eine **Frage** oder eine **Idee** auf, die du zur heutigen Stunde hast!

Name: _____

Datum: _____

Hast du **Fragen**, **Ideen** oder **Wünsche** für den Mathematikunterricht?

HAUS 10: Beurteilen und Rückmelden

Im Lehrplan NRW 2008 wird gefordert, dass der Mathematikunterricht die Schülerinnen und Schüler in ihrem individuellen Lernen durch ermutigende Hilfen und Rückmeldungen unterstützen soll. Eng damit verknüpft ist eine Leistungsbeurteilung, die die Anforderungen des Lehrplans genauso im Blick hat wie die individuellen Lernmöglichkeiten und Lernentwicklungen. Die Materialien dieses Hauses sollen einen Unterricht unterstützen, in dem die Leistungsfeststellung sich förderlich auf die Lernerfolge und Lernmotivation auswirkt.

Rückmeldungen geben

Darum geht es – Basisinfos

Eine ermutigende Unterrichtskultur, die das *Unterstützen* und nicht das *Überprüfen* als ihre primäre Aufgabe ansieht, kann Ziffernnoten nicht als zentrales Element der Rückmeldung nutzen, sondern muss auf andere Formen setzen, beispielsweise

- Lernprozesse in einer Form ansprechen, die für das Kind relevant und verstehbar ist,
- dem Kind ein ermutigendes Resümee seines bisherigen Lernens geben und Perspektiven für das weitere Lernen einschließen,
- das Kind als lernendes Subjekt ernst nehmen, es also in den Lerndialog einbeziehen, auf Vereinbarungen, Absprachen, eigenständige Lernprozesse und Lerngespräche zurückgreifen,
- Rückmeldungen sind nicht nur Leistungsbilanzen über Kinder, sondern auch über die Leistungen der Lehrerinnen und Lehrer, denn jede Beurteilung eines Kindes ist immer auch eine Beurteilung des eigenen Unterrichts.

In dem Unterrichtsmaterial zu mündlichen und schriftlichen Rückmeldungen wird beschrieben, wie die Lehrkraft den Kindern ihre Leistungen so rückmelden kann, dass die Kinder dadurch Unterstützung für ihr Weiterlernen erhalten. Da schriftliche Rückmeldungen für die Kinder allein nicht immer leicht zu verstehen sind, sollen hier auch Formen der für die Kinder sehr bedeutsamen mündlichen Rückmeldungen vorgestellt werden. Es ist wünschenswert, dass Erwachsene und Kinder in einen Dialog über das Lernen eintreten, daher wurden die Ideen eines Kinder-Sprechtages und der Kinder-Sprechstunde entwickelt, für die Sie bei den mündlichen Rückmeldungen hilfreiche Materialien vorfinden (s. S. 312 ff.). Ebenfalls finden Sie ein Dokument vor, das Ihnen bei der Erstellung von schriftlichen Rückmeldungen, hier einem Rückmeldebogen, nützlich sein kann (s. S. 320).

Literaturhinweise

MAYER, Insa/SCHWÄTZER, Ulrich (2004): Acht Bausteine zur Öffnung von Mathematikarbeiten – als Beitrag einer kompetenzorientierten Lernberatung in Mathematik. In: Grundschulmagazin, H.3.

MSW – Ministerium für Schule und Weiterbildung des Landes Nordrhein-Westfalen (Hg., 2008): Richtlinien und Lehrpläne für die Grundschule in Nordrhein-Westfalen.

Weitere Infos

PIK AS-Website
Leistungsbeurteilung
Haus 10 – Informationsmaterial – Informationstexte – Leistungen feststellen, um Kinder zu fördern
  pikas.tu-dortmund.de/107

Selbstbeurteilungen
Haus 10 – Unterrichtsmaterial – Selbstbeurteilungen
  pikas.tu-dortmund.de/108

Das zählt in Mathe
Haus 10 – Unterrichtsmaterial – Das zählt in Mathe!
  pikas.tu-dortmund.de/109
Haus 10 – Informationsmaterial – Informationstexte – Das zählt in Mathe!
  pikas.tu-dortmund.de/110

Expertenarbeiten
Haus 8 – Unterrichtsmaterial – Expertenarbeit
  pikas.tu-dortmund.de/013

Kinder-Sprechstunde
Haus 10 – Informationsmaterial – Informationsvideos
  pikas.tu-dortmund.de/111

Kira-Website
Material – „Unterricht – offen & zielorientiert" – Leistungen würdigen
  kira.tu-dortmund.de/112

Unterrichtsmaterial

Hinweise zur Unterrichtsdurchführung

Mündliche Rückmeldungen

Während des Unterrichts und in Gesprächen geben Lehrkräfte ihren Schülerinnen und Schülern häufig und oft unbewusst Rückmeldungen. Solche Rückmeldungen sind für die Kinder sehr wichtig und sollten daher lernförderlich sein und bewusster als Unterstützungsmöglichkeit wahrgenommen und genutzt werden.

Ein Beispiel soll deutlich machen, wie zentral eine mündliche Rückmeldung für das Weiterlernen des Kindes sein kann. Murat rechnete die Aufgabe 285 − 192 schriftlich und zog dabei stets die kleinere von der größeren Ziffer ab, unabhängig davon, ob sie dem Minuend oder dem Subtrahend zuzuordnen war. Nach der Berechnung fragte er seine Lehrerin, ob sein Ergebnis 113 richtig sei. Auf diese Frage sind viele Antwortmöglichkeiten denkbar. Einige sind im unten stehenden Kasten abgebildet (aus Sundermann/Selter ³2011, S. 172). Wie hätten Sie geantwortet?

Beispiel für die Unterstützung beim Weiterlernen durch eine mündliche Rückmeldung

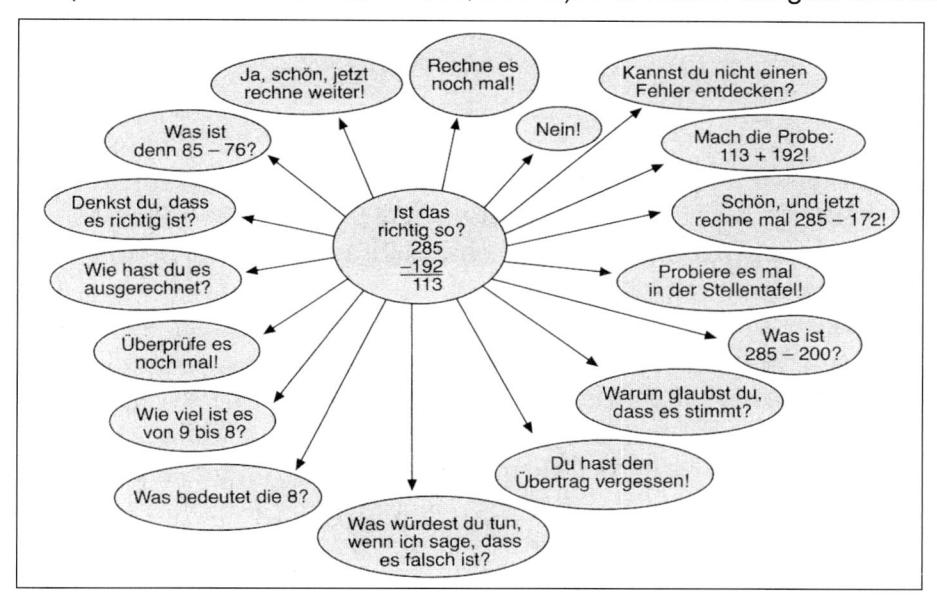

Die jeweilige Reaktion und die mündliche Rückmeldung hängen sicherlich auch von der Situation und dem Förderkonzept für das jeweilige Kind ab. Wichtig ist jedoch generell, dass das Kind nicht direkt „belehrt" oder seine Äußerung bewertet wird, sondern es dazu ermuntert wird, seine Frage selbst zu beantworten bzw. selbst aktiv zu werden und dabei Verantwortung für das eigene Lernen zu übernehmen. Murats Lehrerin reagierte glücklicherweise für Murat hilfreich, indem sie ihn bat, seinen Rechenweg zu erklären. Dabei fiel ihm zunächst kein Fehler auf. Daraufhin empfahl ihm seine Lehrerin, die Aufgabe 285 − 172 ebenfalls auszurechnen. Murat erkannte im anschließenden Vergleich der beiden Aufgaben, dass ihm ein Fehler unterlaufen war; konnte ihn sogar selbst finden, erklären und berichtigen. Dieses Beispiel zeigt, wie die Lehrerin Murats Denkleistung wertschätzte und wie sie in dieser Situation durch ihre mündliche Rückmeldung sein Weiterlernen unterstützen konnte.

Selbst aktiv werden, Verantwortung für das eigene Lernen übernehmen

Auch bei größeren Unterrichtsvorhaben, wenn die Kinder z. B. über einen längeren Zeitraum intensiv an einem Forscherheft gearbeitet haben oder einer Expertenarbeit nachgegangen sind, ist eine kurze mündliche Rückmeldung sinnvoll. Dadurch können zum einen die Anstrengungen des Kindes, das sich über eine längere Zeit intensiv mit einem Thema auseinandergesetzt und seine Leistungen dokumentiert hat, gewürdigt werden und zum anderen im Gespräch mit dem Kind Ideen für die Weiterarbeit entwickelt werden. Solche individuellen Gespräche mit den Kindern können entweder informell in offenen Unterrichtsphasen oder ritualisiert in einer Kinder-Sprechstunde oder einem Kinder-Sprechtag geführt werden. Letztere werden im Folgenden ausführlicher beschrieben. Selbstverständlich sollte das Rückmelden nicht nur die alleinige Sache der Lehrkraft sein, sondern zunehmend in die Verantwortung der Kinder gegeben werden. Solche Rückmeldungen der Kinder an andere Kinder, wie sie beispielsweise in Präsentations- und Reflexionsphasen gegeben werden können, sollten aber möglichst kriteriengeleitet und sachorientiert sein (s. als Beispiel hierzu unter dem Abschnitt „Referate und Unterrichtssequenzen" im Text „Leistungsbeurteilung bei Expertenarbeiten", wie die Kinder reihum als Bewerterkinder die Leistungen ihrer Mitschülerinnen und Mitschüler kriteriengeleitet einschätzten H10-UM, Expertenarbeit, Basisinfos: pikas.tu-dortmund.de/133).

Anstrengungen würdigen, Ideen für die Weiterarbeit entwickeln

Kinder-Sprechstunde/Kinder-Sprechtag

Kinder-Sprechstunde und Kinder-Sprechtag
Die Kinder-Sprechstunde oder der Kinder-Sprechtag (s. hierzu auch das Informationsvideo, H10-IM: pikas.tu-dortmund.de/111) sind wirksame Instrumente, um den Kindern Rückmeldung über ihre Lernentwicklung geben und sie darüber hinaus zur Reflexion über vergangenes und zukünftiges Lernen anregen zu können. Die Durchführung eines Kinder-Sprechtages empfiehlt sich einmal gegen Ende jedes Schulhalbjahres. Sie können nicht nur die üblichen Elternsprechtage vorbereiten, sondern auch im Zusammenhang mit Gesprächen zwischen Kind, Eltern und Lehrkraft gesehen werden. Am Kinder-Sprechtag nehmen alle Kinder teil. Die Kinder-Sprechstunde hingegen kann je nach Bedarf von der Lehrkraft oder den Kindern mehrmals pro Halbjahr stattfinden. Die Kinder nehmen hieran freiwillig teil. Natürlich kann die Lehrkraft auch ein Kind explizit zur Teilnahme auffordern, wenn sie Besprechungsbedarf sieht und das Kind nicht von selbst das Gespräch sucht. Während der Kinder-Sprechstunde oder dem Kinder-Sprechtag arbeiten alle Kinder selbstständig an Aufgabenstellungen, für die vorab Kinder als Experten benannt wurden, damit die Lehrkraft sich jeweils ganz dem Gespräch mit dem jeweiligen Kind widmen kann. Die Kinder mit Gesprächsbedarf tragen sich vorab in eine Liste für die Kinder-Sprechstunde (LM 1, s. S. 312) ein und kommen dann zu einem kurzen Gespräch, das in der Regel drei bis zehn Minuten dauert, mit der Lehrkraft an einen frei stehenden Tisch, wenn sie gemäß Liste an der Reihe sind. Ein Schild „Kinder-Sprechstunde – Bitte nicht stören" (LM 3, s. S. 314) bzw. „Kinder-Sprechtag – Bitte nicht stören" (s. H10-UM: pikas.tu-dortmund.de/112) signalisiert, dass Lehrerin und Kind nicht gestört werden wollen. Für den Kinder-Sprechtag muss entsprechend eine Liste (s. H10-UM: pikas.tu-dortmund.de/113) vorhanden sein, in der sich alle Kinder eintragen können oder die die Lehrkraft selbst ausfüllt. Für mehr Ruhe sorgt es erfahrungsgemäß, wenn die Kinder nach Tischgruppen geordnet zum Gespräch erscheinen, da sie so schneller erkennen,

Liste für die Kindersprechstunde

Schild „Kinder-Sprechstunde"

wann sie ungefähr dran sind. Möglich ist auch eine Terminvergabe, doch diese führt oft zu Schwierigkeiten, da es aufgrund von kürzer oder länger andauernden Gesprächen als vorab angenommen zu Terminverschiebungen kommen kann. Zur Vorbereitung der Kinder-Sprechstunde oder des Kinder-Sprechtages empfiehlt sich eine Ankreuztabelle, in der sowohl die Schülerinnen und Schüler als auch die Lehrkraft markieren können, was besprochen werden soll (LM 2, s. S. 313). Im abgedruckten Beispiel suchten die Kinder eigene Arbeiten zu den angegebenen Themen zusammen und sahen sich diese noch einmal durch, um sich auf das Gespräch vorbereiten zu können und die Themen zu markieren, bei denen sich ihrerseits Gesprächsbedarf oder Fragen ergaben. Es empfiehlt sich, den Kindern auch leere Zeilen anzubieten, damit sie individuelle Gesprächsanlässe anmelden können, so wie es Nico im abgedruckten Beispiel tat. Ein Teil des Gesprächs bildete die Rückmeldung zu zwei im Vorfeld entstandenen Dokumenten der Kinder, einem Körperbuch und einem Zahlenketten-Forscherheft. Die Lehrerin gab jedem Kind den ausgefüllten Rückmeldebogen zurück und besprach diesen mit ihm. Die Kinder hatten – ebenso wie die Lehrerin – Unterlagen mitgebracht, die in die Unterhaltungen einbezogen wurden. Die einzelnen Gespräche verliefen durch den unterschiedlichen Gesprächsbedarf der Kinder entsprechend unterschiedlich, wie die folgenden Gesprächseinstiege exemplarisch aufzeigen:

Ankreuztabelle

Rückmeldebogen

- „Ich möchte wissen, ob ich mich richtig eingeschätzt habe, weil ich weiß das immer nicht so richtig."
- „Ich will, dass wir im Unterricht wieder mehr Zahlenketten machen und auch solche mit Minus."
- „Ich würde gern wissen, ob in der Mathearbeit auch Minusaufgaben kommen."
- „Muss man die Sternchenaufgaben immer machen?"
- „Ich will wissen, wie ich so stehe bei ‚Das zählt in Mathe', weil ich mache nicht so oft Sternchenaufgaben."

Abschließend wurden in einem Protokollbogen zum Kinder-Sprechtag Vereinbarungen zur Weiterarbeit aufgestellt, von der Lehrerin oder dem Kind dokumentiert und von beiden unterschrieben. Den Bogen nahmen die Kinder mit nach Hause und gaben ihn den Eltern zur Kenntnis, die ebenfalls ihre Unterschrift leisteten. Mit Hilfe des vorgestellten Beispiels wurde auch der darauf stattfindende Elternsprechtag vorbereitet. Im Anschluss an den Kinder-Sprechtag fertigte die Lehrerin eine Übersicht über wesentliche Absprachen zwischen Kindern und Lehrerin an, wie etwa

Protokollbogen

- Blitzrechnen stärker üben: Thea, Nino, Timmy, Cem, Nico, …
- neue Lernpartner: Timmy & Sina, Marcel & Jacqueline
- Mathebuch freigeben: Tino, Lotta, Marie, René, …
- mehr „Sternchen"-Zusatzhausaufgaben: Thea, Dominik, Joshua

Zur Illustration einer Kinder-Sprechstunde soll der folgende Gesprächsausschnitt zwischen Murat und seiner Lehrerin dienen. Die Gesprächsergebnisse wurden auf einem Protokollbogen festgehalten, den die Lehrerin hier aus Zeitgründen weitgehend selbst ausfüllte (LM 4, s. S. 315). Es wurde darauf nicht nur notiert, worüber gesprochen wurde, sondern auch darüber, was für das zukünftige Lernen vereinbart wurde. Zur Bekräftigung der getroffenen Verabredungen unterschrieben die Lehrerin und Murat das Dokument. Murat nahm es mit nach Hause und legte es auch den Eltern zur Unterschrift vor, sodass diese ebenfalls informiert waren.

Was möchtest du denn wissen?

Wie gut ich so in Mathe bin.

Was meinst du denn selber?

Ganz gut.

Du weißt ja, was in Mathe zählt.

Ja.

Was zählt denn in Mathe?

…

Sollen wir mal zu unserem Plakat gehen?

Sie gehen gemeinsam zu dem an der Tür hängenden „Das-zählt-in-Mathe-Plakat".

Mitarbeit. (zeigt auf das Wort)

Würdest du sagen, dass du immer gut mitarbeitest?

Ich melde mich nicht so oft, aber ich mache mit.

Mhm.

Meine Berichtigung (zeigt auf das Wort) *war nicht so gut.*

Ja, stimmt, das sehe ich auch so.

Hier, Blitzrechnen, da habe ich alle vier Prüfungen bestanden.

Genau, die hast du alle.

Zuhören (zeigt auf das Wort) *ist so lalala.*

Aber wenn wir dich umsetzen an den Tisch zum Ben, dann klappt das vielleicht besser, oder? Ich glaube nämlich, dass der Luca dich oft ablenkt, oder ihr euch gegenseitig, sagen wir mal so.

Ja, stimmt.

Willst du einen Zettel haben, auf den wir schreiben können, was wir tun können, damit du noch besser wirst in Mathe?

Ja.

Beide gehen zurück zum Tisch.

Was hast du denn gerade selber gesehen, was besser werden kann?

Schöne Berichtigung kann besser werden, und das Umsetzen.

Noch was?

Bei Mitarbeit, ich melde mich mehr.

Mündliche Rückmeldungen

Kinder-Sprechstunden und -tage sind für alle Beteiligten so aufschlussreich, dass sich die Durchführung solch ritualisierter Gespräche empfiehlt. Vorteile sind u. a.

- Vorbereitung und Durchführung sind nicht so aufwendig wie das Schreiben langer Texte.
- Durch die unmittelbare Rückkopplung im Gespräch sind die besprochenen Punkte für das Kind häufig vergleichsweise leicht verständlich.
- Es ist möglich, im Dialog Absprachen für die weitere Arbeit zu treffen.
- Kinder-Sprechstunden und -tage sind durch die direkte Ansprache persönlicher als schriftliche Rückmeldungen; sie sollten diese allerdings nicht überflüssig machen, sondern sie ergänzen.

Literaturhinweis

SUNDERMANN, Beate/SELTER, Christoph (^{3}2011): Beurteilen und Fördern im Mathematikunterricht. Berlin: Cornelsen.

Anmeldeliste für die Kinder-Sprechstunde

am _____

Trage dich ein, wenn du zur Kinder-Sprechstunde gehen möchtest!

1			14	
2			15	
3			16	
4			17	
5			18	
6			19	
7			20	
8			21	
9			22	
10			23	
11			24	
12			25	
13			26	

Merke dir, welches Kind vor dir auf der Liste steht.
Wenn du siehst, dass das Kind dran ist,
weißt du, dass du gleich an der Reihe bist.
Lege deine Materialien bereit,
die du zum Gespräch mitnehmen willst.

Mündliche Rückmeldungen – Material
Kinder-Sprechstunde – Anmeldung

Material PIK — Haus 10 — Rückmeldungen geben

Kinder-Sprechstunde

am _____

Thema	Darüber möchte ich sprechen	Darüber möchte _____ sprechen

Mündliche Rückmeldungen – Material
Kinder-Sprechstunde – Ankreuztabelle

LM 2
313

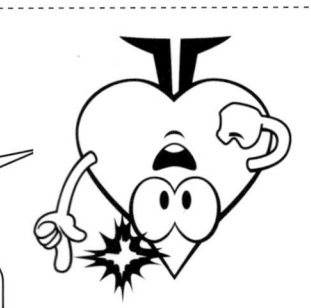

Kinder-Sprechstunde

Bitte nicht stören!

Kinder-Sprechstunde am _____

- Wer war dabei? _____
- Darüber haben wir gesprochen: _____

_____
_____
_____

- Das haben wir verabredet: _____

_____
_____
_____

_____   _____   _____
Unterschrift Kind   Unterschrift Lehrkraft   Unterschrift Erziehungsberechtigte/r

✂ -

Kinder-Sprechstunde am _____

- Wer war dabei? _____
- Darüber haben wir gesprochen: _____

_____
_____
_____

- Das haben wir verabredet: _____

_____
_____
_____

_____   _____   _____
Unterschrift Kind   Unterschrift Lehrkraft   Unterschrift Erziehungsberechtigte/r

Unterrichtsmaterial

Hinweise zur Unterrichtsdurchführung

Schriftliche Rückmeldungen

Durch schriftliche Rückmeldungen kann die Lehrkraft dem Kind individuell mitteilen, wie sie seine Leistungen einschätzt, wo es besonders erfolgreich gearbeitet hat, aber auch, wo es noch Dinge aufarbeiten muss und wie es nun weiterarbeiten kann. Durch die schriftlichen Rückmeldungen werden auch die Eltern über den Leistungsstand ihres Kindes informiert. Im Folgenden werden verschiedene Formen schriftlicher Rückmeldungen vorgestellt.

Rückmeldebögen

In Rückmeldebögen werden verschiedene Beurteilungskriterien angeführt (z. B. „Du hast jede Aufgabe vollständig gelöst." oder „Du hast passende Plusaufgaben gefunden."). Die Lehrperson kreuzt auf einer drei- oder vierstufigen Skala ihre Einschätzung der Leistungen des Kindes an. Im unten stehenden Beispiel erkennt man, wie die Lehrerin Julius' Leistungen auf einer dreistufigen Skala einschätzte. Ebenfalls können natürlich auf die individuelle Leistung bezogene Kurzrückmeldungen unterhalb der Ankreuz-Tabelle gegeben werden. Hier ging die Lehrerin auf die Aufgabe 0,1 + 69,9 besonders ein, um ihre Wertschätzung zu zeigen, dass der Erstklässler Julius eine Aufgabe mit Dezimalzahlen im Zahlenhaus zur 70 finden konnte.

Einschätzungsskala

Mein Zahlenhäuser-Buch

Deine Arbeit im Zahlenhäuserbuch

	Das hast du super gemacht.	Das war absolut in Ordnung.	Daran musst du noch arbeiten.
Du hast mindestens eine Seite pro Aufgabe gelöst.	X		
Du hast jede Aufgabe vollständig gelöst.		X	
Du hast eigene Zahlenhäuser erfunden.		X	
zu Aufgabe 1:			
Du hast viele verschiedene Plusaufgaben gefunden.	X		
Du hast passende Plusaufgaben gefunden.	X		
zu Aufgabe 2			
Du hast alle Plusaufgaben gefunden.		X	
Du konntest die Detektivaufgabe lösen.	X		
zu Aufgabe 3			
Du konntest die fehlenden Zahlen finden.	X		
Du hast die Tauschaufgaben in derselben Farbe angemalt.			X
Du hast eigene Zahlenhäuser mit Tauschaufgaben gefunden.	X		
zu Aufgabe 4			
Du konntest die Zahlenmuster passend fortsetzen.	X		

Bemerkung: *Lieber Julius! Du bist fertig! Spitze. Am besten hat mir die Aufgabe 0,1 + 69,9 gefallen.* ☺

Deine Lehrerin: _____ Datum: 15.2.05

Schriftliche Rückmeldungen

Natürlich ist es auch möglich, individuelle Kurzrückmeldungen in direktem Bezug zu den bearbeiteten Aufgaben zu geben, wie das folgende Beispiel zeigt. In der linken Hälfte dieses Rückmeldebogens sind zunächst verschiedene Inhalte angeführt, die an verschiedenen Lernstationen im Rahmen einer „Rechenolympiade" am Ende des 3. Schuljahres wiederholend geübt wurden. Dabei wurde zum besseren Verständnis für die Schülerinnen und Schüler – und für die Eltern – nicht nur die Überschrift, sondern zusätzlich jeweils ein repräsentatives Beispiel angegeben. Im Beispiel kreuzte Yannick für jede Aufgabengruppe an, wie er selbst seine diesbezüglichen Kompetenzen einschätzte. In der rechten Hälfte gab die Lehrerin ihre Einschätzung ab, die weitgehend mit Yannicks eigenem Urteil übereinstimmte. Lediglich bei der schriftlichen Subtraktion hatte die Lehrerin eine differierende Wahrnehmung. Die Spalte für erläuternde Kommentare nutzte sie bei Yannik vollständig aus und gab auch noch weitere Rückmeldungen unterhalb der Tabelle.

Individuelle Kurzrückmeldungen

Rückmeldungen sollten aber nicht nur in Bezug auf die fachlichen Leistungen erfolgen. Auch das Arbeitsverhalten sollte in dieser Weise in den Blick genommen werden, denn die Kinder sollen ja – im Sinne der erziehenden Dimension von Unterricht – auch in zunehmendem Maße lernen, ihr Lernen selbst zu organisieren. Zur Illustration zeigt die Abbildung eine diesbezügliche Rückmeldung zum Wochenplan von Aline.

Rückmeldungen zum Arbeitsverhalten

Abschließend zeigt der Rückmeldebogen der Erstklässlerin Joanna, wie ihre fachlichen Leistungen und ihr Arbeitsverhalten zum Thema „Rechengeschichten" von ihr selbst sowie von ihren zuständigen Lehrerinnen, die zu diesem Zeitpunkt jeweils beide in der Klasse Mathematik unterrichteten, eingeschätzt wurden. Auch hier war Platz unterhalb der Ankreuztabelle für weitere individuelle Rückmeldungen in Form einer Gesamteinschätzung.

Rückmeldung zum Thema „Rechengeschichten" von Joanna	Deine Einschätzung	Einschätzung Hubben & Laferi
Wie du mit dem Rechengeschichtenbuch umgegangen bist:	☆ ☺ ☺ ☹	☆ ☺ ☺ ☹
Du warst fleißig und hast viel geschafft.	✗	✗
Du hast sauber und ordentlich gearbeitet.		✗
Du hast dich ausführlich mit den Aufgaben beschäftigt.	✗	✗
Wie deine ausgewählte Rechengeschichte geworden ist:	☆ ☺ ☺ ☹	☆ ☺ ☺ ☹
Mit deiner Geschichte kann man rechnen (verschiedene Rechnungen sind möglich).	✗	✗
Deine Geschichte ist interessant (spannend, lustig oder ...).	✗	✗
Du hast deine Geschichte schön gestaltet.	✗	✗
Du hast selbst viele passende Rechnungen zu deiner Geschichte gefunden und ausgerechnet.	✗	✗
Du hast die Bearbeitungen der anderen Kinder kontrolliert.	✗	✗
Allgemeines:	☆ ☺ ☺ ☹	☆ ☺ ☺ ☹
Du hast dich an unseren Gesprächen mit guten Überlegungen beteiligt.		✗
Du lässt dich auf andere Rechengeschichten und -wege ein und machst dir Gedanken über sie.	✗	✗
Du warst mit Freude und Einsatzbereitschaft im Unterricht dabei!		✗

Deine abschließende Einschätzung:
Deine Leistung ist insgesamt ☆ ☺ ☺ ☹, weil ...
Ich Fil GeRechnet Habe

Frau Hubbens und Frau Laferis abschließende Einschätzung:
Deine Leistung ist insgesamt ☆ ☺ ☺ ☹, weil ...
...wir auch finden, dass du viel geschafft hast. Du solltest noch darauf achten, dass du immer einen erklärenden Satz dazuschreibst. Insgesamt hast du toll gearbeitet!

Ausführliche Rückmeldungstexte

*Lieber Steffen!
An diesem Heft kann man erkennen, dass du ganz viel kannst und ein guter Mathematiker bist! Plusaufgaben fallen dir besonders leicht und du kennst viele verschiedene Rechenwege! Besonders gut gefallen haben mir deine erfundenen Aufgabenpaare bei der Nr. 2d. Hier kann man sehen, dass du die Aufgabe 2 gut verstanden hast und Beziehungen zwischen Zahlen erkennst, also gut mit Zahlen umgehen kannst. Minusaufgaben kannst du rechnen, wenn du sie untereinander schreibst. Kennst du noch andere Rechenwege? Ich habe dir einen aufgeschrieben. Sieh ihn dir mal an. Die Textaufgaben hast du richtig gelöst! Bei Nr. 7 hättest du noch ausrechnen können, wieviel Geld Julia übrig hat!
Deine Frau Mayer*

Eine aufwendigere, aber häufig auch informativere Form der Rückmeldung sind ausführliche Rückmeldungstexte. Steffen hat über einen längeren Zeitraum eine Aufgabensammlung in seinem Heft bearbeitet. Im nebenstehenden Abdruck der Rückmeldung seiner Lehrerein erkennt man, wie sie Steffens Leistungen wertschätzte und ihm Anregungen zur Weiterarbeit gab.

Die Kinder schätzen solche schriftlichen Rückmeldungen sehr, da sie erkennen, dass man ihre Leistungen individuell wahrnimmt.

Wertschätzung durch ausführliche Rückmeldungstexte

Sina meldete ihrer Lehrerin zurück, dass sie die „Briefe" sehr schätze, weil sie damit persönlich angesprochen wird, ohne dass andere Kinder davon erfahren müssen.

Zeugnisse

Es ist auch möglich, das Zeugnis durch Ansprache des Kindes und geeignete Wortwahl so zu verfassen, dass die Verständlichkeit für das Kind – und damit meist auch für die Eltern – größer wird. Dadurch wird auch die individuelle Ausrichtung deutlicher und verstärkt. Wenn ein solches Zeugnis zunächst an der Schule durch schulinterne Vorgaben nicht vorgesehen ist, kann stattdessen auch ein an das Kind adressierter (Jahres-) Brief dem Standardzeugnis beigelegt werden. Nachstehend ein illustrierendes Beispiel.

Lieber Timo!

Im Mathematikunterricht arbeitest du weiterhin mit großem Einsatz und widmest dich den Arbeitsaufträgen intensiv. Du solltest aber bei unseren Mathematikgesprächen darauf achten, dass du etwas aufmerksamer bist und dich aktiver beteiligst, da ihr hierbei besonders viel voneinander lernen könnt.

Additions- und Subtraktionsaufgaben kannst du schriftlich sicher ausrechnen. Beim Kopfrechnen und beim halbschriftlichen Rechnen hattest du manchmal Schwierigkeiten, wenn du nicht auf die Größenordnung der Zahlen geachtet hast. Hier solltest du insgesamt mehr Blitzrechenübungen im Tausenderraum durchführen.

Die Aufgaben des kleinen Einmaleins und kleinen Einspluseins kannst du alle ermitteln, dabei solltest du aber weiterhin an deiner Schnelligkeit und Sicherheit arbeiten. Bei Malaufgaben des großen Einmaleins kommst du mit dem Malkreuz meistens zum richtigen Ergebnis, nur manchmal rechnest du die richtigen Teillösungen fehlerhaft zusammen.

Dein räumliches Vorstellungsvermögen hast du intensiv und erfolgreich an den SOMA-Stationen geschult. Weitere Übungen in der Geometrie helfen dir auch bei der Zahlvorstellung.

Deine Frau Thiele

Entscheidend ist hier nicht nur die Lernentwicklung, sondern auch die Lernperspektive. Das Kind muss weiter ermutigt werden sowie konkrete Vorschläge für sein individuelles Weiterlernen erhalten. In diesem Sinne ist ein Zeugnis nicht ein in seiner Bedeutung für den Lernerfolg überhöhtes, singuläres Ereignis, sondern bietet *Rückschau* und *Ausblick* – und ist so in die tägliche Arbeit eingebunden.

Literaturhinweise

SUNDERMANN Beate/SELTER, Christoph (³2011): Beurteilen und Fördern im Mathematikunterricht. Berlin: Cornelsen

Material PIK | Haus 10 | Rückmeldungen geben

Rückmeldung zum Thema _____ von _____

	Meine Einschätzung:	Einschätzung _____:
	☆ ☺ 😐 ☹	☆ ☺ 😐 ☹
	☆ ☺ 😐 ☹	☆ ☺ 😐 ☹
	☆ ☺ 😐 ☹	☆ ☺ 😐 ☹

Meine abschließende Einschätzung:
Meine Leistung ist insgesamt
☆ ☺ 😐 ☹, weil …

abschließende Einschätzung:
Deine Leistung ist insgesamt
☆ ☺ 😐 ☹, weil …

_____ _____ _____
Unterschrift Kind | Unterschrift Lehrkraft | Unterschrift Erziehungsberechtigte/r

© 2012 Cornelsen Schulverlage GmbH, Berlin. Alle Rechte vorbehalten.

Cornelsen Schriftliche Rückmeldungen – Material
Blanko-Rückmeldebogen

LM 1
320